古田武彦
古代史コレクション
22

古田武彦 著

古代の霧の中から

出雲王朝から九州王朝へ

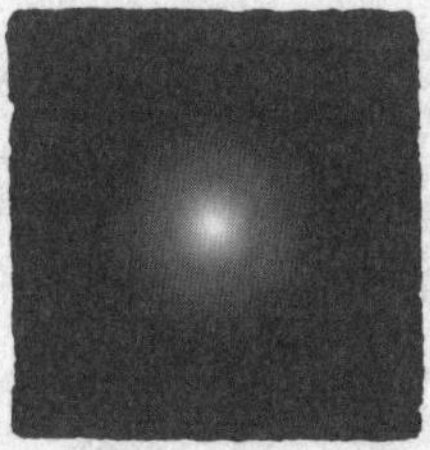

ミネルヴァ書房

刊行のことば

いま、なぜ古田武彦なのか――

古田武彦の古代史探究への歩みは、論文「邪馬壹国」（『史学雑誌』七八巻九号、一九六九年）から始まった。その後の『「邪馬台国」はなかった』（一九七一年）『失われた九州王朝』（一九七三年）『盗まれた神話』（一九七五年）の初期三部作と併せ、当時の「邪馬台国論争」に大きな一石を投じた。〈今まで「邪馬台国」という言葉を聞いてきた人よ。この本を読んだあとは、「邪馬一国」と書いてほしい。しゃべってほしい。…〉（『「邪馬台国」はなかった』文庫版によせて）という言葉が象徴するように、氏の理論の眼目「邪馬一国論」はそれまでの定説を根底からくつがえすものであった。

しかも、女王の都するところ「博多湾岸と周辺部」という、近畿説・九州説いずれの立場にもなかった所在地は、学界のみならず、一般の多くの古代史ファンにも新鮮な驚きと強烈な衝撃を与えたのである。

こうして古田説の登場によって、それまでの邪馬台国論争は、新たな段階に入ったかに思われた。

古田説とは、⑴従来の古代史学の方法論のあやうさへの問い、⑵定説をめぐるタブーへのあくなき挑戦、⑶真実に対する真摯な取り組み、⑷大胆な仮説とその論証の手堅さ、を中核とし、我田引水と牽強付会に終始する従来の学説と無縁であることは、今日まで続々と発表されてきた諸著作をひもとけば明らかであろう。古田氏によって、邪馬台国「論争」は乗り越えられたのである。しかし、氏の提起する根元的な問いかけの数々に、学界はまともに応えてきたとはいいがたい。

われわれは、改めて問う。古田氏を抜きにして、論争は成立しうるのか。今までの、古田説があたかも存在しないかのような学界のあり方や論争の進め方は、科学としての古代史を標榜する限り公正ではなかろう。

ここにわれわれは、古田史学のこれまでの諸成果を「古田武彦・古代史コレクション」として順次復刊刊行し、大方の読者にその正否をゆだねたいと思う。そして名実ともに大いなる「論争」が起こりきたらんことを切望する次第である。

二〇一〇年一月

ミネルヴァ書房

はしがき——復刊にあたって

一

異色の一書だ。最初の出版の時から、〝濃密な〟内容をもっていた。「学問の成立」とその発展が具体例でしめされていた。今回のミネルヴァ書房復刊本では、新稿「歴史の道」を加え、わたしにとって決定的な意味をもつ本となった。幸せである。

たとえば、当初の「筑紫舞」をめぐる第四章。「九州王朝」の舞楽に逢った驚きがこめられている。「まさか」と〝用心〟しつつ、ついに肯定せざるをえなかった、わたしの心理がここには如実に語られている。

今年（二〇一四）の三月二日、博多で「筑紫舞」に関する講演を行った。百五十人分の資料を用意して臨んだら、七百人の盛況だった。宮地嶽神社側のお招きだった。全国から参加者があった。心ある読者たちの関心の深さと広さが身に沁みた。「歴史の道」の一稿はそのとき書き初めたものである。

たとえば、出雲王朝。最初は「九州王朝」という認識から出発した。古事記・日本書紀、ことに古事記の語るところ、「竺紫《ちくし》の日向《ひなた》の高千穂の久士布流多気《くじふるたけ》」は「日向《ひゅうが》」（大分県）ではなく「竺紫」（福岡県）の日向《ひなた》峠、日向《ひなた》川の領域である。次いで「此地《ここ》は韓国《からくに》に向ひ」とあるのが、その証拠だ。「竺紫」は「韓国」と対面しているのである。その上、ここには「三種の神器」類が集中している。吉武高木・三雲・井原《いわら》・平原《ひらばる》、そして須玖《すぐ》岡本、さらに宇木汲田《うきくんでん》。これらを津田左右吉は知らなかった。だから

「記・紀は後世の造作」という〝安易な結論〟に満足していたのである。
「神話は真実《リアル》である。」これがわたしのかちえた結論だった。

二

昨日（五月十日）福岡県古賀市の船場古墳の出土が報ぜられた（NHK、Eテレビ、二十三〜二十四時）。例によって「大和」（奈良県）に〝起点〟を置き、九州北岸部の当地（古賀市）がいかに「大和朝廷」にとって重要だったか、と「線引き地図」を作って〝強調〟していたけれど、「ではなぜ、これほどの黄金の馬具一式が、御本家の『大和』から出ないのか。」の疑いを解くことは全く出来ていなかった。考古学遺物ではなく、「日本書紀」の〝文面〟を借りて〝代用〟していただけだった。

ちょうど、この三月、当の古賀市を訪れ、その現地鑑のあったわたしには〝微苦笑〟しかありえなかった。あの宮地嶽古墳（の入口）から出土した、見事な黄金製品（王冠等）と〝一連〟の「位取り」のものだ。「馬」にだけ、王者の〝飾り〟を付け、その王者自身はその類の〝飾り〟をもたぬ。そんな〝奇妙〟な話はありえないのである。

かえって韓国側の研究者の方が〝ありていな〟認識をもちはじめている様子だ（五月十日の放映）。当然である。

日は近い。やがて日本の研究者が「皇国史観」の〝残映〟から目覚め、「九州王朝」という四文字を受け入れる日、多元史観の実在を肯定する日が来ることを、わたしは夢にも疑ったことがない。

平成二十六年五月十一日早暁記了

古田武彦

はじめに

わたしの探究は孤独の中からはじまった。

わが国の古代史学界が疑おうともしなかった「邪馬台国」という、三世紀の中心国名。その一点に疑いの矢を射た日、わたしには誰一人、同調者はいなかった。歴史学の師もすでになかった。五世紀、「倭の五王」の時代にすすむと、わたしの孤独は一層深まった。三世紀では九州説、近畿説と対立があったけれど、ここでは対立さえないことになっていた。オール近畿説だ。

この時代の一大金石文に高句麗好太王碑がある。そこに出てくる、九つ（あるいは十一個——王健群氏）の「倭」。その正体は何か。この吟味こそ歴史学の正念場だ。だが、この「倭」を九州王朝の正規軍と見なした、わたしの説は、あたかも〝それはなかった〟かのように、学界という名の「土俵」の外におかれた。中国や朝鮮民主主義人民共和国（北朝鮮）といった海外の学者の面前で、そのそぶりはことにいちじるしかったのである。

もっとも深刻な〝喜劇〟、それは『隋書』俀《たい》国伝、七世紀の問題にあらわされた。その俀国の名山としてただ一つ、「阿蘇山有り」と明記されている。その史料事実を前にすれば、この俀国が九州にあった、そこに中心をもっていた、という理解は必然だ。少なくとも大きな可能性をもつ。だが、わが国の学界は、これをながらく「近畿説の独裁下」においてきたため、「九州説」の存在を認めず、論争対象とせず、との姿勢を守りつづけて今日に至っているのである。小・中・高の教科書もまた、「日出づる処の天子、云々」の名文句を（史料事実に反して）「聖徳太子」に帰せしめてきたのだ。

わたしは思う。昨今、「いじめっ子」問題が論じられて久しい。しかしその母胎は日本社会の体質そのものにあるのではなかろうか。「いじめっ子」の基本とされる「シカト」（共同無視）の因襲は、知的エリートたるべき、わが国の学界の、抜きがたい体質をなしている。

けれども、幸いにも、わが国にはこれに反する一大潮流が生れ、うねりはじめたように見える。「古田武彦と古代史を研究する会」（東京）、「市民の古代研究会」（大阪）などが勝手に（博多や下関にも）生れはじめた。わたしのような一介の探究者にとって、「この世にありともおぼえぬ」望外の現象だった。

雑誌『市民の古代』の各号に掲載された、わたしの講演を母体として、この本は生れた。関係の方々の志とご努力の跡に、わたしは深く頭を垂れる他はない。わたしはついに孤独ではなかったのである。

古代の霧の中から——出雲王朝から九州王朝へ　目次

本文作図／三宅悌司

＊本書は『古代の霧の中から――出雲王朝から九州王朝へ』（徳間書店、一九八五年）を底本とし、「はしがき」「日本の生きた歴史（二十二）」「歴史の道」を新たに加えたものである。なお、本文中に出てくる参照ページには適宜修正を加えた。

序章　現行の教科書に問う

困惑する教育現場から

日本の古代史は、若いひとびと、幼いひとびとの掌の中にある。

彼らが長じ立った日、かつて教科書で習った〝お仕着せの古代史像〟に満足しているか、それとも、そこに内蔵された矛盾にやりきれぬ不満を覚え、新たな探究を開始するか。そこに正念場がある。

だから、わたしの古代史の第一書『「邪馬台国」はなかった』から『ここに古代王朝ありき』、『関東に大王あり』に至る一連の本、それは現在の心ある読者と共に、より多く彼ら未来の読者を予想していた。

しかるに意外にも、真摯かつ情熱的な読者を現代にうることをえ、その中には、教育現場の中で日夜苦闘しておられるひとびともあった。その方々はわたしの本を読み、「なるほど」とうなずいて下さったとき、一つの問題に当面された。すなわち、そこに摘出された〝歴史の真実〟と、教科書に書かれた〝歴史の叙述〟との落差、そのくいちがいがあまりにも大きいのに、毎日悩まされることとなったのである。

それは教師側だけの〝悩み〟ではなかった。生徒たちの中にも、わたしの本の熱心な読者があったからである。ある中学生など、横浜からはるばる洛西なるわたしの宅を訪ねてくれた。さらに彼らの父親にも母親にも、わたしの本を読んで子供の教科書との〝あまりの落差〟に驚き、教育上の悩みを告げてこられる方があったのである。

一例をあげよう。多くの教科書には「邪馬台国」と書いて「ヤマト」と訓がふってある。しかし、わたしはわたしの本の中で、すでに次の事実を、実証的にしめしている。〝『三国志』にも、『後漢書』にも、「夷蛮」の国々の固有名詞を表わすさい、「臺」を「ト」の表音表記に使った例はない〟と。

これに対し、どの学者も、誰一人として、〝いや、両書において、ここにその実例がある〟そう反論しえた人はいない。わたしが一九六九年、論文「邪馬壹国」を史学雑誌に発表し、一九七一年、『「邪馬台国」はなかった』を世に問うてより、十年余、この枢要の反証を誰人もあげえなかったのである。

しかるに、教科書では委細かまわず、「台」に「ト」と仮名がふってある。わたしの本を読んだ生徒が「先生、『邪馬台』は『ヤマト』とは読めない、って書いてありました。それなのに、どうして……」と問いはじめるとき、教師は答えるすべをもたない。「いや、この教科書がおかしいんだ」そう言わぬ限り。

もし、〝幸いにも〟教室でそのような問答が出なかったとしても、父親、あるいは母親は、子供の教科書を見て、「何だ。こんな無責任なことが、まだ書いてあるのか」などとつぶやく。そのとき、子供は鋭敏な耳でそれを〝聞く〟であろう。

臆説によって書かれる教科書

しかも、わたしはわたしの本で明らかにした。原本（『三国志』の魏志倭人伝）には「邪馬壹国」もしくは「邪馬一国」とある。これを「邪馬台国」と〝手直し〟した理由は、他でもない、〝倭王とあれば、日本では近畿の天皇のみ〟という信念に立っていた江戸前期の松下見林《けんりん》の「原文改定」による、という研究史上の事実を。

また、彼が三世紀の史書、『三国志』の「邪馬壹国」を捨て、後代たる五世紀に成立した『後漢書』の「邪馬臺国」を取った理由も、同じ信念からだった。すなわち「神武から光仁に至るまで、ほぼ大和に都していたから」というのがそのすべてであった。これは、序文（『異称日本伝』）に「国史（『日本書紀』）をもとにし、〝外夷の書〟は、これに合うものは取り、合わないものは捨てる」と宣言した方針の、その実行だったのである。

だからこそ見林は、後者の『後漢書』においても、〝「臺」は「ト」の表音表記に使われていない〟という史料事実を実証的に確認するという〝必要〟を見なかったのである。

そしてこの〝必要〟を無視したのは、見林だけではない。新井白石、本居宣長から現今の古代史の大家に至るまで、その学問的、実証的検証を欠いてきた。そして欠いたまま、教科書の「邪馬台国」に「ヤマト」と訓をふっているのである。

これらの事実は、すでに明らかにされており、父母にも教師にも、子供たち自身にも、古代史に関心ある者には周知のところ。それなのに、教科書は依然「邪馬台国」と書き、「ヤマト」と訓読させるのだ。

思うに、真実は一つだ。――「『三国志』の魏志倭人伝には卑弥呼という女王のいる国を『邪馬一国』

と記している。『ヤマイチ』である。これについて『邪馬台国』と直し、『ヤマト』と読む説もある」と。この記載である。

他の例をあげよう。

「日出ず（づ）る処の天子、書を日没する処の天子に致す、恙《つつが》無きや。」この「名文句」を、多くの教科書はあげている。そしてそれを推古天皇の時代の、聖徳太子の事蹟として書いているのだ。

ところが、右の句の出ているのは、『隋書』俀《たい》国伝だ。そして右の句をのべた俀国の王は、多利思北孤《たりしほこ》。妻（雞弥《きみ》）をもち、後宮の女、六〜七百人を擁していると書かれているから、当然、男王である。

これに対し、〝推古女帝を男王とまちがえた〟〝次の舒明男帝とまちがえた〟〝使者、小野妹子の先祖の一人の名を、まちがえた〟などと言って説明してきたのが、従来の「学説」だった。そのような臆説の上に立って、今までのすべての教科書は書かれている。

しかし、わたしはすでにこれに対して反論した。

(一)一国（中国）の使者が、〝実際に会った〟女帝を、理由のいかんを問わず、男帝とまちがえるはずはない。

(二)俀国を代表する山河として、「阿蘇山有り。其の石、故無くして火起り天に接する者、俗以て異と為し、因って禱祭を行う」と書かれている。大和の飛鳥なら、この描写はあまりにも不適当だ。すなわちこの俀国の都は、九州にある。

以上だ（他の理由は『失われた九州王朝』参照）。おそらく、多くの読者はこれを首肯したであろう、通常の常識と普通の判断力をもつひとびとであるならば。

ところが依然、教科書には、右の記事は〝聖徳太子の事蹟〟として特筆大書されている。心ある親や教師や肝心の子供たちの疑いをよそに。

学者たちは、在野の一探究者の批判など〝黙殺〟すれば、それですむ、と考えているのかもしれぬ。しかし、そのとき〝悩む〟のは、教師であり、親であり、そして何よりも〝矛盾を知ってしまった〟子供たち自身なのではあるまいか。

実証的検証の目をふさぐ

以上、わずか二例をあげただけであるけれども、この二例がただ〝この例のみ〟の問題に終りえぬことは、容易に察することができよう。

なぜなら、第一の例は戦後史学とそれにもとづく、戦後の教科書の中に「皇国史観」の亡霊が生きつづけていることをしめし、その亡霊の手が実証的な学問の検証の両目をふさいでいることをしめしているからである。一九八〇年代の子供たちの教室もまた、その亡霊の支配下にあるのだ。

第二の例はさらに大きな意義をもつ。もし「日出づる処の天子……」の国書を送ったのが阿蘇山下の王者、すなわち九州王朝の主であって、推古天皇や聖徳太子ではない、という平明な、書いてあるままの事実を認めれば、どうなるか。当然、その前の「倭の五王」も近畿天皇家ではありえず、九州の王者とならざるをえぬ。『隋書』俀国伝にも、「魏より斉・梁に至り、代々中国と相通ず」と記され、「魏〜斉」間の南朝劉宋に貢献した「倭の五王」が同一王朝であったことをしめしている。

このことはすなわち、天皇家一元主義の立場で書かれてきた日本の教科書が、その基本を失うことをしめしている。〝日本列島には近畿の天皇家以外に、そしてそれ以前に王朝があり、東アジアの国々はそれを日本列島内、代表の王者として認めていた〟という、今までの日本の教科書編集者には〝未想

変貌する古代史像——荒神谷遺跡出土の銅鐸と銅矛
（斐川町教委提供）

到〟の、しかし世界の学者には〝何の他奇なき〟テーマに、とって代られねばならないのである。

この点は、一番近い隣国たる朝鮮半島の国々との関係史に対しても、重大な影響を及ぼすであろう。

旧来の教科書では「大和朝廷の朝鮮半島出兵」を堂々と記述するのを常とした。この点、最近種々の〝改良〟が行われたこと、『教科書に書かれた朝鮮』（講談社）に紹介された通りであるけれども、問題それ自体は全く〝解決〟されてはいないのである。

なぜなら朝鮮半島側（北朝鮮・韓国、さらに在日朝鮮人・在日韓国人）の学者の史料的な依拠点は、『三国史記』、『三国遺事』にある。そこには「倭」記事は相当量存在するけれども、『日本書紀』側のような「近畿天皇家下の出兵」の形では書かれていない。従って後者を〝虚妄の記事〟とする傾向を生んだのである。

けれども、日本側の学者にも消しえぬ〝不審〟が残っている。〝『日本書紀』の作者（舎人親王等）は、果して「無から有を生み出す」創作家なのであろうか〟と。また、〝では、『三国史記』、『三国遺事』に頻出する「倭」とは何者か。そこにある「倭王」「倭軍」等、その正体は何者か〟と。

この矛盾点は、かの有名な高句麗好太王碑論争を生んだ。鋭い問題提起を行われた李進熙《リジンヒ》氏の着眼の出発点は、〝碑面に対してとられた双鉤本《そうこう》、拓本の字面にズレがある〟という一点にあった。まことに即物検査を重んずる考古学者らしい着目であったけれども、碑面中、肝心の「倭」の文字は現在碑面に厳存し、それは石面本来の文字であって、石灰造字でないことが、責任ある報告者によって確認された。たとえば、一九六三年に現碑を実地調査された金錫亨氏（朝日新聞夕刊、一九七三・八・七）、一九七三年頃、修理・保存の最高責任者として現碑を視察された王冶秋氏（『ここに古代王朝ありき――邪馬一国の考古学』参照）等である。

では、これらの「倭」とは何者か。この問題は再びふり出しから出発せねばならぬ。

新たな視点の併記を

以上で明らかなように、問題はいわば〝二律背反〟、手づまりの観を呈しているのだ。決して従来の教科書の〝朝鮮出兵〟記事を論難し、これを〝抹消〟させれば、それですむ、といった性格の問題でないことは、明白である。

これに対し、いま提示された「九州王朝」の視点に立つとき、問題は全く新たな照明を浴びることとなろう。

『三国史記』に頻出する「倭」は、九州王朝であって、近畿の天皇家ではない。『日本書紀』は九州王朝の事蹟（朝鮮半島出兵等）を「盗用」したけれども、その手法は「時代」「人名」等の接合において、かなり恣意的である（『古事記』は、その「盗用」以前の姿をしめす）。

以上の新視点の導入以外に、この問題の〝解決〟はありえないと、わたしは信ずる。

さて、教科書の問題としてこれを見よう。

少なくとも、右の三視点の存在することを、教科書は明記すべきである。編者にとって、一の立場を確信しえぬとき、とるべき手段はそれ以外にない。数々の矛盾点――たとえば朝鮮半島に大和朝廷の遺品たる出土物のないことは、李進熙氏等の力説されるところだ――があるにもかかわらず、これを無視、もしくは軽視し、これを〝筆先の処理〟に委ねたのでは、「未来への探究の両目」を子供たちから奪うこととなろう。

最後に一言する。教科書は宗派の教科書ではない。常に「万古不易の真理」をのべている、という顔をする必要はない。それは人間の顔ではない。擬似された「神の顔」である。

教科書は、わたしたちの世代が次の世代に渡す遺言書である。〝わたしたちは、これこれの点を明らかにできませんでした。あなた方の探究を望みます〟――これに尽きよう。

これを超える〝権威〟をもって彩ろうとするとき、教科書の「利」ではなく、教科書の「害」が生れる。若いひとびと、幼いひとびとの純真な頭脳に汚染の毒水を注入することとなろう。

第一章　古代出雲の再発見

1　神話と鉄

『魏志』韓伝に見る古代史の盲点

古田でございます。今日はお暑い中を来ていただき、わたしの話をお聞き下さるということで非常に喜んでおります。わたしも出雲石見の国へ来たことは、もちろん何回もあるのですが、この横田町へは初めてでございます。今日も午前中からいろいろと製鉄関係の現場を拝見したり、また、考古博物館で貴重な文化財を拝見いたしました。実は、最初の予定ではここで二時間か二時間半ぐらいお話しして、それから質疑が三十分か一時間というつもりでございました。

ところが、先ほどご紹介ありましたように、銅鐸が出た。「これを見せてやろう。ついては四時半に……」ということで、こちらをどうしても一時間十五分前には出発しなければならなくなり、この後が大変詰まってまいりました。これはいわば嬉しい悲鳴と言うべきでございましょうか。大変有難いことなのですが、辛いことでございます。以上のようなわけで時間がありませんので、ゆっくりと話させていただきたいと思います。

と申しますのは、えてしてわたしなど時間がないと、焦りましてそそくさと早口で喋ってしまうという悪い癖がございます。そうすると、話している方ではたくさん話したつもりでありましても、お聞きになっている方では何を喋ったのか、ということになりがちでございます。ですから、本日は時間がございませんので、余分なことはなるべく言わずに、ポイントをゆっくりと話させていただく、こういうつもりでございますので、じっくりとお聞きいただければ幸いと存じます。

さて、この標題にもありますように、「古代出雲の再発見――神話と銅と鉄」ということで、ご当地ともっとも関係の深い鉄の問題に最後に触れさせていただくという予定でございます。ところがそういう形でやっておりますと、時間の関係から鉄の方になるともうタイムアップになってしまうということで、鉄のことに触れないままで終ることになっては非常に残念です。そこで逆に鉄の問題を先頭に持ってきました。

鉄の問題もいろいろ申し上げたり、また皆様にご意見を伺いたいことはたくさんあるのですが、この一両年、わたしが認識を新たにしてきました重大なテーマをお話しして、そして横田町における古代の製鉄はどういう状勢の中に置かれていたであろうか、ということを申し上げたいので、最初に要点を申し上げて、あと神話等という話に移るという具合に、順序を逆転させていただくつもりでございますので、よろしくお願いいたします。

さて、いわゆる「邪馬台国」と世間で言っておりますが、実は「邪馬一国」と言う方が原文そのものなのでございますが、その「邪馬一国」のお話が出ているのが『三国志』の「魏志倭人伝」というものでございます。これに研究を長らく集中していたのでございますが、昨年（一九八四）、その倭人伝の前にある「韓伝」を見ておりますうちに、ここに従来盲点になっていた問題が存在することに気がついたわけでございます。この点、『魏志』韓伝もいわゆる紹熙《しょうき》本という原本でコピーして皆さんのお手許にございますので、時間があればそれをいちいち「ここのところです」と申し上げたいところなのですが、今日はその点は省略させていただきまして、直ちにポイントを申させていただきたいと思うわけでございます。

当時、朝鮮半島は南半部を「韓」と言っていました。現在の韓国と同じような名前なのですが、この南半部には倭地があった。これも非常に重要な問題なのですが、今日は省略します。その西側のもっとも大きい部分が馬韓です。こちらが辰韓――慶州近くですね。そしてこれが弁韓です。こういうふうに分れております。そしてソウル近辺に帯方郡があり、今のピョンヤンである平穣の近辺に楽浪郡がある。こういう形でございます。

韓伝を見ますと、この辰韓の王様のことは書かれている、辰韓の王様は辰王でございます。これもいろいろな問題があるのですが、いまは省略します。そして、弁韓にも十二の国にまた王がいるというふうに書かれています。これも何という王か名前は書いてありませんが、やはり王がいると書いてある。ところが不思議なことに、馬韓については王がない。王が書かれていないわけです。これは一体なぜだろうと。よく読むとその理由ははっきり書いてあります。と言いますのは、本来ここに当然、馬韓の王はいたわけです。ところが楽浪・帯方郡、つまり当時の中国側が、辰韓の一部――どの辺からとは書いてありませんが、これを割譲してしまった。つまり辰韓の方から取り上げて、自分に直属させてしまった。その理由は、元々、辰韓は楽浪郡に属していたからである、こういう理由で取り上げた。

さてこの韓伝には、馬韓が辰韓を統轄していたように書いてある。そこで韓王（馬韓の王）は非常に

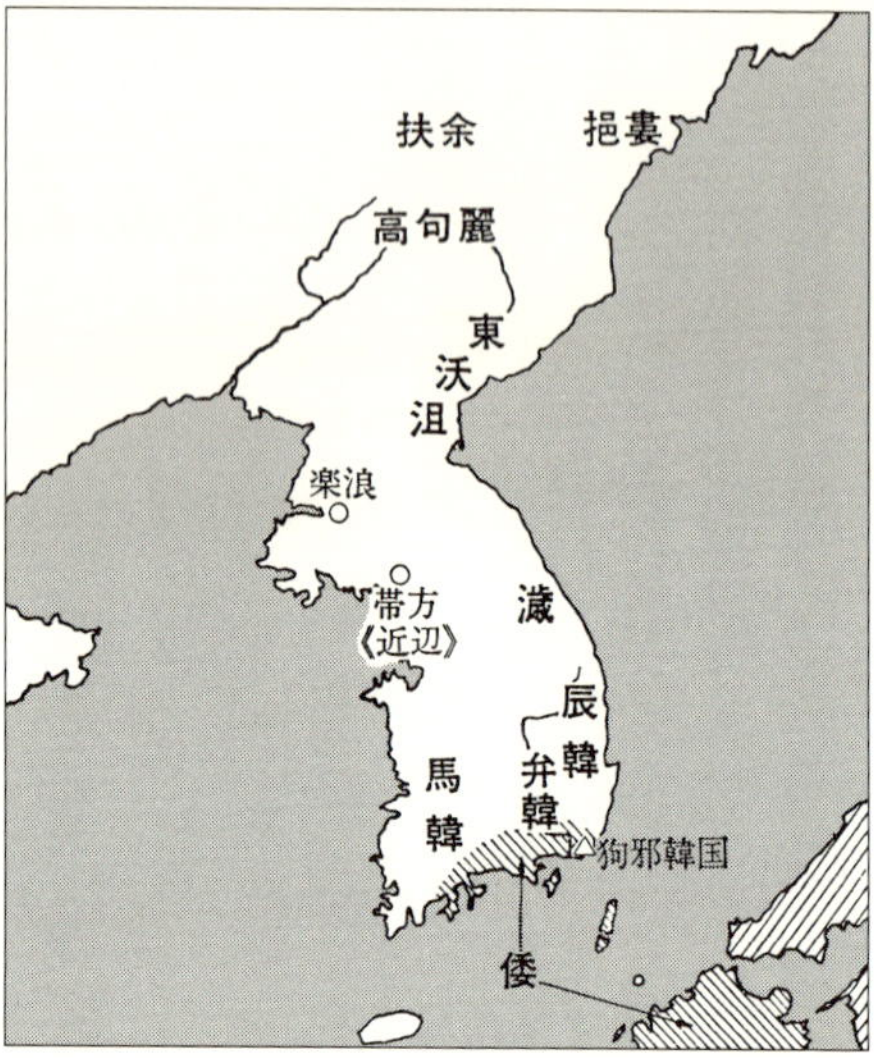

3世紀の朝鮮半島勢力図

怒って、これに対して軍をもって楽浪・帯方を攻撃した。帯方郡の太守はそのために戦死した。ですから、当時は馬韓が韓国代表で、韓王の軍が非常に優勢だったわけです。ところが、恐らく中国本国から援軍が来たのでしょう。形勢が逆転しまして、ついに韓王は敗退した。そして、ついに「中国側は韓を滅した」。こう書かれております。

東アジアを震撼させた馬韓の滅亡

「韓を滅した」ということは、つまり韓王を消し去ってしまった、言い換えると、中国がこの馬韓の地を直接統治の下に置いたということが書かれております。これは大変な大事件です。このあと、例の倭国の卑弥呼から使いを送るわけです。難升米《なんしょうまい》等です。あの倭人伝に出てくる有名な記事になっている。年代が書いてありますから。そういう順序になっている。この事件は東アジアを震撼させた。特に、倭国の卑弥呼あたりはびっくりしたと思います。そういうことで、難升米等が彼の地を通って帯方郡に行く話は倭人伝であまりにも有名ですが、それは実は滅亡韓国の地を通って行ったわけです。ということは、われわれが倭人伝だけを見ている限り、気がつかなかった。これは非常に重大な問題なんですが。

さて、それでは中国はなぜそんな無茶をやったのか。それはもともと楽浪郡に属していたからか。漢の大帝国がありましたから、その時代は漢の四郡というものを朝鮮半島から北方にかけて敷いておりました。もともとこの辺が、楽浪郡に属していたというのはその通りです。しかし、そんな理由でいまこれを取り立てて直轄地に編入するのだったら、どこでも全部直轄地に編入できるわけですね。要するに、それは単なる口実に過ぎないわけです。辰韓の鉄の産地がほしかった。しかもそれを〝直接に手に入れたかった〟ということが原因なのです。

では、なぜかというと、その理由が実は韓伝に書いてある。それは辰韓の項目に書いてある。「山に鉄を出す」と。そして「韓・濊・倭《わい》、従いて之を取る」と。これはわたしの本をお読みになった方はわかると思いますが、この文章は何回か引用しました。

つまり「韓・濊・倭」の濊というのは、この朝鮮半島の日本海岸の真ん中辺です。これが濊。この三つの領域の人々が従って一緒にここに鉄を取りにきている。しかも彼らは貨幣の代わりに鉄を使っていた。つまり、鉄を持って行ったら、この朝鮮半島では何でも買えるわけです。通貨の役目に鉄を使っている。こういう記事があるわけです。これは非常に重大な記事です。ですから、倭人伝の卑弥呼は〝鉄の女王〟である。弥生期における鉄の分布図を見れば、卑弥呼のいた「邪馬一国」の中心部は容易に判明する。それは筑紫である、という論定をわたしがやったところなのです。

そういうことでわたしは、何回もこの文章を引用したことがあったんです。ところがわたしが見逃していた記事があります。と言いますのは、いまの「従いて之を取る」の記事の最後に「また二郡にこれを供給す」。二郡というのは、楽浪・帯方郡。ここへも鉄を持って行っている。こういう記事が最後にくっついている。わたしももちろん、引用の時にはそういう引用をしたんです。しかし、〝楽浪・帯方

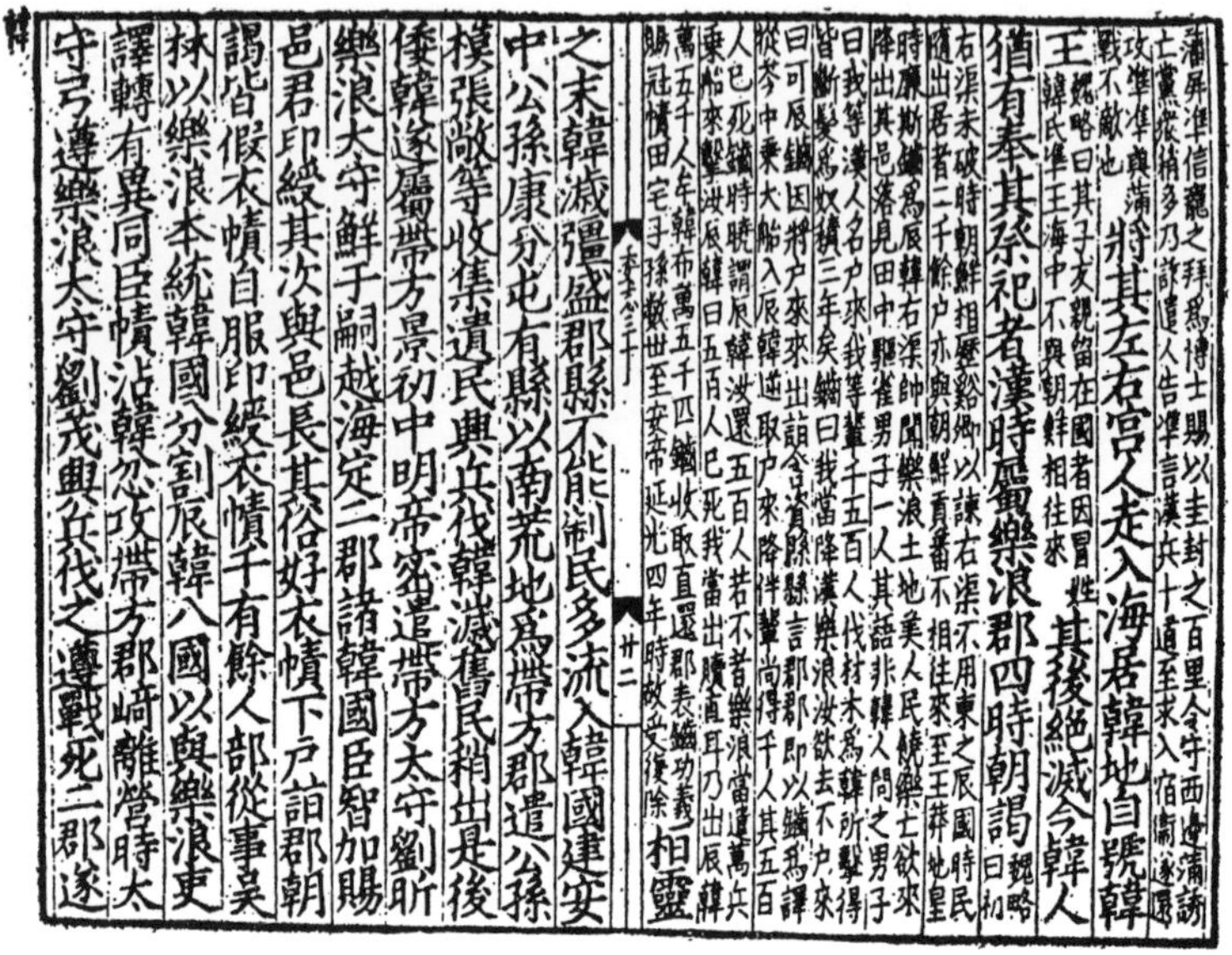
滿昇準信寵之拜爲博士賜以圭封之百里令守西邊滿誘亡黨衆稍多乃詐遣人告準言漢兵十道至求入宿衛遂還攻準準與滿戰不敵也將其左右宮人走入海居韓地自號韓王魏略曰其子及親留在國者因冒姓韓氏準王海中不與朝鮮相往來其後絕滅今韓人猶有奉其祭祀者漢時屬樂浪郡四時朝謁魏略曰初右渠未破時朝鮮相歷谿卿以諫右渠不用東之辰國時民隨出居者二千餘戶亦與朝鮮貢蕃不相往來至王莽地皇時廉斯鑡爲辰韓右渠帥聞樂浪土地美人民饒樂亡欲來降出其邑落見田中驅雀男子一人其語非韓人問之男子曰我等漢人名戶來我等輩千五百人伐材木爲韓所擊得皆斷髮爲奴積三年矣鑡曰我當降漢樂浪汝欲去不戶來曰可辰鑡因將戶來來出詣含資縣縣言郡郡即以鑡爲譯從芩中乘大船入辰韓逆取戶來降伴輩尚得千人其五百人已死鑡時曉謂辰韓汝還五百人若不者樂浪當遣萬兵乘船來擊汝辰韓曰五百人已死我當出贖直耳乃出辰韓萬五千人弁韓布萬五千匹鑡收取直還郡表鑡功義賜冠幘田宅子孫數世至安帝延光四年時故受復除桓靈之末韓濊彊盛郡縣不能制民多流入韓國建安中公孫康分屯有縣以南荒地爲帶方郡遣公孫模張敞等收集遺民興兵伐韓濊舊民稍出是後倭韓遂屬帶方景初中明帝密遣帶方太守劉昕樂浪太守鮮于嗣越海定二郡諸韓國臣智加賜邑君印綬其次與邑長其俗好衣幘下戶詣郡朝謁皆假衣幘自服印綬衣幘千有餘人部從事吳林以樂浪本統韓國分割辰韓八國以與樂浪吏譯轉有異同臣智激韓忿攻帶方郡崎離營時太守弓遵樂浪太守劉茂興兵伐之遵戰死二郡遂

魏志三十　廿二

『魏志』韓伝（紹熙本）の部分

へ鉄を運ぶぐらい当り前だ〟と思って見逃して、その意味を考えなかった。ところが、いま考えてみると、あまりにも散文的で簡単な、この一文こそ、韓伝と倭人伝を解く秘密のカギだったわけです。

　ということはつまり、中国が前漢の武帝の四郡以来、朝鮮半島を支配した目的は、もちろん、人間を支配することも目的でしょう。また農作物を税として取り上げることも目的でしょう。しかし、それと同じく、あるいはそれ以上に鉄を押える。と言いますのは、当時、中国は完全に鉄器文明です。ですから、武器としていかに重要かということを百も承知であるのが、当時の中国です。その中国が鉄の問題を抜きにして韓の四郡というものを考えるとは思えない。中国側にとって、この朝鮮半島を支配する最大の目的の一つは、鉄の支配にあった。こう考えてもわたしは決して空想や当てずっぽうではないと思います。そのことを示すのは、「二郡にこれを供給す」の一文です。こちらが主であって、言ってみれば、そのおこぼれといいますか、「韓・濊・倭もこの鉄山の供給にあずかっている」ということです。実は順序から言うと、そういうことなのです。

そうしますと、何か変な〝理屈〟をつけて中国——当時、魏と言いました——が辰韓の八国を直轄領に編入したというのは、恐らく鉄山を押えるために必要な処置だったのではないか。これはわたしの仮説ですが、そういう仮説を立てると、一連の事件がはっきりと見えてきたわけです。つまり、この八国が鉄山の産地であるというケース。あるいはこの八国を通って鉄山に至るという、だからこの八国を押えなければ鉄山は確保できない、というケース。これのどっちかはしれませんが、とにかく鉄を安定確保することが本当の理由である。それに対していまのような「元楽浪に属していたから」なんていうのは、ただ口先の理由づけに過ぎないというふうに、わたしは理解したわけです。

以上のようなことで、韓と中国との激突になり、韓が滅亡の憂き目にあい、そして今度は中国が全土を、特に韓の中心であった馬韓の地は直接支配をするという、そういう状況の中で、卑弥呼と中国との国交が始まったわけです。

中国にすれば、やはり倭国卑弥呼との国交は必要だった。なぜと言えば、こんな無茶をやって直接軍事統治の支配をやったわけですから、実際問題として安定するのは難しい。そうするとやはり、その向うの倭国と手を握ることは、この「滅亡韓国」を支配する上で非常に重要な布石であったろうと思います。

ですから、倭国が中国へ行ったのは、倭国は大国中国の財宝、宝物、鏡などが欲しくて行ったという形で従来は理解していたのですが、そんなことだけではなくて、倭国も中国と接触する必要があった。

韓国の鉄山の鉄を貫いたければ……。ところが、同時に中国側も半島の安定上、向うの倭国との国交を必要とした。こういう理解の方が、わたしははるかに理性的な理解であると思うのですが、どうでしょう。

これがつまり三世紀——弥生時代の話です。「倭人伝を理解するのには、韓伝を背景にしなければならない」と。これが根本のルールです。それなのに韓伝をカットして「倭人伝だけで理屈を考えた」のが、従来の手法ではなかっただろうか。こう思います。

好太王碑〝改竄〟論争に決着

さて、そこでわたしは今年（一九八五）の三月、宿願を達して、高句麗好太王の碑を見てまいりました。これは、朝鮮半島の北端部のさらに北にあります。鴨緑江——皆さん懐かしいひびきを持ってお聞きの方もあるでしょう。ヤールー川——という川が流れております。この鴨緑江の北岸部に集安県というところがございます。ここに有名な、高句麗好太王碑があります。これは資料の参考文献の七番目のプリントにその全文が出ております。

ここの中には九回、あるいは最近の中国側の学者によると十一回、「倭」という字が出てくるということで、非常に重視されてきた遺跡でございます。ところがこれに対しまして、十三年前ぐらいになりますか、在日朝鮮人の李進熙さんが、「あれは真っ赤なにせ物である。日本の参謀本部がでっち上げた……改竄して石の字を削り取って、石灰のにせ字を埋め込んで彫り込んだ。そういうにせの字を拓本、あるいは双鉤《そうこう》本に取って、持って帰ったものである」という説を発表されまして、みんなびっくりしたわけです。

ところがわたしがこれに対して、いちいち再検査してみますと、どうもそうではない。そういう改竄の事実はないという結論に達しました。あれは昭和四十七年（一九七二）でしたか、その五月に出た李さんの論文に対して、十一月の東大の史学会でそれは間違いだ、改竄はなかった、という説を発表した。その学会の席上で李さんと四十分間ぐらい討論をやったわけです。

そして今回、いよいよ現地に行けたわけです。そうするとやはり改竄ではなかった。まぎれもなく「倭以辛卯年来渡海破……」と「倭、辛卯年を以て来る」というあの有名な一節も石でちゃんと彫り込まれておりました。

ほかにも「倭」という字があります。わたしが確認できたところでは八カ所が確実に石の字で「倭」とございました。戦前は九カ所と言われていたのですが、その一カ所はもうつぶれていまは見えない。中国の学者が言う十一カ所というのは、わたしには確認できなかった。誰が見ても確認できる石の「倭」の字は、現在は八カ所でございます。わたしはそう思っております。

ともかく、数はともあれ、「倭が高句麗とそこで戦っていた事実」はもはや疑うことはできない。ですから、十四年の論争を、初めて、今年わたしの目で決着したことを確認したわけでございます。

好太王碑のもう一つの読み方

さて、ところがこの好太王碑には、今までに論じられたことのない重要な問題があることに気がついたわけでございます。と言いますのは、好太王碑の文面を見ていきますと、これも一つ一つ原文を説明するといいのですが、時間の関係でそれは省略させていただきます。

そこに「平穣」という言葉が二回出てくるわけでございます。これが今のピョンヤン（平壌）、楽浪

王建群氏が判読した碑文（第二面）

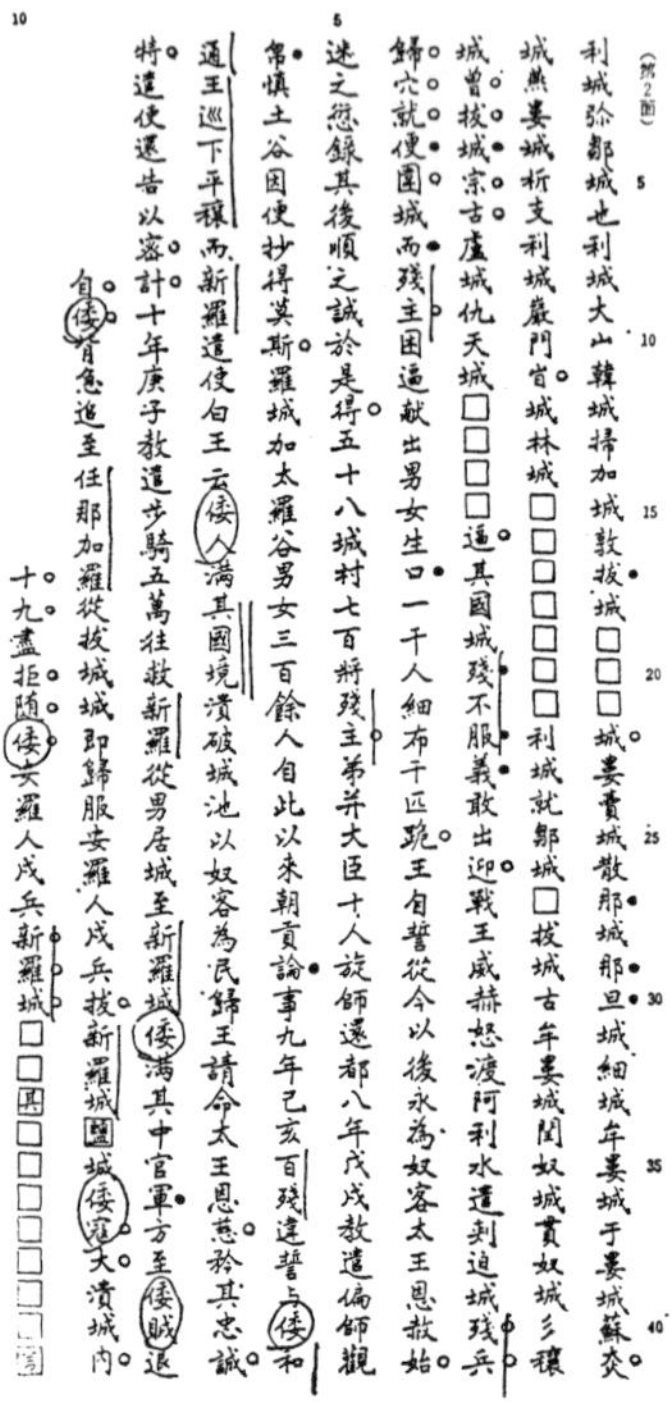
（第2面）
利城弥鄒城也利城大山韓城掃加城敦拔城□□□城婁賣城散那城那旦城細城牟婁城于婁城蘇灰
城燕婁城析支利城巖門肖城林城□□□□□□□利城就鄒城□拔城古牟婁城閏奴城貫奴城彡穰
城曽拔城宗古盧城仇天城□□□□逼其國城殘不服義敢出迎戰王威赫怒渡阿利水遣剌迫城殘兵
歸穴就便圍城而殘主困逼献出男女生口一千人細布千匹跪王自誓從今以後永爲奴客太王恩赦始
迷之愆錄其後順之誠於是得五十八城村七百將殘主弟并大臣十人旋師還都八年戊戌教遣偏師覯
帛愼土谷因便抄得莫斯羅城加太羅谷男女三百餘人自此以来朝貢論事九年己亥百殘違誓与倭和
通王巡下平穰而新羅遣使白王云倭人滿其國境潰破城池以奴客為民歸王請命太王恩慈矜其忠誠
特遣使還告以密計十年庚子教遣步騎五萬往救新羅從男居城至新羅城倭滿其中官軍方至倭賊退
自倭背急追至任那加羅從拔城城即歸服安羅人戍兵拔新羅城□城倭寇大潰城内
十九盡拒隨倭安羅人戍兵新羅城□□□□□□□□□

王建群『好太王碑の研究』より

郡です。ここを好太王は本拠地にしている。それから「帯方」という言葉も出てきます。その「帯方界に倭が侵入した」という形で現われております。さらにこの石碑の本当の目的は、別に「倭と戦って勝った」ということだけが目的ではありませんで、好太王の墓を守る人間を定めることが第三面、四面にビッシリ書いてある。高さが六メートル半近く、幅が一メートル五十センチぐらいもあるその石碑の文面にビッシリ書いてある。墓守の規定が書かれている。ところがその墓守に、新たに征服した、韓・穢《わい》の民をこれに当てようということが出てくるわけです。

これはいずれも「穢」という字になっておりますが、これは卑しめて書いているのであって、先ほどの『三国志』で言うところのサンズイの「濊」と同じ存在であると、認められているわけです。この高句麗が征服した韓・穢の民が墓を守る。そして先程言いました倭という字は、八回出てくるわけです。ところがふっと気がついたのです。と言いますのは、つまりこれをまとめて見ますと、ここには楽浪郡に当るのが平穣、そして百済・新羅などに当る韓と穢を押えて、さらに帯方を好太王は押えようとしている。というのは『三国志』韓伝にあるように、朝鮮半島から鉄が運び込まれていたのは、楽浪・帯方の二郡だった。だから二郡を押えるということは、その鉄を押えることを意味するのではないか。さらに今のように韓・穢を支配して倭と戦った。「韓・濊・倭、従いて」という、あの国々です。

そうすると、ピタッと一致するわけです。つまり、辰韓の鉄山。朝鮮半島で注目されていた鉄山の権利を持っていた二郡。同時に付属的かもしれないが、鉄の採取が認められていた韓・濊・倭。それらがすべてピタッと高句麗好太王碑に出てくるわけです。そうしますと、これが「偶然の一致」とはわたしには思えない。つまり、好太王はなぜ南下したか。これはご存じのように、高句麗というのは、集安県に最初からいたわけではございません。もっと北の長春、旧満州時代は新京と言いましたが、あそことの中間に通化というところがありますが、ここに初期の高句麗の人がたくさんいたのです。つまり、そのあたりが高句麗の最初の第一代の基点になったらしいのです。それが第二代のときに南下して集安に来た。

実に素晴らしいところでして、変な表現ですが、〝大和盆地に利根川が流れている〟という表現。そういう感じのところなのです。皆さん行ってみたいと思う方がございましたら、幸いこの八月の十七日からもう一回まいります。ここにパンフレットがございますので、もし行ってみようという方があったら、どうぞお持ち下さい。

とにかく、そういう素晴らしい天地に南下してきた。ところがこの通化と集安の間に、また鉄山があった。この話も時間があればもっとしたいところですが、要するに集安に至る、途中の鉄の産地帯を押えて南下した。ただ、景色がいいためにとか、南の暖かいのが好きとか、だけではないのです。

この好太王がさらに平穣に進出し、この地を根拠地にして、帯方郡へと南下します。これも「倭人が侵入した」と言っていますが、倭人から言えば「高句麗が侵入した」と言うでしょうね。見る立場の違いです。ということは、ただ暖かいところが好きだというだけではなくて、やはりわたしは「好太王の目は鉄に注がれていた」と思うのです。そういう意味では、好太王碑を〝鉄を抜かして〟読んだら、全体はただ「昔の人は戦争好きだったな」という感じになります。ただ〝よくも、まあ戦争をやっている〟というふうにしか言えない。

しかし、今のように鉄という問題をぽーんとマスター・キーとして入れると、にわかにその行動の真の意味が見えてくる、ということを感じたわけです。

これは、四世紀の後半から五世紀の初めにかけての人、四一二年に死んだ好太王のことを、子供の長寿王が四一四年に立てた勲績・守墓碑であったのです。四世紀から五世紀にかけては、そういう鉄をめぐる、高句麗と倭国との激突ということが行われていたのがこの地帯の状況です。

一言申しそえますと、この守墓人の墓守に倭が入っていないのです。ということは、どうもあの碑面に書いてある範囲では「倭はしょっちゅう負けている」けれども、どうも最後的にはまだ倭は負け切っていないのではないか。この朝鮮半島の南半部で依然として戦っていたのではないか。ということは、すなわち両者の緊張はまだまだ続いていた。そういうような問題も出てくるわけでございます。

それはともかくとしまして、この当地、横田町でも新羅系の王者の冠らしきものが出てきたということを、さっきお聞きしたのです。それはまだどういうものか、わたしには判りませんが、それが古墳時代のものであるとすれば、こういう情勢の中における東アジア世界の中の当地のものだったわけです。そうするとやはり横田町周辺の鉄、また農富な中国山脈近辺の鉄の産地に対して、東アジア世界の中の倭国の人々、あるいは楽浪・帯方の二郡の人たちが無関心だったと思うことは、わたしには難しい。ということで、この横田町の歴史を、そういう国際的な広がりの中で考え直していただけたら、「そういえばこういうこともあるのではないか」というような、新しい問題提起が生れることになるのではないかと思います。

2　神話と青銅器文化

「国生み神話」と津田史学

さて、それでは最初のテーマに入らせていただきます。昨年の七月から八月にかけまして、斐川《ひかわ》町から三百五十八本の「銅剣」が出てまいりました。みんな驚きました。学者あたりが真っ先に驚いたようですが、実はわたしはあまり驚きませんでした。大変驚かなかった。変な言い方ですが、「そうだろう、そうだろう。やっぱり出ましたか」というのが、わたし自身の正直な反応でございました。なぜかということは、今から申し上げます。

さて、その時わたしは……今でこそ皆さん百もご承知の三百五十八という数を覚えるのにちょっと苦労しまして、そこで昔、皆さんも中学・高校の勉強の時期におやりになったと思うのですが、三百五十八を「ミコーハ」と「ミコハ断《た》つ造作説」と、こういう言葉にして覚えたわけでございます。断つというのは、もちろん剣か何か（実は矛か戈《か》――後述）だから「断つ」なのですが、「造作」説とは何だというのは、本日の中心をなすお話で、やがておわかりいただけるところでございます。

「造作」説というのは、津田左右吉さんという方が大正から昭和にかけて発表された説であって、「『古事記』、『日本書紀』の神話・説話は嘘である。歴史事実とは関係のない全くの作り話である」ということなのですが、よくもあの時代にあのような説を発表されたと思うのです。大変な勇気だと思います。早稲田大学で、そういう講義をされたわけです。ところが、当時の東大、京大、その他の大学の学者は皆、皇国史観ですから、一切それを相手にしなかった。ところが戦後一転して、この津田左右吉の考えが定説になった。それで学会も教科書も全部、津田左右吉の考えに従って作られてきたわけです。そして神話などは一斉に教科書から追放されてしまったわけです。

わたしが古代史の世界に入りましたのは、遅かったのです。昭和三十年代は親鸞の研究に没頭しておりました。いわゆる「中世」です。そして、昭和四十年前後の頃に古代史の世界に入ってきたわけです。わたしは、「おかしいぞ。神話造作説は間違っているのではないか。神話はそんな作りものではないらしいぞ」、こういう感じを持ったのです。と言いますのは、今から思うと、古代史に入ってきた時期がよかったのです。

なぜなら、昭和三十年前後の頃、文化財保護法ができまして、それまではいいものはすぐ骨董屋へ運ばれていたものが、いきなり国の財産ということで公共の管理の場に出てくるようになった。それで考古学的な出土物の分布図がわれわれの目に入ってきたわけです。

そうしますと、まずわたしが気がつきましたのは「国生み神話」というものでございます。これは年配の方は子供のころ習ってどなたもご存じかと思いますが、伊邪那岐命《いざなぎ》・伊邪那美命《いざなみ》の男女の両神です

資料No. 1

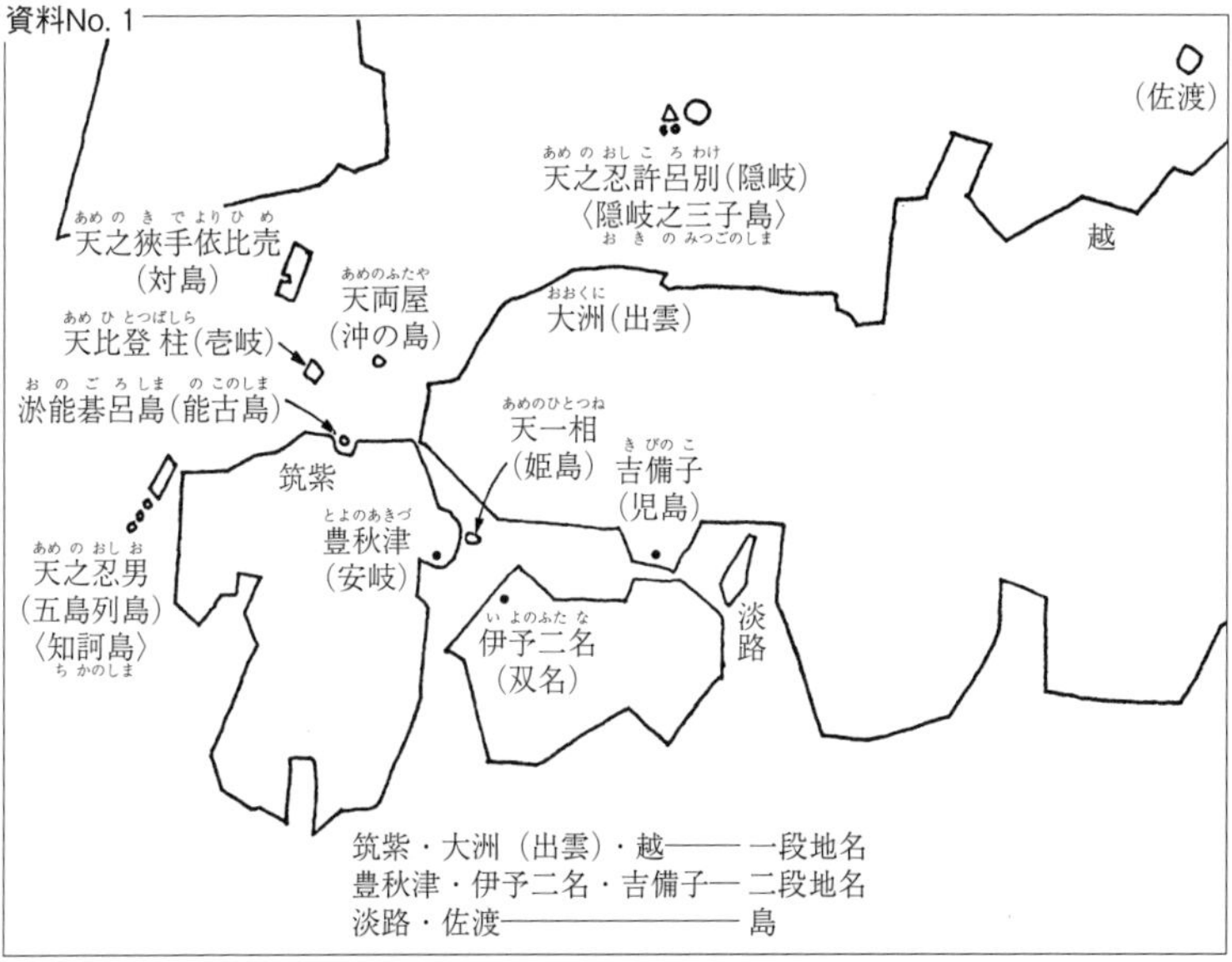

大八洲《おおやくに》の国生み（『日本書紀』第二，一書）

ね。淤能碁呂《おのごろ》島というところで、海の中に天の瓊矛《ぬぼこ》というものを差し入れて、それを引き上げるとポタポタ（「コホロ・コホロ」と書かれています）と海の滴が垂れて、それが大八州の国になったという話です。瓊矛という瓊は玉ですから、勾玉などを紐で括《くく》りつけた矛という意味でございます。『日本書紀』一書ではここのところが、天の瓊《ぬ》戈《か》となっています。やはり、あとは同じで天の瓊戈を差し入れて引き上げたらコホロ・コホロという形でこうなっているわけです。ですから、五つぐらいの説話は矛《ほこ》であって、一つだけは戈《か》という形で使われている。これは『古事記』、『日本書紀』を見れば冒頭に出てまいります。

その場所は話の全体の流れからいうと、どうも舞台は筑紫であるらしい。ところが、先ほどの分布図を見ますと、今の福岡県、博多湾岸に銅矛の鋳型がほぼ一〇〇パーセント近く集中しております。銅戈の鋳型――銅矛は槍みたいなものですが、銅戈というのは鎌の親玉みたいな柄《え》の長いものです――この銅戈の鋳型はやはり博多湾岸を中心に、東は宗像《むなかた》、北九州市近く、西は佐賀市に至る、翼が両方に伸びているように広がっておりますが、中心はやはり博多湾岸です。ですから、場所は筑紫でございます。

ここに弥生時代の青銅利器の一大中心があるということは、考古学者の間に異論はございません。ということは、つまり、弥生時代の筑紫では、銅矛と銅戈が大量に作られていた。これは、昭和四十年代前後にはわれわれには常識となっている知識であったわけです。

ところが一方、今のように『古事記』、『日本書紀』の神話を見ると、筑紫が舞台で、矛と戈を主役として、その神話は語られている。筑紫、矛、戈と、この三つの言葉のセットで、弥生時代の考古学的出土物の分布の状態と、神話内容とがピシャリと一致しているわけです。そうなると、果して津田左右吉が言っていたように六世紀の前半の近畿天皇家の史官の「造作」といえるか。ところは、今でいう奈良県です。そこで、机の上で、彼等がお話を面白おかしく作っただけで、歴史事実とは何の関係もない、津田はそう言ったわけです。それを戦後の歴史学者はみんな信奉してきた。しかし、どんな天才であっても、大和の後世の史官が、そんな空想で考えたことが、後になってみたら、それが弥生時代の筑紫圏を中心とする出土状況とドンピシャリ一致したということがありますか。そんな〝偶然〟というものを考える方が異常だと思うのです。〝偶然でない〟と考える方が、普通の人間の理性だとわたしは思うのです。

ならばどうなるかというと、ことは簡単です。あの「国生み神話」は筑紫で作られた。いつ作られたか、弥生時代に作られた。それならば両方一致するのは当り前ですね。

大体、あれほどの大量の矛や戈を作るのに、どうせ権力者がバックにいて作らせるのですが、黙って作らせる、黙ってただ作らせるということはあり得ないですね。沈黙のうちに作り、沈黙のうちに配るでは、これは無理ですね。当然、説明がつく。「これはこういう由来のものであるぞ」と。権力者というのは、そういう自己ＰＲこそ非常に大事な仕事ですから、そのＰＲ付きで作られ、配られた、と考える方が自然だと思うのです。そのＰＲは何だと言えば、記・紀の神話です。全く両者一致しています。

そう考えると、これは何の不思議もない。そう考えないとゴチャゴチャ変な屁理屈を並べなければいけなくなってくるわけです。というようなことで、わたしは「これはどうも津田説はおかしい」と、これは大和の史官が後世に勝手にでっち上げたお話などではないのではないか。弥生時代の筑紫の権力者が、自分たちの権力の神聖な淵源を語るべく作った話が、あの神話である。こういう理解を持っているわけです。これは従来の学者たちが何と言おうとも、わたしの頭が余程変でなければ……わたしは大変平凡な頭の持主だと思うのですが、その平凡な頭で理解する限りは疑うことはできない、こう考えております。

「国ゆずり神話」の本質

ところが、怖かったのはその次なのです。と言いますのは、『古事記』、『日本書紀』の神話内容は今のお話だけで終ってはいないのです。むしろ、神話の巻の話の進行のキーポイントを成すのは「国ゆずり神話」である。皆さんご承知の、天照大神が出雲の大国主命に対して孫の邇邇藝《ににぎ》をつかわしたいから、国をゆずれ、ということですが、大国主はこれに対して「私はもう隠退するから、美保の関で釣をしている長男の事代《ことしろ》主命に聞いてみてほしい」と。そこで美保の関に使いをやったら、この事代主命は「承知しました」と答えて、そのあと、海に飛び込んで自殺したわけです。

これは、今は簡単に言っておりますが、当時は、私にとってびっくりした発見なのです。『古事記』、『日本書紀』ではここのところが何となく曖昧に書いてあります。ところが現地の美保の関の美保神社に行きますと、まさに今言ったようなお話で、お祭が春先に毎年行われている。海の中に進んでいく事代主命を土地の人々が嘆き哀しむその様が神楽になって残っているということを聞いて、びっくりしたわけです。これが恐らく、わたしは本来の姿だと思うのです。それを、それではあまり具合悪いので、曖昧にしたのが記・紀神話の方だ、という判断に達したわけです。この点も詳しくはわたしの『古代は輝いていた』という全三巻の古代通史（朝日新聞社刊）が今年の四月に完結しました。その第一巻でご覧いただければわかります。

多分、その次男の建御名方命《たけみなかた》は諏訪まで退き、そこで降伏したと書かれています。ということはこの「国ゆずり神話」というものの本質を考えてみますと、「権力中心の移動」なのです。それまでは出雲が中心だった。簡単に言ってしまえば、それがこの件があって筑紫に中心が移ったということなのです。いわゆる「天孫降臨」とは、この場所は天国《あまくに》（壱岐・対馬）から出発しまして、筑紫の中に到着する。そこに降臨したと書いてある。これは江戸時代の前期・中期ぐらいのところでは、むしろ筑紫のどこかだと考えられていたと思うのです。

それを本居宣長が出てきて、近畿の出身の人だからというわけではないでしょうが、彼が新しい解釈をしたわけです。途中に出てくる「筑紫の日向（「ひむか」と訓《よ》んだ）の高千穂の……」という言葉を取って、これをいわゆる、宮崎県と鹿児島県の境の高千穂の峰へ持って行った。なぜ持って行ったかという理由ははっきりしています。神武天皇は宮崎県に当る日向（ひゅうが）から出発した、と『日本書紀』

に書いてあります。彼は、天皇を天照の直系にしたかったわけです。だからむりやり、天孫降臨の地を宮崎県に持ってきた。

「筑紫」という言葉で始まっているのですから、「筑紫というのは『九州全体』のことでしょう」という非常に強引な解釈をやった。それではおかしいのです。そういう先入観念、イデオロギーで事を運ぶのではなく、文献をあくまで実証的に書いてあるとおりに——これはわたしの立場ですが——その目で見ますと、「筑紫」という言葉で始まっているのですから、福岡県の中です。そして、その最終点はクシフル峯《だけ》と書いてあるのですからクシフルに到着しているわけです。

クシフルはちゃんとあります。福岡県の中に博多と糸島郡との間の高祖《たかす》山連峰というところにクシフル峯がある。しかもそこは「日向」という字を書いて「ヒナタ」と読む。だから筑紫の日向の高千穂。高千穂というのは〝高い峰がそびえた〟という意味なのです。そのクシフルということで、天孫降臨は筑紫のクシフルの地だったわけです。この点で、また面白い話が、時間があればできるのですが、今日は省略いたします。

要するに、今の「国ゆずり神話」の意味するところは、「今までは出雲が中心だった。みんな知っているとおりに。しかし、これからは違うのだぞ」というわけです。「国ゆずり」ということを主人の大国主に承知させたのだと思います。今までは家来ナンバーワンだった天照。「天照は家来ナンバーワンだ」と言うと、皆さんびっくりするかもしれませんが、これもわたしの書いた本の第一巻（『古代は輝いていた』）に詳しく書いてありますから、興味のある方はご覧ください。

「これからは私が中心の支配者である。その現われとして、孫を筑紫につかわせる」。これが「国ゆずり神話」の内容の核心なのです。もちろん、神話を作ったのは筑紫の権力者です。ところが自分の権力の神聖な由来を説いて、その権力の正当化のために「出雲から筑紫に中心が移った。以後そういうふうにみんな心得てほしい」と、そういうPRの材料をもりこんだものが、あの『古事記』、『日本書紀』の神話なのです。

いわゆる神武は実在の人物だと思うのですが、日向の国という、今の宮崎県の地方豪族。その末端で、しかももう宮崎県ではとても食っていけない。自分ぐらいの身分では食っていけない、ということで、野心に満ちた青年たちが出発して、近畿の銅鐸圏の中に侵入する。初め大阪湾で敗れ、長兄、五瀬命《ごかせ》の方は死んで、そして末弟の若御毛沼命《わかみけぬ》つまり神武は大和に迂回してそこに根拠地をつくる。その意味で、わたしはやはり神武の「東侵」は歴史事実であると考えております（日本書紀も、本来は筑前の「ヒナタ」。——後記）。

この点も一口に言って、皆さん方びっくりされるかもしれませんが、これはわたしの先ほどの『古代は輝いていた』第二巻の冒頭で詳しく述べてありますので、またご覧いただければ結構でございます。

荒神谷遺跡は〝巨大なる断片〟

さて、そこで先に述べたような「国ゆずり神話」が記・紀神話全体の〝話の筋〟の中心です。そうすると先ほどの「国生み神話」は、弥生時代の筑紫の権力者が、自己PRのために作った神話であるという一点にとどまることができない。つまり、そのもう一つ前には出雲中心の文明圏が存在したのだ、ということも、認めざるを得ない。

「こちらの方は大和の天皇家の史官が勝手にお話を面白おかしく、嘘八百に作ったのですよ」というのでは、これは全く論理一貫しませんね。ですから、筑紫の「国生み神話」が、弥生のリアルな事実であると、わたしは考えざるを得なかった。ということは、論理必然的にその前に出雲中心の時代が存在したということもまた、歴史的事実であると考えざるを得ないと、苦しかったけれども、どうしてもそこにいってしまったのです。

　これを書いたのはわたしの第三の本で、朝日新聞社から出しまして、いま角川文庫に入っています。幸いにこの八月中にはまた重版が出る予定ですので、興味があればご覧いただければいいと思いますが、この『盗まれた神話』の最後の章で論証の結論となったのは「出雲王朝」の問題です。

　筑紫の中心権力に九州王朝という名前をつけた。それが実は天皇家の母体である。ちょうど小さなイ

資料No. 2

1　福田木の宝山（広島県安芸郡安芸町）
〈伴出〉中細形銅戈・銅鐸
2　藤ノ谷（香川県観音寺市栗井町）（3個）
3　更科若宮（長野県埴科郡戸倉町）
4　志谷奥（島根県八束郡、朝日山北辺）
（6個）銅鐸2
5　神庭西谷荒神谷（島根県簸川郡斐川町）
（358個）
（　）は中細形銅剣個数
〔0　勝馬（福岡県福岡市東区、志賀島）
細形銅剣鋳型〕
〔0'　田能（兵庫県尼崎市）中広形銅剣鋳型〕

中細銅剣出土分布図

ギリスを母体に大きなアメリカが成立したように、小さな九州を母体にして日本列島の統一に成功した近畿天皇家ですね、それを生んでいった。だから天皇家はアメリカである、とは変な表現ですが、九州はイギリスで、天皇家はアメリカであるという、こういう理解をしたのですが、しかし、その九州王朝のさらに前に出雲王朝というものを考えざるを得ない。怖かったんですが、そう書いたんです。

ところが、それに対して学者たちは例によって知らんぷりをしたわけです。今わたしが申し上げたことでどこが間違っていると、皆さんお考えですか。「これはおかしいよ。話が全然変じゃないか」というふうには、皆さんお考えにはならないだろうと思うのです。話は一応合っていると思うのです。学者も話が合ってなければ「だめだ」とバーンと言ってくるのですが、こられないのだろうと思うのです。言ってきません。

しかし、どうも今の戦後の学者は「出雲神話」をみんなバカにしている。「あんなのは嘘八百の代表だ」と。なぜなら出雲には大したものはないじゃないかというわけです。ところがそれも最近はちょっと学者も首を傾《かし》げはじめたのが、四隅突出方墳あるいは四隅突出墳丘墓。こういうものが出てきておりまして、これはどうも出雲中心（中国山地近辺をふくむ）で、今の岡山とか能登半島などに分布したものらしいということになってきましたから、「出雲は何の中心でもないよ」とは言えなくなってきているはずです。

実は、筑紫はすでに「弥生の宝庫だ」ということになっていますが、「出雲はまだかな」という感じでいたのが、今度ドカンと出てきたわけです。わたしは「あれは巨大なる断片である」という言い方をしております。No.2の資料でご覧になればおわかりのように、「中細剣」は約十一本出ています。これも勘定の仕方で違うので、もうちょっと数が多くなるかもしれませんが、それにしても中細・中広剣と呼ばれるものを全部合せても十五までいかないくらいです。ところが今度は三百五十八本というのは、バランスも何もない、すごい数のわけです。

すごいけれども、しかしわたしは「断片」だと思います。いわゆる考古学的な出土物は、それだけで考えてはいかん。一つ出てきたら、その五倍、十倍のものが実際は存在した。その五分の一、十分の一のものが、われわれの目の前に現われたと考えなければならないということを、これは森浩一さんが何回も書いておられ、わたしも研究室へ行って直接お聞きして「そうです。その通りです」と賛成したのです。

わたしこの点、ちょっと森浩一さんに対して不満がありますのは、今度の三百五十八本を『出雲国風土記』の神社の数と合うというようなことを何か言われたという話なのですが、もしそうであるとすれば、これはやっぱりおかしいですね。先ほどのように森さんは何回も書いておられ、わたしにも言われたように、「出てきたもので考えてはいかん。その五倍、十倍あるということで考えなければいけない」ということは、あの方が何回も書いておられることで、それが正しいと思うのです。が、今度は出土数と「神社の数と合う」などと言ったのでは、これは自分の研究思想を自分で破ってしまうことですから。あまりびっくりしてしまって、ついつい普段言っていることを忘れられたのではないかと思います。わたしは、あれはやはり言い過ぎですよと言いたいと思います。もし、これ以上出てきたら、困るわけです。

というようなことで、これはやはり今までの方法論通りに考えるべきで、あれはまだ断片である。しかも、あれを使った人間もいるわけで、無人のはずはない。人間を統率した権力者もいるわけで、人間たちの住居もあるはずだし、権力者の住居も庶民の住居みたいなところにいたはずはないのです。当然、

資料No. 3

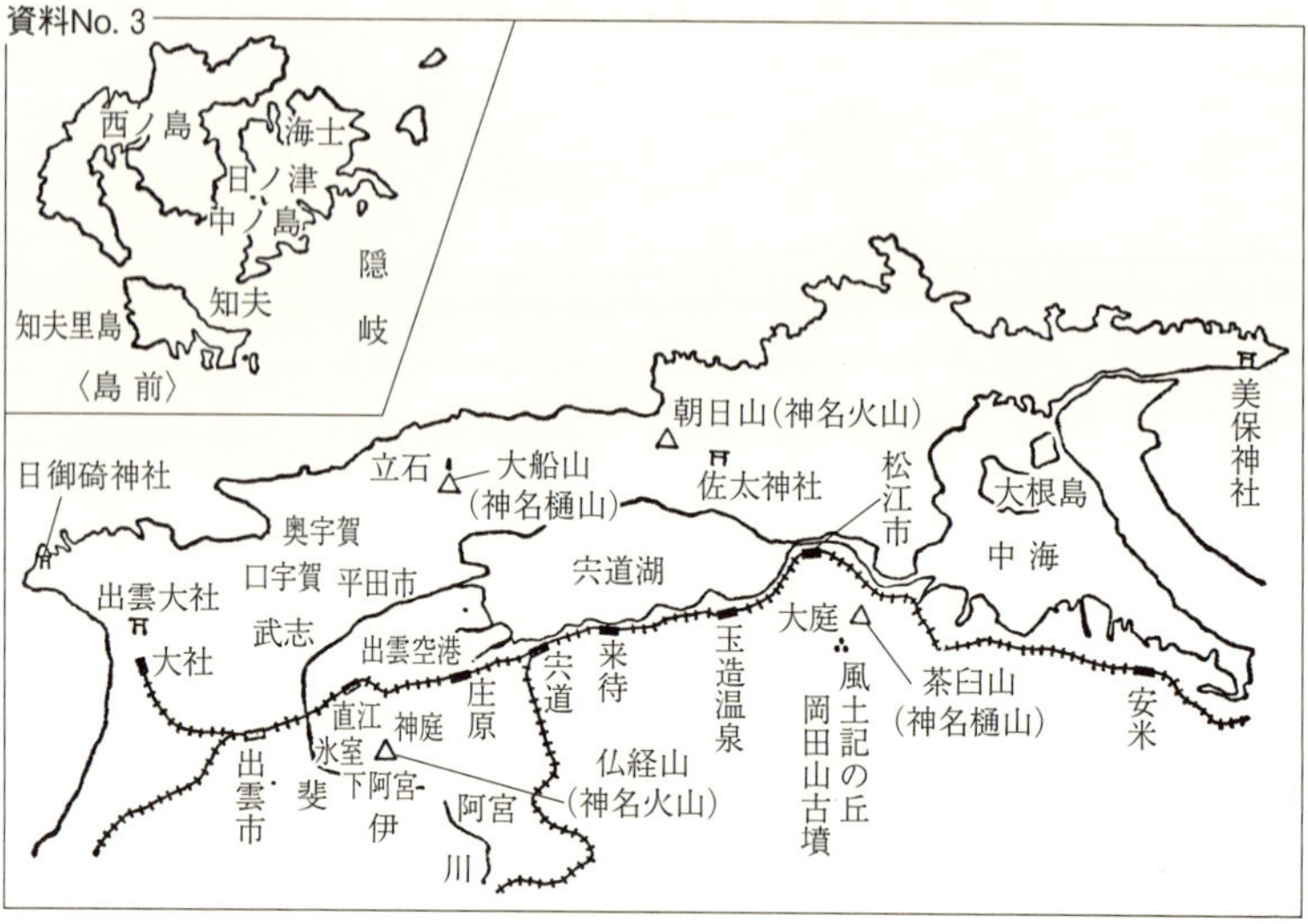

出雲神名火山図

「宮殿」に住んでいたはずです。それが出てこないはずはない。何年あとか何十年あとかわかりませんが、わたしは予言します。「必ず出ます」と。

四つの神名火（樋）山を頂く古代信仰圏

そういうことですから、「巨大なる断片である」ということです。しかも、それは単なる一般論からだけではございません。『出雲国風土記』に具体的な証拠がございます。と言いますのは、『出雲国風土記』によりますと、これはお手許の資料を見ていただければわかります。No.3の資料ですが、神名火山というものが四つございます。その一つが皆さんご存じの仏経山なんです。その麓の神庭《かんば》から今回出てきた。ところがもう一つの神名火山。つまり佐太神社のところにある神名火山。ここの北隣りのところの志谷奥から今回と全く同型のものが六本出た。ということは、この四つの神名火山からはまだまだ出る可能性があります。わたしは、この神名火山は、仏経山の近辺の人が仏経山という神名火山だけを信仰していて、あとの神名火山は知らん、というものではないと思う。つまり、四つの神名火山がワンセットになって、その神名火山群に対する古代信仰が存在した。つまり、これは古代信仰圏です。こう考えるわけです。

これを一つの仏経山神名火山を信仰し、ほかは全く知らなかったという、そんな状況を想定するほうが、わたしは不自然だと思います。ということは、先ほど言いましたように、あの四つの神名火山からまだまだ出る可能性がある。それと銅鐸の件も、去年の八月の終り頃に現地の教育委員会の方に、「銅鐸がこの辺からきっと出ますから気をつけて下さい」と言ったのです。そうしましたら、「いや、出ればいいのですが、せめて土器でも見つけたいと思っています」と言っておられた。

それからこれも変な話ですが、確か先週の土曜日でしたか、大阪の朝日カルチャーセンターというところで、毎月講演をやっているのですが、そこでこの問題に触れました。あの荒神谷からも銅鐸が出るはずだとのべ、「うんと近くから出るはずですよ」ということを講演で申したのです。その講演が終って、別の写真をちょっと見せてもらうために下の朝日新聞の編集部へ行ったところ、担当の方（高橋さん）が「古田さん、銅鐸が出ました」と言われるわけです。「どこから」とわたし。「荒神谷からですよ」。そこで翌日（七月二十一日付）の新聞を見せてもらったのですが、そこに大きく書かれていました。三百五十八本出た、すぐそのそばです。

あとで、その前の講演を聞いていた人が「古田さんはそのニュースを知っていたのではないのですか」と言われたぐらいなのです。タイミングがよすぎるというか、予見が早く当りすぎた、という感じですが、これは別に不思議なことではございません。事の性格を追っていけば、時代と地域性において共通の性格をもっている志谷奥で銅鐸が出たことを思えば、今回の荒神谷で出ない方がおかしい。ですから、道理に従って予言しただけであって、決して超能力などというものではございません。そういう目から見まして、わたしはまだまだ出ると思います。これから、銅鐸もまだまだ出ます（後記――これも、この翌月〈八月〉、四個の銅鐸が出土、計六個となって、さらに〝予言的中〟となった）。そのほかの神名火山からも出ます。わたしはそう思っています。

ということで、まさに「巨大なる断片」に過ぎないと考えます。しかも、そういう巨大な古代信仰圏というものがいつ成立したかというと、わたしは弥生時代ではないと思うんです。もちろん、今回の三百五十八本や銅鐸などは弥生時代ですよ。しかし、弥生時代にポーンと初めて新しくそういう信仰圏が生まれたのではないと思う。それは縄文期に淵源する古代信仰圏であると、わたしは思うんです。

なぜか。それは今の四つの神名火（樋）山の一つ、大船山の近くに、立石という部落があります。ここにわたしは去年八月末に行きました。そうすると、そこには四軒のお宅がある。麓では六軒あると初め聞いていたんですが、到着してみると四軒です。つまり、家はあったんですが、おじいさん、おばあさんばかりだから、結局二軒はもはやいらっしゃらないのでしょう。

おじいさんに案内していただき、竹藪のずっと奥の方に、回り回って、ポッと穴があいておりました。そこから入ったんですが、巨大な石神がありました。それが奥に一つ、両側に二つ半。その前に小さな広場があったわけです。思わず驚きの声をあげました。わたしは本当に無信仰な人間ですけれども、思わずそこに跪《ひざまず》きたくなったような雰囲気です。まさにこれは古代巨石信仰が本当に荘厳な姿で現存している。そして祀りつづけられているという感じを受けました。

わたしがなぜそこを目指したかというと、『出雲国風土記』で「大船山神名火山のそばに大きな石神がある、小さな石神が百余りある」と書いてあるんです。それでもしやと思って行ったんです。そこで、今もお祀りしているんです（後記――立石・庄部《しょうぶ》・田ノ戸・黒目繁田《くろめしぎた》の四十軒の家々が北組と南組に分れ、交互に祭儀を担当する。明治維新後、弾圧を受け、わずかに立石の二軒〈本家・分家〉によって敗戦まで祀られていた、という）。

こういう巨石信仰というものは申すまでもなく、縄文以前において「時代の信仰の花形」であった信仰形式でございます。弥生に金属が入ってきてからは、だんだん「時代の主役」ではなくなっていくわけです。ところが縄文以前には、「時代の主役」の花形の位置を持っていたのが巨石信仰である。これはもう皆様、ご存じのとおりでございます。

ということは、この神名火山はすでに縄文期に栄えていた信仰形式であることをしめしています。弥生になって初めて、思いついて誰かが作った、というようなものではない。同じく仏経山にも、ご存じのように麓の神社に「これはあの辺にあった御神体だ」というような、御神体の石が境内にございますね。あれもその断片だと思います。ということで、わたしはこの巨大な古代信仰圏は、縄文期から連続しているものである、という確信を持ったわけでございます。つまり、この場合に大事なこと、それは宍道湖をこの四つの神名火（樋）山は取り巻いております。宍道湖をホーリィ・レイク、つまり神聖な湖と考えた。その〝神聖なる湖――宍道湖を取り巻く四つの神名火（樋）山への信仰〟というものが、この縄文期に淵源する古代信仰圏の姿であったと思うわけです。

黒曜石産出によって繁栄

では、なぜ縄文時代にそれだけスケールの大きな信仰圏が成立できたか。わたしにはこの答は、一つしかない。明白であるように思われました。その答は黒曜石でございます。これは非常に硬くて黒くて美しくて、そして非常に割れやすい。その特徴を持つことによって、縄文時代においてはダイヤモンド、金・銅・鉄を合わせたような貴重な材質として珍重されたものが黒曜石であることは、皆様もご存じと思います。

日本列島で質がよく、量の多い場所はそれほどございません。北海道の十勝地方、信州の和田峠、出雲の隠岐島、そして九州の国東半島の先にある姫島。ただし、ここは白曜石と言った方がいいでしょうね。それと佐賀県の腰岳、これだけなのです。特に、本州の中では信州の諏訪盆地と松本盆地の間にある和田峠と出雲の隠岐島が二大産地である。

わたしは、去年出雲の隠岐島にまいりました。皆様よくご存じでしょうが、現在でも黒曜石はおびただしくございました。ある海岸では歩きましたところ、拾えども拾えども、ポケットがすぐ一杯になって……もっと大きな黒曜石があって、今まで拾ったものを全部捨てて大きいのを拾っていくと、またさらに大きいものがあって、またポケットから全部捨てて拾い直すという、少年時代にやったようなことを経験しました。しかもそれは非常に純黒の良質の黒曜石でございます。

縄文時代に隠岐島では黒曜石を取って取って取り尽くした。今は残骸の島であるはずなのですが、その残骸の島がまだあれほど豊富な良質の黒曜石を蔵している。それほど隠岐島の埋蔵量は大変なものです。その黒曜石をバックにして出雲における黒曜石製品の分布、すなわち縄文文明の証拠を示すものが、資料のNo.4にあります。

これは宍道正年さんがお作りになった貴重な地図でございます。A・B・Cと分けてありますが、Aは隠岐島でございます。隠岐島は島前《どうぜん》、島後《どうご》と分かれておりますが、島前が「三つ子の島」です。島後

資料No. 4

隠岐・島後の黒曜石産地

黒曜石の占める割合

A. ほとんど黒曜石ばかり出土の遺跡　○
B. 圧倒的に黒曜石で（サヌカイト／安山岩）が若干　●
C. 黒曜石と（サヌカイト／安山岩）が半々くらい　△
D. 圧倒的に（サヌカイト／安山岩）で黒曜石が若干　□
E. ほとんど（サヌカイト／安山岩／その他）ばかり　×

（宍道正年氏作図）

隠岐の縄文遺跡

● 縄文遺跡

1 宮尾	2 荒尾・若井津・白髪 宮の前・大将軍・陽記	
3 津井	4 くだりま	5 中の津
6 今津	7 加茂	8 津戸
9 都万	10芙々津	11湊
12布施	13郡山	14別所
15美田尻	16美田	

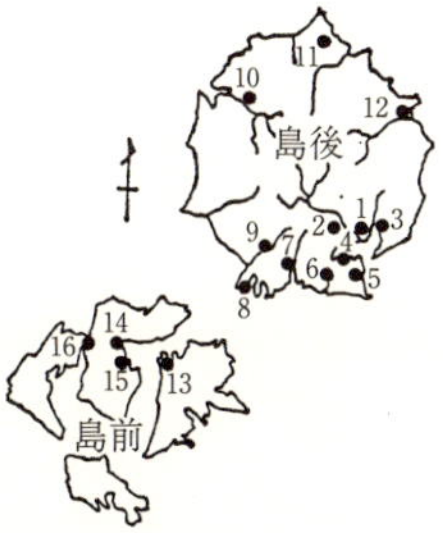

（からむし会編
『縄文の丸木船日本海を渡る』より
〔昭和57. 9. 1刊〕）

黒曜石出土の縄文遺跡分布

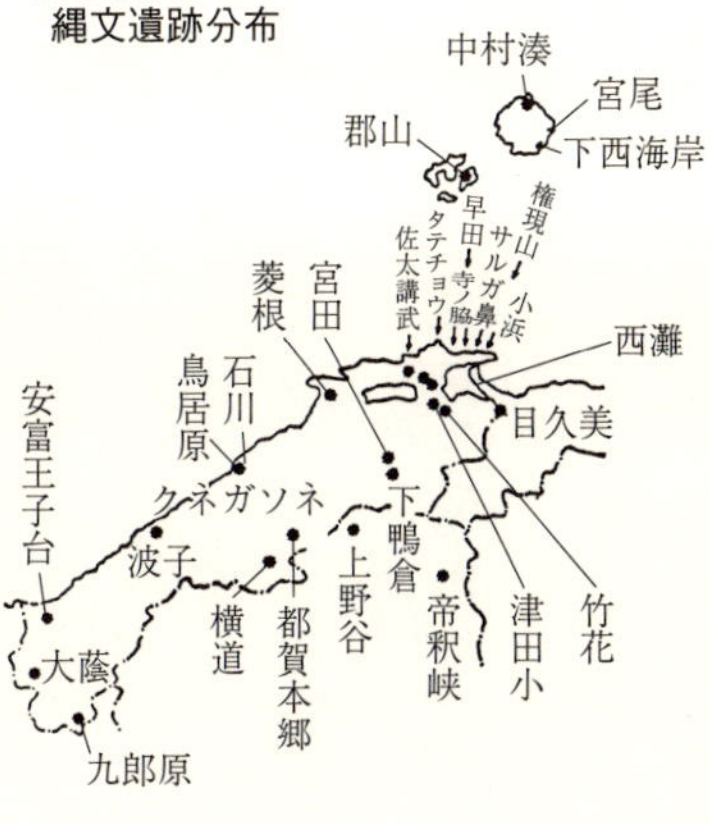

は丸い方の島で、黒曜石は島後しか出ません。そこをバックにしてBの位置、これはほとんど黒曜石の製品ばかりのところです。これは当時の縄文時代においては、みんながうらやむべき豊かな大地です。それが宍道湖を取り巻く地帯です。さらには、次のCの領域を加えますと、もう少し広くなります。

そしてあとD・Eの領域、つまり、いまの瀬戸内海周辺になりますと、非常に黒曜石が減り、サヌカイト（讃岐岩《さぬきがん》）の方が有力になってまいります。そういうことで、この図が示しますように縄文時代の出雲は、まさに全日本がうらやむべき繁栄の地であったわけでございます。そういう中において、先ほど申しました宍道湖を神聖なる湖とする古代信仰圏が成立した。こういうふうに、わたしは考えているわけでございます。

「国引き神話」の成立は縄文期

さて、そこで皆様ご存じの「国引き神話」がございます。あの「国引き神話」というのは、わたしは縄文時代に成立した、そう考えています。これも今までのいかなる他の学者とも、わたしは見解が全く対立します。なぜ、そう考えだしたかと言いますと、これは先ほどの「国生み神話」と関係します。「国生み神話」の主役は矛と戈であった。矛と戈が主役になるのは弥生期である。だから弥生期にこの神話は作られた、こう考えましたね。

ところが、皆さんご存じの「国引き神話」には金属器は登場しない。わずかに鉏《すき》か何かが乙女の胸か何かの形容のようにして出てまいります。あれは現在カネヘンの字を書いておりますが、鉏は本来木製でございますので「すき」という言葉そのものは「金属製」とは限りません。後に字を当てた人が金属の鉏を当てただけです。しかもあれは形容的な言葉に過ぎない。あの肝心の神話を動かす主たる道具は、

「杭」と「綱」でございます。いずれも金属ではございません。

このように金属器の登場しない神話が、すでに金属器が華々しく登場した「弥生以後」に作られるとは思えません。その証拠に、ちゃんと弥生期に作られた神話（国生み神話）には「青銅器」（矛・戈）が出現している。また、古墳時代以後にこんな「金属器なき神話」は作りません。なぜかというと、古墳時代以後はもう鉄器が完全に時代の主役です。そんな時代に鉄器を全然無視して神話を作るなどということは、わたしには考えられません。そういう点から言いましても、津田左右吉のように「これらの神話は六世紀以降につくったお話だ」などという考え方は、わたしはそもそもおかしいと思います。六世紀はもちろん、すでに鉄器の盛んな時代です。

そのように考えますと、金属器が一切登場しない「国引き神話」は日本列島に金属器がまだ流入しない時代に成立したということになります。そう考えれば、そこに金属器が登場しないのは、当然ですね。その時代に金属器が現われたらおかしいわけです。ですから、いまのような神話の年代学的な分析、「神話の層位学」と言いますか、〝順序立て〟から言いますと、「国引き神話」は縄文期に作られた、と言っていいという、怖いような答にわたしはすでに入っていたわけです。しかし、これは一つの論理的思考だけだから、怖かった。

ところが去年、黒曜石の古代出雲文明へ問題を押し詰めていきますと、実はこの黒曜石問題からもまた、これが裏付けられたのです。と言いますのは、皆さんお気づきだと思います。あの「国引き神話」の舞台になっている場所は、あまりにも狭い。石見など全然問題にされていないでしょう。出雲だって全部入っているかどうかわからないような感じです。なぜ、あんなに狭い領域だけを問題にするのだろうかと、ご不審を抱かれた方もおられると思います。

今ご覧になる黒曜石は資料No.４のBの領域、それはまさに狭いでしょう。せいぜいCの領域を入れても、狭い。それがまさに「国引き神話」の舞台なのです。あの黒曜石の時代に作られた神話なら、あの範囲だけを語れば、いいわけです。でも弥生時代になったら、当然もっと広がっていますから、あれでは石見の人も怒りますよ。古墳時代でも、もちろんです。ですから、この黒曜石問題からもまた「国引き神話」が、実は古代黒曜石文明の栄えた縄文期の成立であることを告白しております。

そうしますと、二つの異なった方法、その結論が同じ結論を示した場合は、まずそれは真実である――これは裁判でも何でも普通に使われる自明の方法です。最小限、二つの方法で神話の成立の時間帯を求めたのです。その一方は、金属器が登場しない神話だから、金属器が日本列島に入ってこない縄文期に作られたのだろうという論理と、もう一方は、黒曜石の繁栄している地域と「国引き神話」の対象とされた時代とが一致する、という全然違う論法ですが、それが同じ結論を示した。つまり、縄文期にあの神話は作られた、ということです。それならば矛盾はない、という結論を示した。ですから、わたしは「国引き神話は縄文期に成立した」ということが、現在は確言できると考えているわけでございます。

3　荒神谷〝弥生銅剣〟への仮説

「剣」ではなかった三百五十八本

さて、次は今日の一つのメインテーマとなります三百五十八本のいわゆる「中細剣」ですが、あれは「剣ではない」というテーマに移らせていただきます。これは皆さん初めてお聞きになるでしょう。

わたしは、大阪の朝日カルチャーセンターで「『倭人伝』を徹底して読む」という題の講演を、去年（一九八四）の四月からもう一年半ぐらい続けております。その中でいろいろなテーマを抜き出していったわけです。特に最近は、剣・矛・戈というものについて、『三国志』全体からその記事を抜き出した。また四書五経、『詩経』、『書経』、『礼記』というような文献からも剣・矛・戈を抜き出していく。こういう作業に取りかかっております。

細かいことは抜きにしまして、結論を申し上げます。剣は諸公、あるいは諸王が身につけているものなのです。印象的な一つの例を申しましょう。『三国志』にこういう言葉が出てまいります。「剣履上殿」これは曹操という、魏の第一代の天子、文帝の親父さんです。その曹操が後漢の天子から「剣履上殿」を許された。これは要するに、諸公や諸王や将軍たちが天子の宮殿に来ますと、宮殿の入り口で「お腰のものをお預かりします」と取られてしまう。丸腰にされてしまうわけです。「履物もどうぞおはき替え下さい」と、内履きにはき替えさせられた。

これは当然でしょうね。大化の改新ではありませんが、剣を持ってずかずかと天子の側へ行って「エイッ」というようなことで傷つけられたら困りますからね。だからお召物預かり係というのがちゃんといたようです。ところが曹操に対しては「あんたはよろしい。剣もつけたままで履物もはいたままで上がっていいぞ」と。天子自身はもちろんそうでしょうね。天子自身はいちいち剣を取ったり履物をはき替えたりはしないと思います。同じように曹操にも、あなたは完全に信頼できる人だから、天子なみに「剣履上殿」を許すということです。

このあと、漢が〝禅譲〟という名で滅亡して魏に移るのですから、大体この話が出てきたらその王朝は終りみたいな感じなのです。次の魏の終りのときにも司馬懿《しばい》が「剣履上殿」を許された。そして今度は魏が〝禅譲〟という名で滅亡して西晋となった。こういう印象的な事態なんです。これから言いますと、結局、天子、諸公、諸王、将軍たちは剣を身につけているということがわかるわけです。このほかにも今の『書経』とか『詩経』などを見ていきますと、いわゆる周の制度で卿や大夫が、やはり剣を身につけていることが各所で述べられております。

これに対して三世紀の代表的な軍隊の武器、これは矛である。軍勢を揃えることを〝矛を揃える〟と言いますが、この用例が『三国志』にございます。その意味では倭人伝で「卑弥呼の宮殿が矛に囲まれている」というのは、優れて三世紀的な軍隊の武器のあり方をしめしているわけです。

ところが、これに対して意外だったのは戈ですね。これはあまり出てこない。『三国志』の中ではこういう文例で出てくるのです。「戈を逆さにして迎えた」。つまり、これは周の武王が殷の紂王に対して反乱を起こします。ところが殷の軍隊は、本当は反乱軍を鎮圧すべきところですが、すでに紂王に愛想をつかしていたので、周の武王に対して、私たちはあなたたちに抵抗しませんと言って、戈をひっくり返して「戦う意志はありません」という形をして迎えた。これは周の側で書いている文献をもとにしているものですから、あまりあてにはなりませんが、そう書いてあります。

これは元をたどりますと、四書五経の『尚書』にも同じ文面が出てまいります。ということは、殷の終り、周の初めでは戈の方が武器代表として扱われた。ですから、戈の方が古いということができる。大体、農民の鎌がもとで、それにいろいろな工夫をしてできた武器、つまり農具が発達したわけです。それが代表的だったのが殷・周初の時代です。だから、この時代には「干戈《かんか》」という言葉があります。「干」がその時代の楯で、「戈」の方が武器の代表だったわけです。

なぜ「干戈」かというと、これは今のように「戈」が主だった時代にできた言葉だから「干戈」というわけです。これに対して周の終りの戦国期に「矛盾」という故事が出てきます。そして矛が主の時代に変っていくらしいのですが、残念ながら本日は時間の関係で省略させていただきます。

二つの重大な疑点

さて、ここで今の話を整理いたします。つまり、剣というのは諸公や諸王や将軍、せいぜい大夫――難升米が大夫だったと倭人伝に書いてありますが、そういう連中が護身用として、またシンボルとして持っていたのが剣なのです。それに対して軍勢が、もちろん全員ではありませんが、軍勢の統率者みたいな連中が持っているのが矛であり、戈である。

そうしますと、いま博多湾岸に矛や戈の鋳型が集中している。矛は一〇〇パーセント近く、戈は両翼に広がりながら、やはり博多湾岸を中心に鋳型が存在している。それの実物の分布図は、北は朝鮮半島の洛東江沿いに、かなり広く分布している。「倭人」の関係でしょうね。「倭の土地」があった証拠でしょう。そして、南は四国の西半分ぐらいのところにまで分布している。これは、いいとしましょう。

問題はその東側に中細剣・中広剣という世界があると、考古学者は言うわけです。それが、いま皆さんがお持ちの資料に出ていると思いますが、その資料のNo.５に出ておりますように、出雲から土佐までを含みまして大きなおむすびのような形に囲まれているのが中細剣・中広剣の領域なわけです。それに対してその次の平剣という、さらに幅の広い大きなものになったものが、瀬戸内海周辺の領域に狭《せば》まった。なぜ狭まったかが、また非常に面白い問題になる。ところで、この図では中細剣・中広剣というのは数が少なかった。ところが三百五十八本出てきた。実際に存在したのはその五倍、十倍、あるいはそれ以上である。これは先に申したとおりです。

資料No. 5

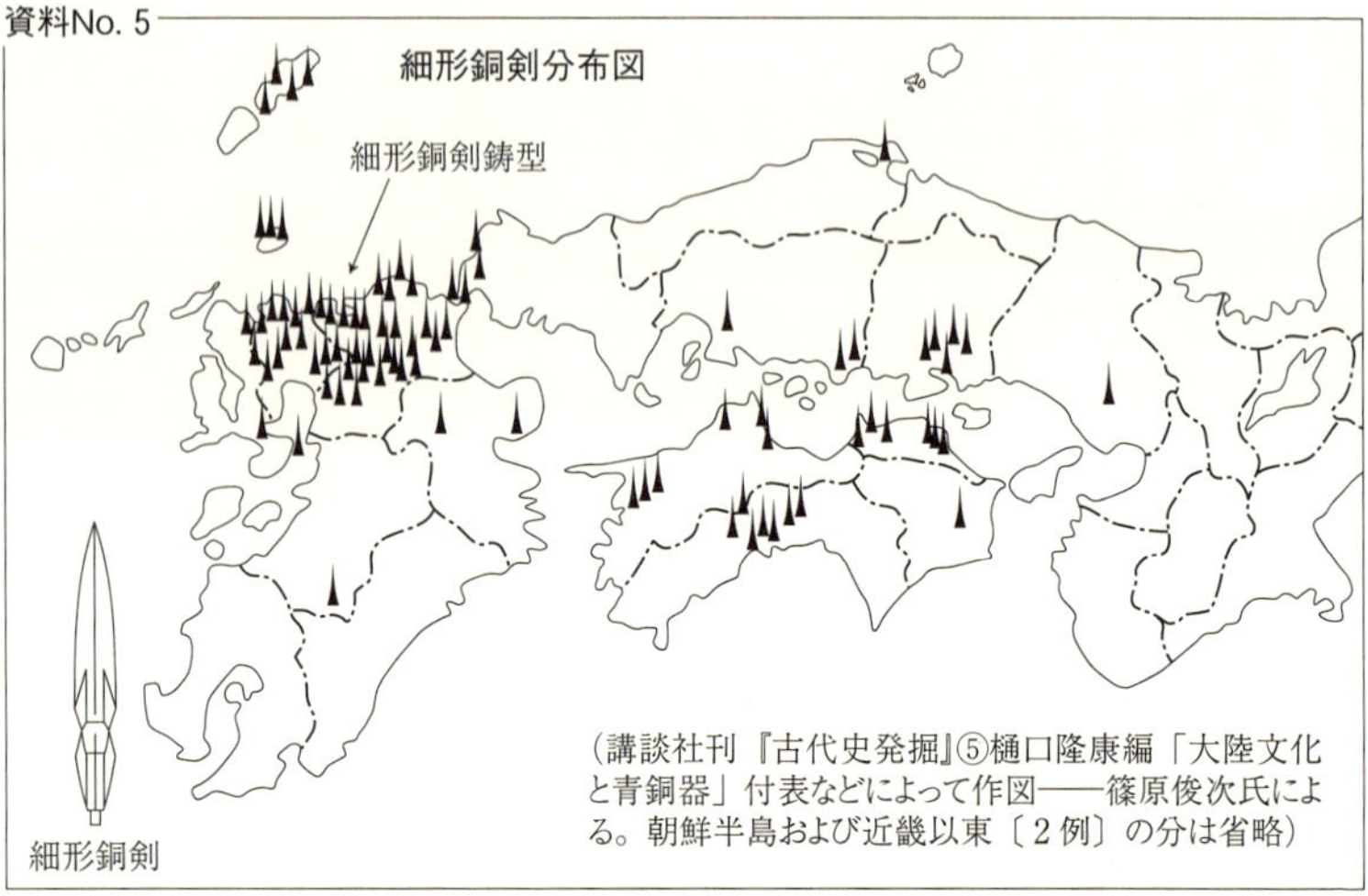

（講談社刊『古代史発掘』⑤樋口隆康編「大陸文化と青銅器」付表などによって作図――篠原俊次氏による。朝鮮半島および近畿以東〔2例〕の分は省略）

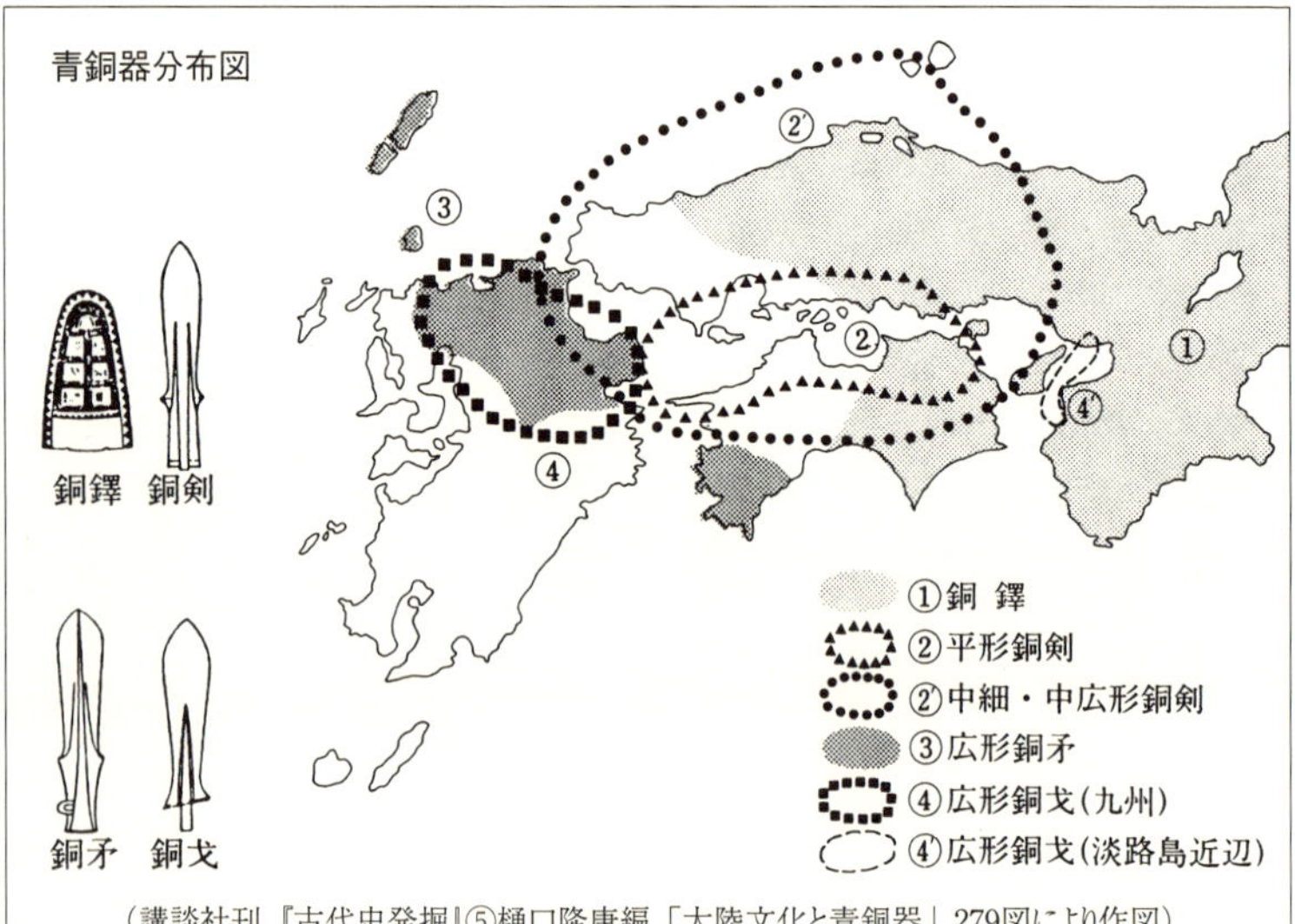

（講談社刊『古代史発掘』⑤樋口隆康編「大陸文化と青銅器」279図により作図）

銅剣と青銅器の分布図

では、今後どうなるのでしょう。この地帯には東アジアでいえば何と、諸公・諸王や将軍にあたる人々が何百人、何千人いたことになりましょう。これは変だ。そう思いませんか。これは今回、わたしがぶつかった、抜き差しならない問題なのです。いや、もうすでに考古学者が前から気がついていてもよかった。なぜかと言いますと、平剣はかなり出ていますからね。あれも本当に「剣」だとすれば、諸公・諸王のもの。あの瀬戸内海領域に東アジアにおける諸公・諸王クラスの人々がずらずらといた、とはちょっと考えられない。その矛盾に考古学者もほかの古代史の学者も、誰も気がつかなかった。わたしの見たところでは「これはおかしい」と言った人はいない。わたしもその一人だったのですが、今回「これは、おかしい」と思ったわけです。

もう一つあるのです。これは皆さんすぐおわかりのことと思います。これがどうも大国主命の「八千矛の神」「八千戈の神」という言葉と関係するのではないかということは、皆さん必ずお感じになったことと思います。「八千矛の神」「八千戈の神」などというものは戦後の古代史学者・考古学者みんな笑い飛ばしていた。「あんなの大嘘、嘘八百だよ。出雲なんて大したものは出ないじゃないか」と。しかし、今はもう笑える人は、いませんね。「あんなもの嘘だよ……」などと言いかけたら、途中で笑いがとまってしまうでしょう、今は。これは、うっかりお笑いになっていると顔が強《こわ》ばりましょう。わたしは昨年、三百五十八本の出た当時、この件について大阪で読者の会（市民の古代研究会）の方々とお話ししたことがあるのですが、わたしはこういうことを言いました。

「大国主命の原産地」と言っては変ですが、彼の本拠は石見の国の方の「大国」だったのです。その「大国村」。わたしは、そこが原産地であろうと考えているのです。ちょうど須佐之男命《すさのお》の原産地が「須佐」であるのと同じく、地名から出発していると思うのです。そこに大国主神社というのがあって、そこに八千矛山というのがあります。その八千矛山というのは、有名な石見銀山の玄関口です。「ここを掘ればたくさんの矛が出てくるかもしれませんよ」。わたしはそう言ったのでした。

ところがよく考えてみると、これは「おかしい」のです。なぜかなれば、先ほどのわたしの論理からしまして、記・紀の神話は、決して近畿の後世の史官が勝手に小説作るみたいに作ったものではない。歴史上の事実を本質的に反映している。細かにいちいち反映、ではありません。枝葉末節ではなくて、歴史の節目の大きな変転を反映している、こう考えたわけです。

そうすると「八千矛神」というのも、誰かが勝手に面白おかしく、嘘で作った名前とは考えられない。やはりそこに何らかの歴史上の実態が反映しているのではないか。おびただしい矛・戈を持った神として大国主が考えられていたということは本当ではないか。ところが、この場合、八千矛山から矛がたくさん出てきたとすると、また「おかしい」と思います。なぜかというと、今度のは「剣」です。ところが「八千剣の神」などという言葉はないのです。まさか、「剣」の方は無視して、矛の方だけをクローズアップした、というのはおかしいでしょう。「これは一体、何だ」という問題にぶつかった。これで五、六月に悩んだ。七月に入っても悩んでいた。そしてある日、思いつきました。「まてよ、この銅矛とか銅剣とかいう言葉は誰が考えたのだろう」と。

疑問の初めは、こうなのです。いわゆる「剣」というものには金属の部分があります。それに木の柄の部分を付けるわけです。ところが木の柄の部分は三十センチ、二十センチですむとは限らないではありませんか。その柄が「長かったら」どうなるのでしょう。一メートルか、一メートル半もの柄があったら、それは「剣」でしょうか。一定の接着の仕方の場合、二、三十センチの柄は付けられるけれども、それより長い柄は付けられませんよ、ということはあり得ませんね。

そうすると、柄が長かったら、それでも「剣」と言いますか。やはり「剣」とは言いませんね。それはやはり矛か何かではないでしょうか。つまり当然のことながら、いわゆる剣というのは柄が短いものです。矛や戈は長いのです。それなのに、いま出土した金属部分だけを見て、果してそれが何か、わかるのでしょうか。そのようなことで、わたし、頭がおかしくなってこの五、六月、悩んでいました。

剣・矛・戈の定義

そこでふと気がついて、考古学者が剣・矛・戈とちゃんとはっきりしたように言っているが、それは一体誰が言い始めたのだろう。そう思って、思いついたのです。高橋健自《けんじ》という有名な考古学者がいたのです。上野の国立博物館の館長をしたことのある方で、大正年間に青銅利器の研究をまとめた人として有名です。この人がいわゆる考古学上の銅利器研究の先達となった。京大の富岡謙蔵という人は鏡の研究で有名な人です。この人が「高橋氏の研究に、私は賛成だ」と言ったので、それが「考古学界の定説」となったことは、前から知っていました。それで高橋健自さんの論文を読んでみようと思ったわけです。大正十二年に「日本青銅文化の紀元」という論文がありまして、そこにこう書いてあります。

まず、筑紫国から述べよう。これはその名の示すごとく、九州北部地方から数多く発見されるので、筑紫矛という名で呼ばれたものである。昔は形式の如何にかかわらず、すべて矛と見なされた。今、われわれが言っている剣や矛は、全部「筑紫矛」という名前で江戸時代は呼ばれていた、というわけです。

けれども今日、われわれは研究上の便宜からこれらを二大別し、本の方が袋になって、柄を挿込むに適した型式を鉾といい、同じ本の方が普通の刀剣のように茎になって、前者と反対にその茎が柄の方へ挿込まれるようにできているのを剣ということにしている。

つまり、こういうことです。「これを剣と便宜上呼んでいる」ということです。そして、「こちらの方を矛ということにしておく」ということです。「こういうことに便宜上しておく」と、こうはっきり高橋さんが書いておられるのです。「実際に剣だったか、矛だったか、戈だったか知らないが、しかし名前がなかったら不便だから便宜上こう呼んでおきます」と、はっきり言っています。〝仮設名称〟です。

ところが、それがそのお弟子さんたちによって剣・矛・戈と「実体化」されてしまった。怖いことですね。ですから、これがもしわたしだったら、こちらの方をA型。そのⅠ式（従来の「剣」）とⅡ式（従来の「戈」）です。そしてこちらをB型（従来の「矛」）と、こう呼べばよかったのです。これなら誰にも文句ありませんね。突き出た方をA型、引っ込んだ方をB型。これなら「けしからん」と言われない。大丈夫ですね。「実際にこれが使われていたときの呼び名が何であったか、知りませんよ」と言えばよかったのです。それを便宜上、こういう名前にしたために、お弟子さんたちはみんな「実体化」してしまった。考古学者もすべて「実体化」し、博物館の説明も全部それを「実体」視して解説を書いた。

今のように考えてみますと、これは要するに、接着方法なわけです。剣や矛や戈という言葉は、われわれは接着方法で呼んだりはしません。金属部分と木材部分とを総合した、全体名称です。こんな言い方をわざわざするのはおかしいくらいです。金属部分と木材部分を一緒にまとめてわれわれは剣と呼んだり、矛と呼んだり、戈と呼んだりしている。

どう接着しているかを見てみて、「あっ、剣だ」「あっ、矛だ」などと言いますか。言ってはいません。柄が短いのは、どんな接着方法であっても剣であって、矛や戈とは言わない。また、柄が長いのは、これはやはり矛か戈であって、どんな接着方法をしても剣とは言わない。日本の考古学では木材の方が大抵腐って出てきませんので、一応はやむを得ないかもしれない。だから接着方法で分類したこと自体はいいとしても、これにこんな、具体的な、見てきたような名前を与えたことが、わたしは大きな誤りだったと思うのです。

そうしますと、今わかることとは、東アジアの常識でこの出雲や瀬戸内海領域が諸公や諸王だらけであったというような、こんな考えを誰が押し通せるか。「日本の考古学」の名において押し通せるか。わたしはできないと思います。また『古事記』では「八千矛の神」と書いてある。ところが『日本書紀』では「八千戈の神」と書いてある。だから、矛ないし戈をたくさん持っていた神様であると言っている。それが後世の想像による「作り物」だとはわたしには思えない。

ということは、この間出てきた三百五十八本は木の柄に付けるものである。この槍のように直線的に付ければ矛になるし、これを直角に付けて縄でつなげば戈になる。つまり「八千矛の神」「八千戈の神」に関連する証拠になる——ということが、わたしがこういうところで初めて申し上げるテーマなのです。ここではっきり明言させていただきます。もちろん仮説ですが、わたしはこの仮説の方が筋の通った仮説であって、高橋健自さんの便宜上つけた、それこそ「仮説」を、「絶対」として疑わなかった考古学者たちは、大きな誤りを犯していたのではないかと思うわけでございます。

四隅突出墳丘墓が語るもの

さて、ここで大事な問題が二つ残っております。まず、四隅突出古墳——四隅突出方墳とも呼ばれます。さらに最近は、それは弥生時代の後期に当るということで、「四隅突出墳丘墓」こういう名前で呼ばれるものがあることはご存じのとおりであります。

これはもう（黒板に）書くまでもなく皆さんご存じですが、四隅に祭壇というか、祭式土器などの土器を置いたような場所がある。この型式の墓は出雲（中国山脈あたりを含む）が分布の中心であって、周辺に伝播したらしい。ところが、なぜこのような風変わりな墓が作られたかについての説明は、今のところ考古学者からも古代史学者からも出されていないように思います。しかし、今日のわたしのお話をお聞きいただいていれば、その想像はつくのではないでしょうか。

つまり、宍道湖を神聖な湖として、それを取り巻く四つの神名火山がある。まさに宍道湖の四隅に神聖なる祭の場がある。これがいわゆる縄文から弥生に至る出雲における巨大な誇り高き信仰圏である。そして、弥生の後期になって四隅突出墳丘墓が築かれた。これを自然の信仰形式の発展と考えた。これも仮説ですが、それをパーッと切ってしまって「無関係ですよ」という仮説よりも、そこには自然の流れがある。

信仰というのは、ある人がパッと「私が思いついた。これから四隅にしますよ」などと、そんな形で成立するものとは、わたしは思いません。そんなことしたって誰もついてこない。いかに権力者だって、それほど信仰を左右する力はないと思うのです。やはり、その地帯に存在する信仰の形式を襲うてこそ、権力者は自分の支配を保ち得る。主たるものは、その土地の民衆の信仰の形式である。

一見表に立っているかに見える権力者は、実は信仰への忠実なる従属者であることによって、権威を保ち得る。わたしはこの道理を疑いません。そうすると、いまの四つの神名火山とこの四隅突出墳丘墓との間には関係ありと、こう見なす方が自然ではないでしょうか。

さらに、先ほど申しました「国引き神話」は、あれは何と四つのところから国を引っ張ってきたわけですね。新羅の三埼《みさき》から一つ、北門《きたど》の佐伎《さき》の国で二つ、第三番目が同じく北門の良波《よなみ》の国で、第四番目がいわゆる越《こし》の都都《つつ》の三埼という四カ所から引っ張ってきた。これもやはり無関係ではないのではないかという感じがいたします。

このように、四隅突出墳丘墓というのは、「国引き神話」の上にも、その姿を現わしているような、出雲等の古い信仰系列の中に存在すると見る方が自然であるということを、これも今日初めて皆さんの前で明言させていただきます。

日本海こそ世界だった

最後に、この「国引き神話」ですが、わたしは非常に長らく疑問、不満でございました。と言いますのは、岩波の『日本古典文学大系』の注で見ましても、いまの新羅はよろしい。越もよろしい。越がいわゆる、能登半島あたりかということですが、越前・越中・越後のあの土地であることは疑いはないでしょう。問題は第二回目と第三回目の北門――ホクモンと書いてある。佐伎の国というのは大社町の北の日本海沿岸に鷺浜とある、その辺だろうということです。そして、また第三回目の良波という、この「良」を直してしまう。これを「農」の間違いだろう、というふうに直して「ぬなみ」と読んでいる。今の佐田神社の北の方にある「野波」に合わせた。これは例によって例の如くです。邪馬一国と邪馬台国みたいに、天皇家の大和に合わせるために、邪馬一国を邪馬台国と直して大和と呼んだ、あれと同じやり方をここでもやっている。こういうやり方はいけません。アンフェアである。

さて問題は、従来の鷺浜や野波から考えているあのようなところが「北門」であったら、あれは出雲の中でしょう。ところが第一回の新羅、第四回の越、これはいずれも明らかに出雲の国ではないのです。ところが第二回と第三回だけが出雲の国の中だったら、タコの足食いです。全然、出雲は大きくならない。それでわたし、困ったわけです。

大阪（他に東京・博多・下関等）でわたしの読者の会というものがあります。これは読者の方々が本当に〝自分勝手に〟お作りになって、定期的にわたしは講演に呼んでいただいているのですが、その中で清水裕行さんという若い神戸大学の理学部ご出身の方ですが、その方が論文を書かれまして、今と同じような不満から、あれを隠岐島の島前と島後に二つの北門の国を当てられたのです（『市民の古代』第3集、一九八一年刊）。しかし、それもわたしは不満です。なぜかと言いますと、隠岐島はやはり昔から出雲の国です。隠岐島が出雲の国以外の国に属したことはない。しかもこれは足どころではない。先ほど言ったように黒曜石の聖地で心臓部ですから、タコの足食いではなくタコの心臓食いになってしまう（笑）。死んでしまいますよ。だからこれもだめだ。

論理的に考えれば、わたしは答は明らかであると思った。つまり第一回の例、第四回の例から見れば、これは出雲国以外から取って来ているのである。そして出雲から見て北に位置することは明らかである。とすれば、地図を開くまでもなく答は明らかである。ソ連領・北朝鮮領これしかありません。まさに、その中でも特に中心はウラジオストック。あれは昔もいまも良港、いい港です。わたしは「良波」の「良」はその意味が「良い」か何か知りませんが、ナミという「ナ」は港のことを言っている。「ミ」というのは海です。だから港のある海。つまり、港を持った湾岸です。これが「ナミ」だと思うのです。まさに、今の「野波」はそういう場所です。

そうすると、あちらの北の方で港を持った湾岸といったら、ウラジオストックが一番ですね。「良波」というのはもちろん、日本語ですよ。新羅の三埼だって——岬は日本語です——新羅側は新羅語で言っているでしょうけれども、出雲の人々は日本語で呼んでいるわけです。

もう一つは第二回目の佐伎の国の方ですが、これはわたしは北朝鮮の東岸だと思います。資料の地図でご覧下さい。いい岬があります。一番大きな岬がムスタン岬、他にも幾つかありますが、あそこはまさに、ウラジオストックの湾入部に較べると、突き出た岬の国という感じです。わたしの考えでは、出雲の海上の民がこの神話を作ったと思います。なぜかと言いますと、あの引っ張り寄せ方は、船を引っ張るときの引っ張り方ですね。杭に綱をつけて引っ張る。あのような海の漁民の労働のやり方に立って神話を作るのは、海の民である、漁民であると思うのです。

出雲の漁民で日本海を知らない漁民はいないとわたしは思う。関東を知らなくても、出雲の漁民はつとまります。中国も北京や上海には行ったことがなくても、つとまります。しかし、日本海（ことにその西半分）を隅々まで知らないと出雲で漁民はつとまらない。わたしはそう思うのです。わたしの先祖は土佐の漁民だったらしいのですが、そう思います。

これは皆さんには釈迦に説法ですが、出雲で沖合に魚取りに出て行って、あれよあれよという間にかなり流されてソ連領へ着く。北朝鮮へ着く。これはもう日常茶飯事です。着くまいと思って頑張っても着かざるを得ない、ということなのです。まして、今と違って国境はないのですから……。それで死んでしまって一生帰って来れない、という者もいたでしょう。また、何年かたって帰ってきた漁民もいたでしょう。

日本海の隅々を知らずにすまし得るような、〝幸せな〟漁民というのはいないと思うのです。彼らの生活の知識、言い換えれば、出雲の漁民にとって、日本海こそ世界である。出雲の周辺である。だから、その日本海という世界を舞台にして、この「国引き神話」は作られたと考えるのは、わたしは大変自然だと思う。

なお一言申し上げますと、この場合、語り手としては無人の陸地を引っ張ったか、人間のいる陸地を引っ張ったと考えているか。わたしは恐らく人間の乗った陸地を引っ張ったと考えていると思う。各地から出雲まで行けるわけですから。と言いますことは、これは右の各地と出雲との人的・文明的交流という、悠遠な歴史事実が背景になってこの神話は作られている、ということになります。

新羅と出雲とに交流があったことを疑う人はいませんね。越との間も、そうです。同じ「交流を背景とした」例が、四つのうちすでに二つ認められているのです。とすれば、他の二つもそうです。いまの沿海州、あるいは北朝鮮。出雲とこの領域との人的・文明的交流は非常に遠く深く存在していたと、わたしは思うのです。そちらの資料や考古学的出土物はわれわれまだよく知りませんのでわかりませんが、これが将来わかるようになってきたら、その交流の深さにわたしたちは驚くでしょう。当然のことですが、わたしはそう思います。

わたしにとってこれは前の週に発見して、長年のもやもやが解けたと思った件なのです。しかし、わたしが思うに、出雲の郷土史の方やこういうことに関心のある方は、大変平凡なこんな考え方は、すでに早くのべておられる方もいらっしゃるのではないか。ですから、皆さんに「この話はもうこの人が前にこう書いていますよ」ということがきっとあると思いますので、それをお知らせいただきたいというお願いを含めまして、今日の講演を終らせていただきます。お話をお聞きいただきまして有難うございました。今後とも出雲横田町のことを、これを機会にご縁としまして、お教えいただきますようにお願いして話を終らせていただきます。有難うございました。

第二章　卑弥呼と蝦夷

1　卑弥呼の宮殿の所在

倭人伝の事物は検討に値するか

古田でございます。今日は連休を控えましたお忙しい時によくおいでいただきました。いつもわたしは話したいことが沢山あると早口になってしまうんですが、今日はとりわけ欲張りましてこの二時間ぐらいの時間に、前半後半で二つのテーマについてお話しするということで、非常に盛り沢山なわけであります。それだけに要点、ポイントをついてですね、はっきり申し上げる。そして枝葉といいますか、そういう問題はまたご質問の中でお答えするというふうな行き方をしてみたいと思います。

さて、今日の第一のテーマは、いわゆる卑弥呼の宮殿の所在という題でございます。で、これはちょっと一見非常にポピュラーな題目なんですけれども、実は内容的には非常に考古学上、あるいは古代史上と言ってもいいかと思いますが、重要な編年の問題、つまり年代決定の問題を扱っているわけです。『歴史と人物』の一九八〇年六月号にもその問題の特集がありますけれども、これは今、考古学界でいわれているものが特集されているわけですが、ここではわたしが考古学界の編年に対して、果してこれでいいかという問題を提起したいと、こう思うわけです。

これは実はこの前の会だったと思いますが、その時最後のご質問で出まして、「それは今度またお答えします。非常に面白い、時間のかかる問題だから」と申し上げた。実はそのご質問に対する解答という意味合いを持つものでございます。幸いにこの問題は材料的にはもうこの大阪の囲む会の講演会ではずーっと申し上げてまいりました。従ってその累積にたってお話しすればいいので、前半でこれをお話ししようと思ったわけです。もっともそう言いましても、今日初めておいでの方もございますので、簡単にその論旨を個条的に要約させていただくつもりでございます。

と言いますのは、わたしが『「邪馬台国」はなかった』という本でやりましたのは文献による分析、つまり史料批判と申しますが、そういう文字に書かれたもの、特に倭人伝が中心ですが、その分析であったわけです。

それに対して今回の場合はそうではなくて、いわゆる物、つまり考古学的な出土物だけといってもいいのですが、それを主に扱って分析するという方法であります。それが果して文献の分析と一致するかしないかということを確認するという作業でございます。

で、この問題を考えます前にと言いますか、先んじまして、この『三国志』の倭人伝に書かれている物、つまり考古学的に出土しうるような物です。事物ですね、それは果して真面目に検討するに値するかという問題を、どうしても吟味しておかなくてはなりません。と言いますのは、邪馬台国に関するいろんな本が相次いでおります。その中でかなり言われていることが、「あんな倭人伝なんてものは、あてにならん。適当な操作というか、空想を交えて書いたものであるから、あんなものを真面目に扱うのは馬鹿だ」と、こういうような口調・論旨を漏らされる、あるいはその立場からいろいろ倭人伝を解釈する人がいることは、皆さんご存じと思います。もしそういうものであれば、倭人伝に出てくる事物を真面目に検討する必要がない、検討してもナンセンスだということになってしまいます。

ところがズバリ言いまして、わたしはそうでない。つまり倭人伝に出てくる事物は検討に値すると思うわけです。なぜといいますと、問題のポイントは魏の使い、これは帯方郡から直接きておりますから、郡使というべきだという人もおりますが、しかし中国の魏の天子の詔勅を持ってきておりますから、わたしは魏の使いと呼んで差し支えないと思うんですが、その魏の使いが倭国の都に到着しているという命題・結論といいますか、事実がキーポイントになると思うのです。

このことは別にわたしの説ではありません。明白にそう書いてあるわけですね、倭人伝をご覧になれば。この魏の使いが倭王に会って拝仮して、そして詔書を渡したとこう書いてあるわけです。

ここに書かれた倭王というのは当然、卑弥呼である。これも、そうでないという人も一部にはありますが、それは無理だと思います。なぜだと言いますと、そこに書かれてある詔書に「親魏倭王卑弥呼」とそう書いてありますから。魏の側で倭王と認識しているのは卑弥呼唯一人であること明らかであります。倭王に会って詔書を渡したということは、卑弥呼に会って詔書を渡したということに、もう間違いはないわけです。

ところが、にもかかわらず実はそうじゃないんだ、いわゆる魏の使いは倭国の都に入っていないんだというふうな説をなす人がかなりいるわけですね、江戸時代以来。これは何かというと、その理由ははっきりしておりまして、要するに行程の記事が帯方郡治（ソウル付近だといわれますが）からやってきた道筋の書き方が、不弥国までは里数で書いてある。ところがそこから先と考えたんですが、そこから先は日数で書いてある——例の「水行十日、陸行一月」とかですね——というわけです。つまり簡単にいうとこの前半は里程、後半は日程で書いてあると、こういうふうに江戸時代以来、はっきり言いますと、わたしの『「邪馬台国」はなかった』が出るまでは、すべての論者がそう考えてきたわけです。

そうしますと当然、なんでそんな変てこな書き方になっているんだろうかという問いが、必然的にといっていいでしょうか、生れてくるわけですね。その答は、結局、実は里数で書いてあるところまでしか行かなかったんだ、そこから先、日数のところは倭人から聞いて書いたんだという、その解釈を生んできたわけです。これはそうはっきり書いている人もありますが、はっきり書いていない人でも、恐らく内心はそう思っている人は多いんじゃないか、論者の中には。そう考えないと、どうも話がうまく合わない。

そこでですね、今のように途中でストップした、倭国の都、つまり最終地点までは行ってない、という考え方が非常に多くなってきたわけです。書いている人も多いし、書かないでもそう思っている人を加えると非常に多いと思いますね。で、その場合どこでストップしたかというのが論理的にピシッといけば、不弥国でストップしたということになるわけです。

魏の使いは卑弥呼に会っていた

不弥国というのは殆どの人が博多湾岸、今の博多というふうに考えているわけですが、そこでストップしたと、こうなるんですけれど、どうもそれにしては不弥国というのはあんまり特徴がない国である。だからもう一つ前の伊都国、これはいろんな、かなりいろんなことが書いてある。ご存じだと思いますが一大率とか何とか書いてある。従ってその伊都国でストップしたんだろう。伊都国から不弥国までは近いから散歩でちょっと行ったぐらいだろうと、そんなことは書いてありませんけれど、恐らくそういう解釈なんでしょうね。伊都国ストップ説というのがかなり多くの人に信じられているわけです。

しかしわたしはこの考え方は非常に間違いであると。なぜかとなれば、片方の卑弥呼に会って詔書を渡したという記事は解釈の如何《いかん》じゃなくて、誰が読んでもそう書いてあるわけです。で、それに対してですね、片方の行程の理解の仕方は〝解釈〟なわけです。その証拠に、わたしはそれとは違う解釈をしたわけです。これはまあどっちの解釈がいいかは別にしましても、とにかく、解釈が少なくとも二通りあるということ。それに対して、今の「卑弥呼に会った。そして詔書を渡した」というのは解釈じゃなくて、ちゃんと書いてある。事実そのものなのです。

そうしますとですね、わたしの考えでは、両方が矛盾する場合には事実そのものを基準にして、事実そのものに合わない解釈を退けるのが正当な方法だと考えたのです。それに対して、解釈を生かして、そして事実の方をこれは嘘を書いたんだ、実際は行ってないのに行ってると書いてある、卑弥呼に会ってないのに会ったと書いたんだと。こういう解釈を、つまり著者が嘘をついている、あるいは魏の使いが嘘をついたという解釈をするってことは、わたしはやはり一言でいって、フェアでないと思うわけです。

で第一に、倭人伝の中で一番重要な記事はこの記事だと思うんです。つまり倭王に会って詔書を渡したというのは、他のいろいろ、風俗・産物……いろいろなことがありますわね、倭人伝の中の記事には。しかしどんな記事だってそれは枝葉末節です。中国側の朝廷から見れば。

問題は、魏の国の天子がそんな夷蛮の、遠いはるかかなたの夷蛮の地に詔書をもたらしたと、倭国の王に詔書を渡したということが倭人伝の肝心要《かなめ》のキーポイント、これ以上のキーポイントはないと思うんですね。それを支える表われれは、詔書を、あれだけ長文をかかげてあるのが、その表われであるわけです。

だから、その一番肝心なところを、これは嘘をついているんだというんだったら、わたしは倭人伝について語ることはやめた方がよろしいと思うんです。そんな一番肝心のことに嘘をつくような、魏の使いが嘘をついたか、陳寿が嘘をついたか知りませんが、あるいは天子が嘘をつけと命じたか知りませんが、なんせ肝心要のことで嘘をついたような資料を、枝葉末節のことを、自分の気に入った個所を気に入った解釈で使うなんてことは、自分の趣味勝手でするのは結構ですけれど、学問としては成り立つ姿勢ではない。こうわたしは思うわけです。

従ってこの点からも、実は魏の使いが行ったのは不弥国までであり、そしてその時そこにおいて倭国の都に入ったんだ。つまり「不弥国が邪馬一国の玄関だ」というテーマが当然出てくるわけですね。しかし今日はそういう行程解読が主目的ではありませんので、今日の問題は魏の使いが倭国の都に入って卑弥呼に会っているということ、これは倭人伝の根本の事実だという一点を確認したい。

この点は、実は前の講演会でお話しした卑弥呼の年齢の問題にも関連するんです。なんか今日お聞きしましたら、かわいい一歳のヒミコちゃんという方がおいでになっているそうですけれど、卑弥呼の年齢がいくつかという問題をこの前お話ししました。今日お渡しした資料にも新聞の記事が載っているようですが、要するに「年すでに長大」とこう書いてある。ところがこれをもって従来、わたしも含めまして、卑弥呼は非常なおばあちゃん、こういうふうに考えていたんだが、それは間違いだった。

『三国志』の中の長大という用例を全部抜きだしていきますと、その中に明白に年代を示す例がある。それは三十歳半ばを示すという点において、どの例においても異論がなかった。つまり明確にそれを示す例が何例か見つかりました。ということは何を意味するかといいますと、これは魏の使いが卑弥呼に会って見た感じを書いていると考えなければいけない。もしこれが倭人に聞いたのなら、例の二倍年暦という、これは『「邪馬台国」はなかった』をお読みになった方はご存じですが、この問題がひっかかってきまして、三十五歳なら倭人は七十歳と表現する。そうすると年すでに長大ではなくて、年すでに老ゆというふうな表現か、その他の表現にならなければいけない、という問題があります。

だからこの問題からも、実は魏の使いは卑弥呼に会っているというテーマが出てくるわけです。そしてなおかつ魏の使いは卑弥呼に詔書を渡しただけではありません。卑弥呼からの手紙を預かって帰っているわけです。つまり上表文をたてまつって卑弥呼が答謝した、と書いてあるわけです。これはやはり、わたしは嘘ではないと思う。なぜなれば、卑弥呼の宮廷には魏の詔書を読める官僚がいた、つまり文字官僚がいた。これは三人であっても五人であってもいいのです。また渡来人であっても、その弟子の倭国の青年であってもいいんですがね、とにかく文字官僚がいたと、こう考えなければならない。

そうすると、彼らは当然、簡単な感謝の文章くらいかける。渡来人なら当然書けますし、その渡来人から習った倭国の青年だったにしても、短い下手な文章だったかもしれないが感謝の手紙くらい当然書けるわけです。そうしますと、そこに書いてあるその記事をも疑うことはできない。そうなってきますと、当然詔書を渡して上表を貰うまで、一週間なり二週間なりの日数がいるわけですね。今日詔書を貰って、さあ晩のうちに徹夜して書いて、すぐ翌朝渡すとか、そんなことはとてもできることじゃないんです。内容をよく検討しなければ、文章的にも、政治的にも検討しなければいけません。だから当然、何日間かの日数が経過しているんだと思うんです。

ということはその間に、魏の使いは倭国の都に滞留しているわけです。当然その間において倭国の都を観察してまわっている、こう考えなければならない。案内されて回ったかも知れませんがね。としますと、倭人伝に書いてある倭国の事物は、まさに倭国の都に滞留している期間に見聞した、実際に自分の目で見た事物を中心にして書いてあると、こういうふうに考えなければならんわけです。こういうことになりますとね、倭人伝に書いてある事物、物の記載は、これは実地の見聞報告譚に基づいているから、これは資料として検証に値すると、こう考えなければいけないのです。

鏡・矛の大量出土が示すもの

これが大前提で、そしてじゃあその内容はどうか。これは先程から申しましたように、今まで何回かにわたって申し上げてきましたので今要約しますと、例えば有名な鏡、「銅鏡百枚」という文句が詔書の中に出ている。そうすると、倭国の都からは銅の鏡が大量に出土しなけりゃあならん。ということは、それに相当する鏡というのは恐らく二種類しかない。

一つは弥生期の遺跡から出土するものとして漢鏡と考古学者が呼んでいるもの。前漢鏡・後漢鏡と、こうまた名前をつけておりますが、これは圧倒的に博多の近辺を中心に出土している。漢式鏡の九割がこの福岡県に集中し、その福岡県のまた九割が筑前中域とわたしが名を付けました今の糸島郡、博多湾岸、朝倉郡も含めまして、この筑前の中心域に集中しているわけです。つまり全体の八割が、実にこの地帯に集中している。だからもしこの漢鏡と呼ばれるものが問題の鏡であれば、もう博多湾岸に決っているわけです。

もう一つの可能性。それはいわゆる三角縁《えん》神獣鏡、三角ぶちともいいますが、有名な三角縁神獣鏡、この場合も銅の鏡です。これは近畿を圧倒的に中心としている。つまり大塚山、京都府の南、ここに一番多いんですが、それが東西に分布している。これは弥生遺跡からは全く出てこなくて古墳の時代、つまり古墳からだけ出てくる。ほぼ四世紀から六世紀までの古墳から出てくるんですね。もしこれであるとすれば、これはもう近畿に決っているわけですね、倭国の都は。

ところがこの場合、わたしが大事だと思う一つの方法、簡単な方法ですが、あるんです。倭人伝の中の事物の一つだけとらえたら、今の鏡の例もそうですが、どっちも可能性がある。今のそれ以外は可能性はないですね、はっきりいいまして。文献を解釈していろいろ理屈をつけることはできるかも知れませんが、物と対応してなければならない。これは空想の世界でなく歴史事実の世界だから。

とすると、もう可能性のあるのは博多湾岸かこの近畿大和近辺しかないということが言えるわけです。そして両方言えるんだけれど、もう一つ事物を組み合せて考える。つまり二つあるいは三つの事物を共有する地域はどこか、こう考えていくと、一つなら点ですが二つだったら線、三つだったら面になりますから、解釈がいろいろ動かしにくくなってくるわけです。

じゃあ次に何があるかと言いますと、これは矛ですね。この倭人伝に卑弥呼の宮室・楼観がおごそかにあって、そこに人がいて兵を持って守衛している、とこう書いている。この「兵」というのは何かという説明がありまして、矛・楯・木弓がそうだと書いてある。そうしますと、その中で考古学的にわれわれがはっきり認識できるものは矛である。楯が木であれば腐蝕しますからね、矛はまず銅である。鉄、石の矛も若干ありますが、銅の矛の出土地帯と矛盾しませんから、まず代表的には銅矛で考えたらよろしい。

矛の出土はその矛と戈《か》の地図にも出ておりますが、圧倒的に筑紫が中心である。そして何よりも鋳型が、細剣もそうですが、中広矛・広矛、こういう矛の鋳型が一〇〇パーセント博多湾岸に、今の春日市

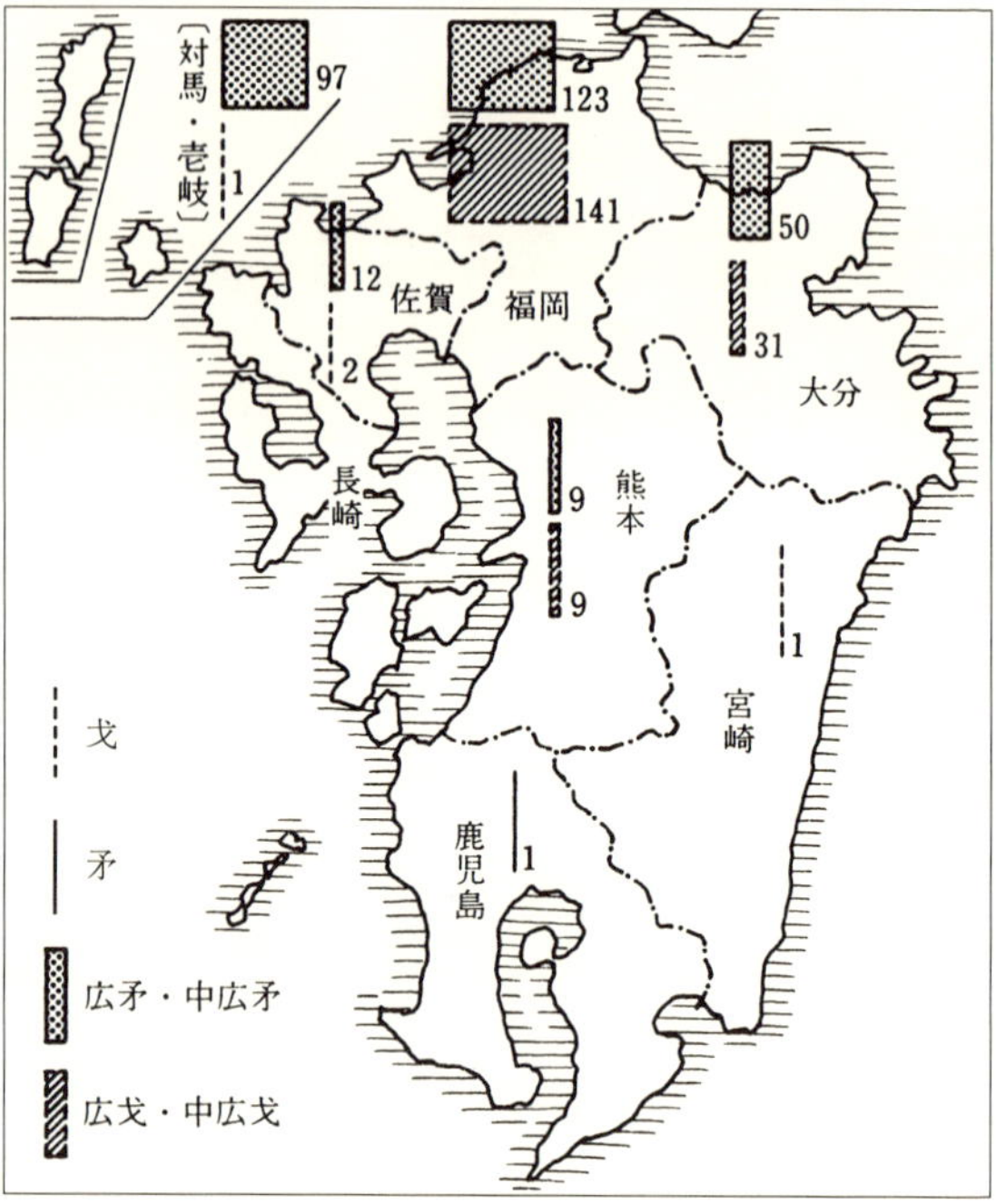

銅矛と銅戈出土図（九州／県別）

を中心にする、春日市、福岡市の博多湾岸に集中しているわけです。ですから、矛だけから言っても、地帯の限定性がある。これは近畿にありませんから。しかし古墳の中から多少は矛が出てくるという話もあるかも知れませんが、今の問題は鏡と矛、両方を結び合せまして、大量出土する地域は……となると、もうこれは博多湾岸しかないのです。近畿ではそういう大量の矛の出土というわけにはいきませんね。

しかも矛に宮殿が守られているという記述は、さっき言ったように魏の使いが実際に入って行って卑弥呼に会っているんですから。その時、矛をいっぱい持った倭人の兵士達に囲まれて、間を通って、あるいは自分自身も護衛されてその宮殿に行ったはずなんです。その記事ですから、倭人ではいろいろ武器めいたものはあるけれど、中でも矛が非常に目立ったんだという記述は無視できないのです。そうしますと矛と鏡という二点、線になりますが、とらえても、もう博多湾岸しかないわけです。

もう一つは冢《ちょう》、卑弥呼の墓ですね、「大いに冢を作る」と。この冢の議論もこの前やりましたが、簡単に復習いたしますと、要するに『三国志』の中では「冢」と「墳」と二つの言葉が区別してある。「諸葛孔明伝」にあるんですが、自分が死んだら墳は作ってくれるな、定軍山という山を墳に見たてて欲しい、その一角に冢を作って欲しい、それも棺が入る程度の冢でよろしい。この遺言に従って葬ったと書いてある。いわゆるわれわれが知っている仁徳《にんとく》陵古墳、応神《おうじん》陵古墳等、古墳と呼んでいるものはまさに墳である。ところが冢というのはこんな大きなものではなくて、若干盛り土をしたものである。事実、倭人は人が死んだら「土を封じて冢となす」というのが一般の習俗に書いてある。その程度のものなんです。弥生時代に古墳はないんです。若干の盛り土をしている程度なのです。そう書いてある。そこに「径百余歩」と。

この議論は時間がかかりますのでやめますが、要するに里数を漢代の里数に基づいて考えますと、百余歩というのは二百メートル弱くらいの長さになる。ところがそれに対して「三国志の短里」とわたしが呼びました、それは漢代の六分の一の単位である。だからこの歩も六分の一になりまして、それで計算すると百余歩というのは三十メートルないし三十五メートルになる。どっちかというと、それを決めるのはさっきのように冢と書いてある点です。もし二百メートルのものとして読者にうけとってほしいと陳寿が思ったら、「墳を作る」と書かなければいけない。ところがそう書いてない。三十メートルや三十五メートルのものなら、これは棺が入る程度よりは大きいですね。だから「大いに冢を作る」――ピシャッと合うわけですね。

卑弥呼の墓は円かった

もう一つ新しい論証を加えますと、当時の『三国志』ができたと同じ時期に作られた数学書があるのです。これは『九章算術』。算術というのは、昔わたしなんかが小学校時代、算術の時間というのがありましたが、あの算術はそこからきているのです。そこを見ますと何里何歩と、歩という字は里の下部単位として書かれている。$\frac{1}{300}$だと注がついている。これを適当に歩いた幅だろうというので解釈している学者もありますが、これは駄目なんです。洛陽の読者はそうは受けとらないわけです。mに対するcmのように里の$\frac{1}{300}$と受けとるわけです。

これが第一。同じくこの『九章算術』と同じ時期に、もう一つ『海島算経』という本も『三国志』の時期に作られた数学書なのです。『九章算術』はそれまでの数学書をまとめたものですが、『海島算経』はまさに三世紀に作られた数学書なんです。それらを見ますと、いずれにも径という言葉が出てくる。ところが径というのは全部例外なしに円の、今でいう直径のそれを表わすのに径と書いてある。全く例外がない。また円周率やいろいろ見事な数学術がそこで示されているんですよ。ピタゴラスの定理みたいな図があって、わたしもびっくりしましたけれど、三角法も非常に発達しているんです。今の『海島算経』では三角法に基づいて島の形姿を計る方法を新しくみつけた。確定した、ということで作られたのが『海島算経』なんです。それで壱岐・対馬の面積というものが初めて『三国志』で表われてくるんです。

中国の歴史によれば、それまでの島の面積というのは殆どないんですね。一つの例外として海南島が出てきますが、武帝のところで、これは現在と比べて全く当ってないんです、面積が。つまりまだ島の形姿を計る方法がなかったんです。ところが島の面積をれっきとして出したのが『三国志』倭人伝なのです。それが『海島算経』という、島の形姿を計る方法がみつかった、こういう一冊の本ができたその時期にできた『三国志』の倭人伝に、初めて島の面積が書かれた。それが今わたしのいう六分の一の里数としますと、ちゃんと合うわけです。

このピシャッと合うというのも、言いだすといろいろありますが、今日はそれを省略しますが、要するに大筋についてピシャッと合うわけです、その径というのは洛陽の読者が見たら完全に円の直径としか見られない概念なのです。

そうすると、卑弥呼の墓が径百余歩とあります。「ああ卑弥呼という女王の墓は円いんだ」と、こう洛陽の読者は受けとるわけです。それを今のように漢代の二百メートルとしといて、前方後円の長径、さしわたしだというような解釈は、日本の前方後円墳を知り過ぎた考古学者や古代史家がそれに合せて原文をひっぱってきて解釈しているだけで、洛陽の読者とは全然違うわけですね。わたしはやはり洛陽の読者がどう読めたか、それで見なければいけない、と思うんです。

卑弥呼の墓は円い、しかもたかだか直径三十メートルないし三十五メートルである、こうなってくるんです。そうなってきますとですね、問題はその冢には鏡が大量に入っているはずだ。銅鏡百枚ですからね。そうしますと、前から申しましたので詳しくは申しませんが、日本列島の弥生と古墳時代の特徴は、中国本土はもちろん、囲りの彼らが夷蛮と呼んだ地域になくて日本列島にだけある特徴は、墓の中に鏡が沢山入っていることなんですね。それは弥生時代もそうだし古墳時代もそうなんですね。わたしはそれを多鏡墓文明……鏡が多い墓の文明、とこう呼んでいいと思うんです。何でそうかという理由はこの前申しましたので省略します。

多鏡墓文明は二つの時期に分れる。つまり多鏡冢の文明、弥生時代というのは、今のように甕棺等が畑の中から、掘ってるとボコッと出てくる。そこに鏡が三十〜四十入ってる。これはもちろん、今畑の下から出てくるだけで、当時から畑の下ではないですね。当時はそれだけ貴重な絶大な宝物を入れた墓ですから、上には当然盛り土があったはずです。ところがそれは大した古墳のような盛り土ではなく、単なる盛り土に過ぎないくらいのものですから、均《な》らされてしまう。

大きさが小さいということが一つ。もっと重大な理由はその神聖な権力がその後断絶した。ずーっと現在まで子孫が権力を持ち続けておれば、あるいは天皇家のように、これは畑の下になったりしないわけです。ところがそれがいつの時代かに断絶した。祀《まつ》らなくなった。ということで畑に均《な》らされてしまうようになってる。だから現在は畑の下だけれど当時は当然盛り土を持っていたと、こう考えるのが常識というものだと思います。こういう弥生時代の墓というものが冢である。これをわたしは多鏡冢の時代とこう呼んでいいだろうと思います。

それに対して今度は古墳時代、これは近畿を中心に三角縁神獣鏡、その他、画文帯神獣鏡というものを含んでいる。これはみな古墳ですから「墳」なわけです。だからこれは多鏡墳の時代と呼んでいいだろうと思うんです。多鏡墓文明は二つの時期に分れ、多鏡冢期と多鏡墳期に分れる、こう考えるんです。としますと、倭人伝に書かれているのは、どっちかと言うと、鏡を沢山倭国の権力者はもらった。そして冢に――卑弥呼のような女王ですら、たかだか三十メートルないし三十五メートル、その他の連中はもっと小さいわけです――そういう冢に葬られた。するとこれは多鏡冢の内容を持っている。倭人伝は多鏡墳ではないわけですが、そうすると今のように鏡だけなら二種類、どっちにでも言えたけれど、鏡と冢、この二つの点を結ぶ、つまり線にしますと、もう博多湾岸を中心とする地帯しか倭国の都の可能性はない、とこうなってくるわけです。

倭国の都は博多湾岸に

次に鉄器の問題ですね。これだけを詳しく喋っていると一時間以上かかりますので、結論を申しますと、お配りした資料の表の左側に日本列島弥生遺跡出土の全鉄器表というのが出ていますね。それを見ますと九州が三百四十二、それに対して近畿が七十六、だから鉄器において圧倒的に九州がまさっている。これは話の順序が逆になりましたが、倭人伝の中に木弓を用いというところの次に、矢は骨の鏃《やじり》、

日本列島弥生遺跡出土全鉄器表（県別）

	工　具	農　具	漁　具	武　具	その他	計
鹿児島	2	0	1	21	4	28
宮　崎	0	0	0	13	0	13
大　分	0	9	0	2	64	75
熊　本	7	4	0	6	4	21
長　崎	14	9	3	24	14	64
佐　賀	5	2	0	17	11	35
福　岡	29	11	0	50	16	106
愛　媛	1	1	0	4	2	8
高　知	1	0	0	2	0	3
徳　島	1	0	0	0	0	1
香　川	0	0	1	1	44	46
山　口	4	0	0	2	7	13
広　島	5	0	0	1	1	7
岡　山	3	0	0	1	1	5
島　根	1	0	1	1	5	8
鳥　取	0	0	0	3	1	4
兵　庫	18	0	0	11	13	42
大　阪	7	0	0	11	9	27
和歌山	0	0	0	2	0	2
京　都	1	0	0	3	1	5
石　川	0	0	0	1	6	7
愛　知	1	0	0	6	2	9
静　岡	2	0	0	3	1	6
長　野	3	0	0	0	4	7
新　潟	2	0	0	0	2	4
神奈川	4	0	2	2	5	13
東　京	1	0	0	0	2	3
埼　玉	0	0	0	0	6	6
群　馬	0	1	0	0	0	1
山　形	1	0	0	0	0	1
宮　城	0	0	0	0	1	1

もしくは鉄の鏃を使っていると、こう書いてあります。骨の鏃は縄文文明からありますね。ところが新しく弥生に入ってから登場するのは鉄の鏃。鉄の鏃は武力として、恐るべき威力を発揮したに相違ないんです。骨の鏃等に比べましたらね。従って卑弥呼の国の武力の背景には鉄がある、そう思います。

もう一つ資料がありまして、五尺刀というのをやはり魏の天子が卑弥呼にくれているわけです。これも鉄の刀とみられる。この分布図もこの前示しましたので今日は省略します。

さらに大事なことは『魏志』韓伝に、注目すべき記事がある。それは韓地の中から鉄が出土する。その鉄を韓・穢《わい》・倭の人々が従いてこれを取る。市場で物を売り買いする時に鉄で売買する習わしになっている。これは中国で銭を用いるのと同じことだと、こう書いてある。これは鉄を貨幣として、貨幣代わりに使っているという意味である。

わたしはこれに対して一つの名前を、「鉄本位制」という名前を与えました。国際間取引で鉄が基準になっている、基準通貨の役目をしている。倭国は鉄本位制下の国、鉄本位制下の女王となってくる。そう考えますと、鉄は邪馬一国をとく鍵として、わたしはどんなに重視しても、重視し過ぎることはない、むしろ経済史研究はこういう目から邪馬一国問題になぜ取り組まなかったか、わたしは不思議とするところです。

こういう目で取り組みますと答は明晰でありまして、当然近畿ではなくて九州、そして九州の中でも他の県に比べまして福岡が抜群の量を誇っております。百六ですね。福岡の中でも筑前・筑後に分けますと筑前が圧倒的であります。これは極端な差をもって、圧倒的に格差がございます。

ということからみますと、鉄本位制下の倭国の富の中心はやはり筑前にしかありえない。筑後、山門《やまと》はどうしたって無理なわけです。筑前の中でも当然ながら糸島、博多湾岸が中心であります。そしてこの場合、先程の甕棺と呼ばれる冢の中から鉄器が随分出てまいります。従って鉄だけでも決定力を持つんですが、鉄と冢、さらに鏡、矛も甕棺の中からも出てきますね。細矛なんかその中からも出てまいります。中広矛、広矛。こういうものを三つか四つ合せました、完全に面ですが、これからみまして博多湾岸しか都の候補地はない、とこうなってくるわけであります。

最後に、興味深い問題として、この前ふれました錦の問題を復習として付け加えさせてもらいます。卑弥呼が魏の使いから貰ったものの中に、おびただしい錦類があることが詔書に書いてある。龍の模様がついた紺地や赤い地等の錦を沢山下賜されているわけです。これに対して倭国の女王卑弥呼の方も錦を献上している。倭国の錦、倭錦や異文雑錦を献上している、というところからみると、錦の出土する地帯でなければならない。

前に申しましたように、弥生遺跡の中で錦が出てくるのは九カ所に限られる。その中の五カ所は博多湾岸、そして三カ所が立岩、そして一カ所が島原、こうなっている。しかもそれが顕微鏡による自然科学的な研究によって、中国の絹と日本列島産の絹とが判別できる。これは『立岩遺蹟』という非常にすぐれた研究報告の本があるんですが、その中で布目《ぬのめ》順郎さんが書かれている論文です。その中で特に博多湾岸には明白に中国の絹と認定できるものが出てきている。甕棺の中から。それはしかも房になっている。そして現物をナイフで切ってみると、まっさおな色が表われた。つまり紺で染められていた錦である。絹の房である。錦というのは房を、繻子《しゅす》を伴った彩り模様の絹が錦ですから。紺地の錦を与えたと書いてある。それにピタリ合うわけです。

また倭国側で錦を献上している。献上するものが出てくるのは、日本列島全弥生期を調べましても、この九つしかないんですね。九つの中の一つ除いて、あとは筑前のものですね。どっちか判別できないもの、これが立岩と博多湾岸に一つずつあります。そしてはっきり倭国の絹と理解できるものが博多湾岸に三つ、立岩に二つあるわけです。同じ倭国の錦でも非常に質の劣ったものが一つ、島原で出ているということですね。

以上が弥生絹のすべてです。だからこの点からも実は倭国の都は決定できる。しかもこれは甕棺から出てきますから、冢と錦という結びつき。しかもさっきの紺の、中国製であることがはっきり認定できた錦というのは、どうも鏡を包んであるもののようである。だから鏡と冢と錦という、それに細矛が加わりますから、やはり完全に面になって倭国の都はこの地帯だという決定力を持つんだ、ということを申し上げたわけです。

土と石と木の文明に逆戻り?

これは今まで申し上げたことの要約でございます。ところが今日の問題は、なぜそんなにはっきりしていることを今まで考古学者は言わなかったんだ、という問いなわけです。

これに対してどういう答が出てくるかといいますと、わたしが今述べました物について、ほぼ考古学者は弥生中期の事物として考古学の本に載せているわけです。また展覧会でもそういう解説がついているわけです。

ところが弥生中期というのは一体いつの時期かと考古学者が言っているかといいますと、大体一世紀の後半ですね。弥生中期は前一世紀と後一世紀のほぼ二百年間を呼んでいるんですが、そんな中で特に今の問題の物が出てくるのは弥生中期後半、つまり一世紀ですね。イエスが活躍していた時期を含むわけですね。特にイエスが死んだ時くらいから沢山出てくる。つまり一世紀の後半くらいに沢山出てくると、こういうふうに考古学者は言っている。そして後漢鏡というものになりますと二世紀の初めくらいにかかるんだ、こんなふうに言っているわけです。

いいかえますと、わたしが『「邪馬台国」はなかった』に取り組みました時に、非常に不審に思えたことがあったんです。三世紀と考古学者が認定している事物を集めていきますと、いってみると日本列島中どこにもろくなものがないんです。今の九州北岸にもないんですね。今の中広矛・広矛、そういう類のものだけはあるんですが、これはのっぺりした質の悪いものである。今の一時代前とされている弥生中期にあった、細矛といわれる非常にすぐれた鋳上《いあが》りをもった矛や剣が一切なくなってしまう。

まだしかし、九州北岸は中広矛・広矛というのっぺりした鋳上りの悪いでっかい矛や戈が出てくるからいいのです。近畿の大和になりますと、この弥生後期というのはひどいもので、ひどいものって変ですが、要するに金属が全く出てこない。銅も出てこない。鉄も出てこない。銅と例外的に銅の鏃が二十本か三十本くらい出てくるだけで、あと何も金属が出てこないわけです。土と石と木の文明に――縄文期と一緒ですが――逆戻りしているわけです。だから他のどこを取っても弥生後期には大したものが出てこない。特に弥生後期後半というのを考古学者は三世紀にあてているわけです。

それでわたしは、なんでこんなことになったんだろうかということで、当時九州の考古学者のところを歴訪いたしました。そしてある考古学者に会ってみると、その考古学者は「いや川で流れたんですよ」こういうんですね。つまり三世紀の遺跡はちょうど、川の土砂に流れて現在、玄界灘に眠っている、とこういうわけです。

しかしわたしはこれを聞いて、議論をしに行ったわけでないので、そこで議論はしませんでしたけれど、帰りがけに思ったのは、これはちょっと無理じゃなかろうか。なぜかというと、仮に九州北岸、たいていは三世紀の遺跡が、遺物が出てくる。ところが例えば博多に流れている那珂《なか》川あるいは御笠川でもいいですが、そこの個所だけ一カ所、三世紀の物が欠けているという場合ならこれは玄界灘の底をさらわなければ分らないけれども、川の土砂で流れたんだろうという仮説をたてても、仮説としてうなずけるんですよ。ところが九州北岸全部出てこない。皆、川に流れたんだろうというのはちょっと仮説としても、わたしは仮説のたてすぎというんですか、ちょっとたてうる仮説ではないように思われたんです。では、大和でも三世紀に川で流れたんでしょうか、大和川もありますけれど。これもちょっと無理じゃないかと思ったんです。大和のことまでは、その時聞きませんでしたけれどね。

次に原田大六さんのところにまいりました。これも第一回の訪問はそれを聞くのが目的だったんですね。『盗まれた神話』にちょっと書きましたけれど、その訪問の目的はそれだったんです。その時に答はだいたい予想されていたんです。わたしは書かれていたものを見ていましたから。その通りだったんです。と言うのは、要するに神武東征が理由です、こうおっしゃるわけです。

原田さんの考えによると、糸島郡が代々の天皇家の住地、都だった。最後の王者が神武であると。それが大和へ遠征しようと考えて、そして大和へ行ってしまった。だからその後大した物が出ていないんだと。これも前後をめぐる面白い話があるんですが、中山平次郎というこの原田さんの先生をめぐる話があるんですが、今日は省略しまして、要するにそういう答である。

それに対しても、わたしはどうもこれは無理じゃないかと帰りがけに考えたんです。神武が糸島を出発したというのはこれは反対で、『古事記』、『日本書紀』を分析する限りは、やはり神武については、日向、宮崎県から出発したと考えなければならない（この点、別述——後記）。

文献を厳密に処理する限りは、こう思うんですが、そのことは抜きにしましても、仮に糸島から神武が大和に行ったとしましても、行ったから後、人間がいなくなるわけじゃない。また豪族がいなくなるわけじゃない。だからいきなり大した物が出ない地帯になってしまうというのは説明にならないのじゃないか。またもう一つ、同じ時期の大和から問題の漢鏡・後漢鏡だか、そういう物がババッと出てくればいいのですが、さっき言ったように、なんにも出てこないわけです。だからどちらから言ってもこれは無理じゃないかと、こう考えたわけです。

まして「倭人伝」をみるかぎり、倭国の都がどこにあるかは別にしましても、九州北岸が三世紀頃栄えていたことはもう殆どの人が疑っていないですよ。そこに三世紀に何も大した物が出てこないというんじゃあ、やっぱりおかしいと思ったんです。だからわたしは今だからはっきりいいますが、『「邪馬台国」はなかった』で考古学のことを除いておいた。最後にちょろっと触れておいたところがありますが、まず除けておいたのはそういういきさつがあったからです。

今の考古学はちょっとおかしいぞ、これを簡単に使ったらエライ目にあうぞと、正直にいうとそういう感じを持ったわけです。だから文献だけに徹底した。史料処理の原則からいって、それがいいと思ったんですが、もう一つ脇の事情としては、そういう問題があったわけです。そこで一体どうかといいますと、ズバリいいまして、これは考古学の編年がどっか狂っているんではないか、もう一歩立ち入ってはっきりいえば、基準が狂っているんじゃあるまいかと、こう考えたわけです。

日本の考古学の〝宿命〟

ご承知のように、日本の考古学といいますのは因業な宿命を荷っているというと変な言い方になりますが、要するに絶対年代がないんですよね。つまり、ある出土物に関して、これは何年、何年と書いてあればいいんですが、この間の太安万侶の墓なんていうのは驚異の大発見でしたけれど、まあ通例、殆ど年代が分らない。だから一言でいいますと、絶対年代から見放されている、こう言ってもいいでしょう。

これに対して相対年代と呼ぶものだけが頼りになってくる。といいますのは、例えば壺なら壺をとらえましても、Aの壺、Bの壺どっちが先か、Bの壺、Cの壺、どっちが先か後かという、その前後関係を細密につけていくんです。わたしはよく知らなくて言うんで無責任かも知れませんが、恐らくそういう前後関係を微細につけるという点では、日本の考古学者は世界の考古学者の中でも抜群の力量を持っているんではないでしょうか。少なくとも抜群の努力をはらってきたと言えると思います。今の置かれている状況、運命からしましてね。

だからある考古学者によっては、「今や考古学の年代は十年と狂わない。いや実際は五年と狂わないと思うんですけれどね、大まけにまけて十年とは狂いませんよ」と、非常に自信に満ちた言葉を、現在中堅を率いる考古学のリーダー株の学者から聞いたことがあります。そういう自信を生みだすほど精密に前後関係をつけているわけです。

問題は、前後関係はつけてみるんだけれど、それが絶対年代――西暦も絶対年代、中国の年号も絶対年代です――そのどれにあたるかとなりますと分らないわけですよね。そこが泣きどころです。その泣きどころを支える二つの点があるわけなのです。一つは先に申しました漢鏡と呼ばれるものなんです。もう一つは、今日もちょっと触れるかもしれませんが、天皇陵古墳の問題なんです。

天皇陵古墳の方を簡単にいえば、倭の五王という中国の『宋書』という五世紀の本に出てくるそれと、日本の応神・仁徳から雄略に至る天皇がイコールだという仮説にたって結びつけるわけです。これが古墳時代における一つの定点・支点、つまり支える点になるわけです。

今度は弥生時代で支える点、これが今の漢鏡なのです。

この漢鏡につきましてはこの研究をやった学者がいる。それは大正年間、富岡謙蔵という京大にいた学者です。皆さんご承知の富岡鉄斎という絵かき、有名な画家の息子さんになるわけです。この人が非常に綿密な研究をやりまして、それまでは漢鏡というから、漠然と漢のものだろうと思った人もあるかもしれませんが、むしろ学界なんかでは普通、中国の鏡で漢鏡といったって、実際は東晋・南北朝以後だと、漢代はもちろん三国時代のものだってないんだというふうな常識が成立しておったこともあるわけです、明治から大正にかけての学界で。

それに対して富岡謙蔵氏が、違うんだ、実は博多湾岸中心に出土する甕棺の中から出土する鏡の中には後漢の鏡がある。後漢の時期とおぼしき鏡があるんだ、さらに中国から出てくる鏡でも新（これは前漢と後漢の間ですが）という文字が現われている鏡があるんだという研究を出して、最後に前漢の文字を持った鏡が今の博多湾岸、糸島郡から出てくるんだ。糸島郡の場合は今の三雲遺跡がそれです。そして博多湾岸では須玖《すぐ》岡本の遺跡から出てくる。やはり一つの甕棺からいくつも、三十面、四十面も出てくるんです。その鏡がそれです、それは前漢の文字を持っているんだという研究を発表したわけです。

これは非常に大きなショックを与えまして、東京の高橋健自という、東京国立博物館の館長をしていた人なんですが、これを非常にほめるというか賛同しまして、京都・東京合せて一致した見解になった。もっともそれに対して高橋健自の方は前漢鏡・後漢鏡とこうみなしていいんだというふうな論文を書いて、他にもそういうことを言った人があるようなんです。

ところがその後、富岡謙蔵が非常に重要な論文を書いていることをわたしは見たわけです。富岡謙蔵が、「私が前に発表した論文についてこれを前漢の鏡、後漢の鏡というふうに扱うむきがあったけれど、これは非常に迷惑だ。わたしは唯それが、書体が前漢に始まる、後漢に始まると言っただけで、その書体は後にまでずーっと使われたかも知れないから、そういうふうに決めてもらうのは非常に困る。私の論文を誤解するものだ」と、こういうことを書いているわけです。にもかかわらず、その後富岡謙蔵はそれからまもなく死んでしまったということもあったでしょうが、富岡の死後、これは専ら前漢鏡・後漢鏡として考古学界で扱われていくわけです。

しかも、前漢鏡と呼ばれる鏡の出てくる甕棺は前漢が終って、まあ百年、後漢鏡の方はそれが終って五十年。これもわたしのような全く素人の考古学にうとい人間から見ると、読んでいて非常に奇妙に感じました。といいますのは、片方の鏡が前漢が終って百年ぐらいと考えるのなら、こちらの後漢鏡といわれている方も後漢が終って百年くらいとなる——となると三国時代を通り過ぎますけれど——と見ていいじゃないかなどと思いますが、そういう言い方はしないで、前漢鏡の場合は前漢が終って百年くらい、後漢の場合は引き続いて五十年くらいと、こういう目見当を与えたわけですね。

この点、杉原荘介さんという考古学者がおられますが、この人の場合ちゃんと表を作られた。この人は大体今の弥生時代についても、今の弥生期というのは紀元前三百年から紀元後三百年、合せて六百年を弥生期と考え、その初めの二百年を弥生前期、次の二百年、さっき言いました前一世紀・後一世紀、この二百年を弥生中期、今度は二世紀・三世紀を弥生後期。だから三世紀は弥生後期の後半になりますね。そういう表を作られたんですね。それに従って多少——たとえば九州の考古学者は五十年くらいさかのぼらした方がいいだろうといって——微修正を加えながら使って今に至っている。だから考古学者の論文にしましても、また皆さんがご覧になる展覧会の解説にしましても、みんなその流儀で書かれているわけです。

わたしはここで思うわけです。確かに日本のように絶対年代から見放されている場合ですね、一つの仮説を立てる必要はあるだろう。つまりこれがここに当るんじゃないかと、一応見なしてみる、という仮説を立てなければ科学というのは進みませんからね。それは非常に結構だし必要なことだと思うんです。ところが問題は、その仮説に立っていろいろ現象を整理してゆきますと、その結果が非常にうまく皆合う、現象に合うということであれば、現象を説明できるのであれば、その仮説は正しかった、つまり定理といいますか、そういうものに昇格できるんだと思うんです。ところがそうではなくて、どうもおかしい、非常な矛盾が出てくるという場合には、初め立てた仮説が間違っているんじゃないかと、仮説の再検討を行わなければならないと、こう思うんです。これが科学と実験といいますか、実証という場合の、わたしは、根本の方法論だと思います。ところがですね、今問題は一言でいいますと、三世紀の空白という問題なんですね。

なぜ三世紀は〝空白〟なのか

最近、『産報《さんぽう》99』とかいう本の中で、考古学者三人ばかり集って対談をしておられる。これは近畿や九州の各地の代表的な中堅の考古学者が集っているわけです。そういう意味で非常に信頼できる内容なんですけれど、どういう題目かといいますと、現在言われている邪馬台国を全部検討してみよう、考古学的な出土物からというので、ずーっと逐一やっていくわけなんです。やっていくとどこもみな、邪馬台国に当らないわけですよ。最後に結局、全部駄目だった、「やっぱりありませんでしたね、ハハハ」という形でその座談会は終っているわけです。

これは考古学者にとっては、もう座談会の初めから分かっていることなんですね。妥当するものがないということは。三世紀の空白ってことは、いわば常識になっているわけです。今の三角縁神獣鏡だって、全部古墳時代から出るものを引き上げて解釈するんですからね。三角縁神獣鏡だけを引き上げたって他の物は全然ないんですからね。金属が全くないところに鏡だけ引き上げたって、しようがないですわね。「やっぱりどこも資格がありませんでしたね、ハハハ」とこうなって終ってるんです。これはこの人達にとっては予期した結論だったわけです。

しかしわたしからみますと、この日本列島中どこを探しても邪馬台国に当るものがないという結論は、結論じゃなくて、出発点だと思うんですね。つまりどうみてもそうなるということは、どこがおかしいのかという探求を出発させる場所でなきゃならない。

結局、今のように弥生後期後半という名前を付けて、そこを三世紀と当てた――これは富岡氏自身は反対しているんだけれど、それにもかかわらずといいますか、その後の考古学界が前漢鏡・後漢鏡として処理し、前漢鏡は後漢鏡の前百年、後漢鏡はその後五十年くらいという目見当ですね。大体、弥生時代自身をあんな六百年、西暦に分けるということ自身が目見当以外の何ものでもないわけですね。要するに日本の出土物がイエスにご遠慮申し上げるわけないですからね。だからそれも目見当。

と言っても、目見当が悪いといっているんじゃないんですがね。仮説なんです。だからその上に立って、今の前漢鏡・後漢鏡をこの時期に、絶対年代に当てはめるのも仮説なんです。その仮説という支点を設けたために、「三世紀」がなくなってしまった。とすると今のように、「倭人伝」あんなもの当てになりませんというムードが古代史界にあるから、考古学者も「どこにもありませんでしたね、ハハ」で済ましておられる。

しかし最初にわたしが言いましたように、あの「倭人伝」は魏の使いが卑弥呼に会って何日間か滞在した、その実地見聞譚である、その報告である。だから史料として信憑し得る性格の史料である。こういう基本認定に立ちますと、笑って済ませる問題じゃないわけです。そうすると今の三世紀の空白を生んだ、その説明は川で流れたと言ってみたけれど、これはどうも駄目、神武東征で説明しようとしたけれどこれもやはり、わたしには納得できない。皆さんもそういう方、いらっしゃると思いますが、どの方法でも駄目だとなってくると、やはり元をなすホックの支点を留めた留め金を、もう一回留めなおしてみなきゃならないではないか、そういう問いかけが必然的にせまられてくる、こういうことなんですね。

でも考えてみますと、大体、邪馬台国問題なんて今まで解けないのが、おかしいんですよ。文献解釈はいろいろ人が考えて、いろいろやれますわね、いってみれば。しかし文献をどう言ってみたって、考古学のぶつ、物からいえば、もう都はここしかないと考古学者はそれを言える立場にあるはずなんですね。ところがその立場から見てどこにもない。これが、わたしは邪馬台国論争百花繚乱の原因といいますか、真犯人じゃないかと、変な言葉を使いますが、そんな感じさえ持ちました。

とすると、一回留め金をはずしてみて、新しい支点は何かというと、これは他でもありません、さっき言いましたように、「倭人伝」の物を、点で、線で、面で検討していったら、「倭人伝」の内容にあまりにもピタリと合うのは、考古学者が弥生中期と呼んでいるこの時代の北九州以外の何者でもない。九州北岸、とくに博多湾岸以外の何者でもない。

そうしますと、それを新しい、やり直しの再起第一回の支点にし直して、理解し直さなければいけないのではないか。つまり弥生中期といわれている時期ですね。今の須玖、三雲といった前漢鏡がおびただしく出てくるという時期ですね。その時期の出土物とされていた物を、三世紀だけとはいいませんが、三世紀を含んだ時期の物として、支点を置き直して考えてみる、というのが新しい道ではないかと、こうわたしは考えたわけなんです。これが時間をだいぶ取りましたけれど、この前のご質問に対するお答え、今日の前半のテーマであったわけです（後半の「稲荷山鉄剣問題」は省略）。

2　関東と蝦夷

津田学説とその批判説の展開

今日は、「関東と蝦夷《えみし》」の問題と、これも、新しい局面の発端部でございますが、それと九州王朝との関係、これを述べさせていただこうと思います。

実はこの問題の発端はどこにあるかと申しますと、『日本書紀』の中に蝦夷問題というのが、かなり、まとまってとは言えませんけれど、何回となく出てくるわけでございます。

で、その蝦夷なるものの実体が充分につかめない、ということで、明治以来、あるいは本居宣長も含めていいんでしょうけども、明治以後においても繰り返し論争になってきている。喜田《きだ》貞吉なんかも、この問題に非常に力を致した学者の一人でございます。

で、これはまた同時にですね、戦後になりましても新しく、意匠を新たにして、といいますか、蝦夷問題は非常に重要な一つのテーマになってまいりました。

と言いますのは、例の津田左右吉によって、『古事記』、『日本書紀』の神話・説話が否定された。あれは七・八世紀、早くても六世紀段階くらいの大和朝廷の史官がデッチあげたものにすぎないと。だからあそこに書いてあるから、それを歴史事実だとみてはいけない、という有名なテーゼを出しまして、戦後史学はそれを基本において受け入れたんでありますが、受け入れたけれども、それだけじゃ何もわからない。『古事記』、『日本書紀』を全く無視、といいますか、使えないとなったら手も足も出ないじゃないか、という時に、〝いや、その中で使える問題もあるんじゃないか〟という研究が、井上光貞さんとか、その他昭和二十年代の若手の研究者によって次々出されてきたわけでございます。直木孝次郎さんとかいろいろ、もう今や大家になられた人達が、学界に登場してきた時の業績が、津田命題によって否定された『古事記』、『日本書紀』の記事を、いかに再建するか、いかに史料として使えるか、というのがテーマであったわけです。

その中で、この蝦夷問題も非常に重要な位置を占めてきたんです。つまり天皇家が蝦夷を支配——この時期にはもう支配したとみていいだろう、と。ならば統一はこの頃には、どういうふうになっていたかという、つまり天皇家の東側の統一がいつ頃、どこまで進んでいたかという跡付けとして蝦夷問題があるということ。西は有名な朝鮮出兵ですね、あれが一つの手掛かりと見ていいわけです。朝鮮出兵は、あっただろう。大和朝廷が、例の仁徳陵のできた前後の頃は、もう九州までも支配は及んでいた、という形で。目見当といえば目見当ですが、大筋をおさえると。東では蝦夷問題で大筋をおさえるというような形で、大和朝廷——近畿の天皇家の東西統一・東西支配を、もう一回骨組みを立て直していったわけです。

その時の一方の大事な要素として蝦夷問題が使われた。しかも蝦夷問題というのは、『古事記』では非常に少ないんです。限られた形でしか出ていない。『日本書紀』はバラバラですけども、かなり出てくるわけですね。それを史料に使った。

その使われた史料の中で最も有名な、これはプロの学者にとっては、古代史をやっている学者にとっては非常に有名な史料がございます。それは景行天皇の景行五十一年八月に出てきている記事でございます。あら筋を申しますと、倭建命《やまとたけるのみこと》が東国へ征伐に行ったと。ところが『古事記』では、倭建命は東京湾辺の話で終っているわけです。例の有名な弟橘媛《おとたちばなひめ》が犠牲になって入水していく、自殺といいますか、投身していくあの美しい話で終っているわけですね。だから当然その入水によって竜神の怒りをなぐさめ得て、対岸に着けたわけですから、千葉県には行ってるわけでしょうけれど。しかし千葉県から後、どこへ行ったか全然書いてないわけです。渡るには渡ったけれど、後はさしたることもできずに引き返したという感じの物語になっているわけです、『古事記』では。

ところが、一つ例外ともいうべきものは、今の山梨県、甲斐の酒折宮《さかおりのみや》で老人と歌をかわす話に、〝新《にい》治《ばり》・筑波《つくは》を過ぎて、幾夜か寝つる〟とあります。新治というと常陸《ひたち》ですが、ここに行ったのかなあ、という感じですね。しかし、あれも理屈で考えると、歌をうたっているだけだから、そういう歌がすでにあったのをそこでうたって、歌のやりとりをしたというふうにもとれるわけです。

とにかく、倭建命自身の行動範囲としては、全然今の常陸国に入ったり、まして東北まで蝦夷征伐をしたとか、そんな話は全く『古事記』には書かれていないわけです。行動によってみる限りは、東京湾を渡ったどまり、という感じの表現でございます。

ところがですね、『日本書紀』の方はそうじゃなくて、非常に勇ましく、といいますか、ドンドン、ドンドン行ってるわけです。常陸あたり、さかんに行ってですね、たまには、解釈に違いがありますけれど、東北まで征伐に行った、というふうに読みとる人もあるくらい。とにかくそこまで蝦夷をさかんにやっつけているというか、征伐しているように書かれているのが『日本書紀』なんです。だからこの点、まず『古事記』のえがくところと、『日本書紀』のえがくところでは非常に違っている、ということが考慮すべき第一点なんです。

蝦夷の捕虜に対する処置

第二点としましては、『日本書紀』における帰路についての問題なんです。『古事記』は帰りについて、別に蝦夷にかかわる特別な話はないんです。

ところが『日本書紀』では非常に変った話が書かれている。蝦夷を捕虜にして沢山、かなり大勢連れて帰ったようなんですね。そう考えないとその後が理解できないんですが。というのは、伊勢の皇大神宮におびただしく連れて帰った蝦夷を全部奉納した、というんですね。奉納って、生きた人間ですから、要するに神社の賤民的な仕事でしょうかね、そういうものに従事させるというか、そういう役民《えきみん》として奉納した、というようなことが書かれている。

ところが奉納された方では大変迷惑するんですね。その時、伊勢の皇大神宮には倭建命の姨《おば》さんの倭姫命《やまとひめのみこと》というのがいたというのは有名な話でございます。倭姫命自身は『古事記』、『日本書紀』に共通して書かれている。そして出発の時に彼女が激励する話は有名でございます。その倭姫命が〝非常に騒いで迷惑して困る〟と、〝だからここには置いてもらいたくない〟と、〝せっかく貰ったけれど、もうごめんこうむりたい〟というわけで朝廷に、この場合は大和ですが、朝廷に蝦夷を全部贈ってしまった。

で、贈られた朝廷の方では、御諸山《みもろやま》、つまり三輪山だっていうんですが、その三輪山のそばに置いといた。ところがその蝦夷達が三輪山の木を全部ことごとく伐り倒してしまったと、そして騒ぎに騒いだというんですね。それで土地の人民が蝦夷達の勝手気ままな横行ぶりに業をにやして〝もうこれはけしからん、何とかしてもらいたい〟ということを天皇に言ったというわけです。

そこで天皇はこれを聞いて、詔勅を出して言うには〝この神山のほとりに置いたところの蝦夷は、人間の恰好をしているけれども、実は獣の心を持っている連中だ〟。まあ差別的な表現ですが、そう言っているんですね。で「中国《なかくに》」は「うちつくに」と『岩波古典文学大系』なんかでは仮名をふってありますが、この「うちつくに」は、大和国のことらしく、三輪山近辺のことらしいのですが、〝ここへもう置くわけにはいかん〟と。そこでその「情願《じょうがん》に随《したが》い」、これは『岩波古典文学大系』の「読み」で読みますと、「その情《こころ》の願《ねが》いのまにまに」つまり〝彼らの望む通りにしてやれ〟、そして「邦畿《ほうき》の外に班《はべ》らしむ」、すなわち〝この都の地の外にやってやれ〟という詔勅が出て、その結果、蝦夷を播磨・讃岐・伊豫・安芸・阿波、この五国に配置し、それで現在、ここで佐伯部《さえきべ》という連中がいるが、彼等の祖先となった。つまりその蝦夷の子孫が現在の佐伯部である、と、こういう文章がある。

これをですね、戦後史学がはなばなしく取りあげて、〝これはどうもこの記事は正しいんじゃないか。津田左右吉は全部否定すると言ったけれども、一応全部否定したとしても、それは原則論である。具体的にはウソばかりではないんであって、たとえば、この記事なんかは、かなり信憑性があるんじゃないか〟。なぜかと言えば、『和名抄』その他でみますと、佐伯氏というのが瀬戸内海沿岸にいると。たしかにいるといえばいっぱいいいますよ。わたしが子供の時分にいた広島県に佐伯郡なんてありますしね。淡路島の一村全部、佐伯なんてところもあるようです。

これは今の話ですが、学問上の議論の場合は、『和名抄』とか、そういう古い時代の佐伯氏の分布が、この五国にほぼ一致している。全部ピッタリではないけれど、ほぼ一致している。こういうところをみても〝この話は大体信用できるんじゃないか〟。ということになると、〝この段階で、天皇家が蝦夷を討伐したということ、このことは大体承認していいんじゃないか〟――こういうふうな議論に使われていくわけですね。

そうすると当然、古墳時代に、天皇家は東は関東、おそらくは東北にかけてくらいのところを支配し、一方では朝鮮半島に出兵して、九州までも統一下に入ったんだと。だから四・五・六世紀、古墳時代というのは、近畿天皇家は日本列島の大半を、東北地方の北半分と北海道は別にしましても、関東から東北の南端くらいのところは支配下においた、こう見ていいという形で国家統一論の骨組み、建築がなされていたわけです。

もちろんこれだけじゃありませんけれどね。この話も重要なひとこまとして使われた説話なんです。だからプロの学者は、あああの話か、あんな誰でも使用済みの手垢のついた話を、何でそんな新しい話みたいに、古田は持ちだすのかと、もし聞いたら思われるだろうと思います。わたしはそんなに新しい、手垢のつかない史料なんてのは抜き出す能力はないわけですけど、そういう古い史料を、わたしの極めて岡目八目の素人の目で率直に疑い直す、というしか能はないわけでございますが、わたしはこの話を読んで、ハテナと疑いを持ったんです。この話自身、わたしには率直に言って非常にへんてこなものに感じられたんです。

と言いますのは、第一、倭建命が征伐をして、何人かの捕虜を連れて帰った、という話ならわかりますけど、瀬戸内海周辺にぐるっとバラまくといったらかなりの人の量ですね。そういうのをゾロゾロおびただしく連れて帰るというような、そういう感じじゃないですね、あの倭建命の物語を見ましても。それが大群集を、ゾロゾロ捕虜にして引っ張って帰ったのかって、これが素朴な最初の疑問です。

〝瀬戸内定住〟への疑問

次にはもっとはっきりした疑問としましては、倭建命は能褒野《のぼの》というところで死にますわね、三重県の辺で死にます。でその後、伊勢の皇大神宮までは帰りついてはいないわけです。それなのに、伊勢の皇大神宮へ奉納したというのは、そりゃ代理に頼んで奉納させたっていえば理屈はつくけどですね、何となくピンとこない感じがわたしにはしました。

次に、そんな沢山の蝦夷を置いといたら迷惑したってのは、そりゃ迷惑するだろうと思いますけども、それで全部を大和へ連れていったというのも、これもまた大変な話だと思いますけれどね。そりゃ、連れていくのはいいとしましても、三輪山のそばにいさせ、彼らが自由勝手に三輪山の木をことごとく伐り倒した、と。多少の誇張があるにしましても、あの辺の木を全部伐り倒して騒いだというわけなんですね。これ、果してそんなことができるだろうか。わたしなんか近畿で大和の周辺におりまして、三輪山近辺にも行くことがよくあるんですが、なんか、そんなことができるような気がしないんですよ、古くから大和の中でも最も神聖な山の一つですからね。

そりゃ、神聖なもののそばに、賤しい者を置いて何とかさせる、というのは、これはあり得ることですよ。神宮といえ、陵墓といえ、これはあり得ることですがね。しかしそれは、あくまで彼らは捕虜として、役民としているはずであって、それが神聖な、山自体が神になっている、その神自身をね、勝手に全部、木を伐り倒してしまったという、そんなことが果してできるものか。ちょっとわたしにはできるような気がしないんです。そりゃ今の、〝そんな気がしない〟というのは、現代の人間の愚かしい主観にすぎない、本当は昔はできたんだと、おっしゃる方がいるかも知れませんけど。ま、これも決定はできませんけど、何となく奇妙だな、という感じを持ったことくらいは、皆さんもご理解いただけると思うんです。

それから一番おかしいのは、天皇が、〝もう仕様がない〟、〝もうお手上げだ〟と。で、〝彼らの——つまり蝦夷の——願いのままに〟ですね、つまり漢文を正確に読んでも意味は違いませんが、「其の情願に随《したが》い」、つまり〝彼らの希望通りに、もう彼らの行きたいところに行かしてやれ、ここの都の地にいなくてよろしい〟と、そういうことを言ったというんです。そりゃ手をやいて、こういうことを言うってことはわかりますよ。その結果がおかしいんです。その結果、瀬戸内海へ彼らが住むようになったと。蝦夷は彼らの希望で〝瀬戸内海へ住みたい、あそこへ一回住んでみたかったんだ〟と、皆希望を出して、全員がそこへ住みついたっていうことになるんですよね。

わたしは、これは、なんぼ昔と今と人間の人情が違うといったって、あり得ることじゃないと思うんです。もし彼らが思うところに行けと言われたら、彼らは当然、故郷へ帰りたいですよ。それが関東であれ、東北であれ、当然故郷へ帰りたいと言うのが当り前で、それが彼らがこぞって、〝もうわしらは故郷はいやです、どこか暖かいところで暮したいです〟なんて言って、みんなが瀬戸内海に住みついた、なんてね。これはオトギ話にしても、あんまり出来のいいオトギ話ではないと、わたしは思うんです。人間の人情をね、人間の心を無視しすぎている。

大体、日本人なんて、何十年日本列島を離れていても、晩年にどこへ行くかっていうと、イデオロギーは別にしても、日本へ帰りたいっていう、そういう人種みたいですからね。それを蝦夷がそんなことを、全員が全員、言うなんて、わたしにはユメ・マボロシとしか思えないんです。率直に言いまして。これは岡目八目、素人だと、学者に言われればしようがないが、わたしにはどうもそういう疑いが生じて仕方がなかったんです。

「中国」とはどこを指すのか

なお、もう一つの実体をもった疑いを申しますと、ここで天皇が、もうこんなに騒ぐんなら「中国《なかくに》」に住まわし難し、と「住まわしめ難し」と言ってもいいんですが、こう言っている「中国《ちゅうごく》」というのを「うちつくに」と読んでいる。これが、おかしいんです。

わたし、『日本書紀』をみてて、チラチラ出てきたのを記憶してまして、そして調べてみますと、たしかに他にも「中国《ちゅうごく》」という表現は出てきます。「葦原《あしわら》の中国《なかくに》」というのは、これは神話時代で、話が違います。「葦原の中国」だから、ただの「中国《なかくに》」とは違いますからね、これは別だと。それは例の博多湾岸近辺だとわたしは思ってるんですが、これは表現も別です。

ズバリ「中国《なかくに》」というのが、他に若干出てきます。一つは文字通り、中国《ちゅうごく》のことを言っている。チャイナの中国のこと。これは要するに、中国《ちゅうごく》の故事をひくところで、これは文字通りチャイナの中国、これは本来の用法です。『三国志』でも出てきます、中国《ちゅうごく》という表現でね。夷蛮の地に対して中国、これは全然別の用法です。あと二つ出てくるのが、これは雄略紀だったと思いますが、朝鮮半島との関係のところで出てくるんです。任那《みまな》日本府とか、ああいう類の前後のところで出てくるんです。そこでは、〝新羅なんかが、中国《ちゅうごく》に対して、こういう態度をとっている〟という、その中国とは、自分の国のことを天皇が言っているわけです。

ところが、わたしの立場から言うと、朝鮮半島関係の記事というのは、実は九州王朝と百済・新羅との関係の記事を、全部移しかえて近畿天皇家のものにしているんだ、という、あの『失われた九州王朝』で論じた、それに当る史料のところなんです。これは、それ自身として非常に面白い問題を含んでまして、と言うのは、ここでは明らかに、この「中国《ちゅうごく》」はメイド・イン・ジャパンの用法なんです。

つまり日本側のことを「中国」と言っているんです。ところがこの場合大事なことは、日本側のことってのは、日本側の天皇の支配下、全体を「中国《ちゅうごく》」と言っているわけです。ということはですね、たとえば、本場の中国《ちゅうごく》で使う場合も、「中国」と言ったら、夷蛮の地ではない、あの中国本土全体です。ま、中国本土自身は時代によって広い、狭いあるでしょうけど、大体において、中華の領域全体が「中国」でして、たとえば、洛陽近辺だけを「中国」と呼ぶ用法はないんです。

同じく、雄略紀に出てくる朝鮮半島関係で使っている場合も、同じことで、その都の部分だけを「中国《ちゅうごく》」と言っているわけではなくて、「我が国」という意味で「中国」と使っているわけです。これは中国における「中国」の用法と同じ用法、メイド・イン・ジャパンの用法なんです。

わたしは、これは面白いと思うのは、わたしの考える「九州王朝」では「九州」という言い方を使っているわけです。中国では「九州」と言うと、まさに天子の支配する直接の支配領地、と言いますか、夷蛮の地ではない領域を「九州」と呼んだわけですね。それで、あの島を「九州」と呼んでいるんですから。近畿天皇があの島を「九州」なんて名をつけるはずがないわけです。国が九つだけなら「九国」でも「九邦」でも何でもいいんですからね。「九州」という、中国古典で有名な、天子を原点にする大義名分用語を、あの島につけるわけがない。あれをつけたのは、やっぱり、中心に天子をおく用語ですからね、あれは。それのメイド・イン・ジャパン版ですから。だから、天子はあの「九州」の中にいる、という、私の一つの論証、補足的な論証になっている問題なんです。

それと同じ考えからいきますと、やはりこのメイド・イン・ジャパンの「中国」という用語を使っていて当り前なんですね。ということで、この点は、まさにこの点で面白いんですが、ま、面白い話はそれだけでおきまして、今大事なことは、この雄略紀の二つの例でも、天皇の領域全体を「中国《ちゅうごく》」と言っているのであって――「なかくに」と読むにしても――大和なら大和だけを「中国」という用例では全くない、と。これは『日本書紀』の雄略紀をごらんになったらわかりますが、それ以外には考えようがないわけです。

ところが、それに対して、ここの場合は全然違うわけです。天皇家の支配領域全体が「中国」だったら、瀬戸内海も「中国」になりますからね。「中国に住まわし難し」と言って、瀬戸内海へ置くってのは話がおかしい。だからせいぜい大和か、三輪山の近所だけを「中国」と言っていることになるわけです。

だが、こんな用例は他にないわけです。だから、「用例」という実証的な――単語と意味をきめるには、やはり用例からいかなきゃいけないわけですが――それからみてもおかしい。だから素人の感覚としておかしい、というだけじゃないんですね。

なおこれを、より厳密に言っておきますと、「中洲《ちゅうしゅう》」「中区《ちゅうく》」という表現は、また別です。「うちつくに」とか何とか、仮名をふって従来読んでますからね。ふり仮名で読んでいくと、皆一緒だ、なんてやっていると駄目ですがね。漢字の、字の表現を厳密におさえていきますと、「中国」という表現は、大和をさす用例としては出てこない、ということが、わたしの得た結論なんです。

そうすると今の、この話がおかしくなってくるわけですね。

ということで、わたしは、これはどうかなアと、いろいろ考えあぐねた時期があったわけでございます。そこで一つ、皆さんご承知の問題を出してみたいと思います。

『古事記』と『日本書紀』の違い

『日本書紀』の景行紀というのは、これはかなり用心しなけりゃいかん。『日本書紀』全体が用心しなけりゃいかんということが言えるわけですがね、景行紀ってのは特にはっきりしている巻なんですね。それはわたしの『失われた九州王朝』をごらんの方はご存じだと思いますが、そのことを思い出していただけばいいわけでございます。

例の、西の方の話として、景行天皇が九州遠征をやった、という話が大きく書いてあるんです。周芳の娑麼《さば》から出発しまして、今の豊前から豊後、そして鹿児島湾のそばへ行きまして、そこを討伐すると、日向まで一回帰って、それから今の有明湾のそばを帰りまして筑後の浮羽まで来てストップ、そういう形で書いてある。で後、日向から舟で帰り給う、というふうになっているわけですね。ところが、これがわたしには非常におかしいものにみえたわけです。しかし、これもいったん筑紫を原点として考えると矛盾がことごとく解消する（『盗まれた神話』参照）。つまり、筑前の前つ君が「筑紫と肥後」を〝安定した領域〟として、九州の東岸・南岸を平定する、九州一円平定譚だったわけです。それを「景行天皇」を主格にして〝すりかえた〟もの、それが景行紀の記事だったわけです。

ということで、『日本書紀』は信用しがたいと。ま、全部が全部信用しがたいわけじゃないでしょうけども、少なくとも信用しがたい。こう倫理的にっていうんですかね、書物を書く人間として許されない手口、特に歴史家としてなおさら許されない手口が、手法が、行われている、ということを指摘したわけでございます。

こういうような経験がございました。で、この場合特に大事なのは、『古事記』には全く、これはない、ということです。神功の場合もないし、景行の場合もない、その、ない方が正当であった、と。で、

『日本書紀』がウソ、というか、資料を盗んできてというか、糊と鋏みたいなもんで、つけ足していた、ということになってきたわけです。これについても現在まで、反論はまだございません。

と、やっぱり、わたしの史料批判の経験からしますと、東の場合も、同じような問題があるのじゃないか。

つまり、最初に申しましたように、『古事記』と『日本書紀』で非常に違う。『日本書紀』では、常陸から、場合によったら東北あたりまで蝦夷を討伐してまわったように書かれている。ところが『古事記』ではそうではない。たしかに東京湾を渡ったけれども、後、書いてないということは、常識的に考えると、あんまりうまくいかなかったんじゃないか。そこから先、うまく進めなかったんじゃないか。進んで、うんと勢いよく征伐したり、うんと歓待されたりしたら、それを書かない、ということの方がおかしい。だから、そこから先はあまり進むことはできなかった、と『古事記』では理解すべきもの。それに対して『日本書紀』では、非常に調子よく、ぐるぐるまわっているのは、はたして本当だろうか。先程の、西の教訓からすれば、東もですね、同じことがあるのじゃなかろうか、ということがわたしの第一の問題点であったわけです。

そして、それにひっかかってきたのが、さっきの蝦夷を捕虜にして帰って、瀬戸内海へ配ったという奇妙な話。これを一体、どう考えたらいいかと、ああでもない、こうでもないと、考えあぐねていたわけでございます。途中のごちゃごちゃしたわたし自身の内部の経過は、ここでお話する必要はございませんけれども——。

伊勢神宮と鹿島神宮

そのうちに、ふと気がついたことがございます。神宮に蝦夷を献上した、とあるけれども、この神宮というのは、伊勢の皇大神宮だというのが、従来の通り相場。たしかに『日本書紀』をみれば、何となく、そこであるようにでき上っているわけです。「倭姫命」なんて出てくると、やはり伊勢神宮。これが伊勢神宮ではないのではないか、こう考えましてね、関東あたりに神宮はないかな、とみてみますと、ご承知のようにございますね。二つございまして、鹿島《かしま》神宮と香取《かとり》神宮がある。

神社名鑑を繰ってて——神社関係の方なんかは常識なんでしょうが——わたしなんか、やっと気がついたんですけども、神宮ってのはめずらしいんですね。神社が勝手に、神宮って言えばいいってものじゃないらしいですね。神宮と言える神社はきまってるんです。鹿島、香取、それから熱田神宮がありますね。伊勢神宮、それから住吉大社も神宮というといいうんですが、現在はあまりいいませんけどね、そのくらいで、非常に限定されているんです。あとはみんな神社なんです。細かく言うといろいろ問題はあるでしょうけど、神宮というのは案外少ない、ということに気がついたわけです（石上神宮も）。

鹿島神宮と香取神宮

そして関東では、鹿島、香取。そこでですね、先の神宮がその鹿島か、香取かに関係することではないのか、というふうに考えてみたわけでございます。そこで例の『常陸国風土記』というのが出てきました。これは分析すると面白いのですが、今日は全体にはまいりませんけれども、そこに、いくつか、ヒントをなす話が出てまいりました。

というのは、そこに建借間命《たけかしまのみこと》というのがいまして、これは常陸の国造の先祖だというので、水戸市内にその墓だといわれている前方後円墳がございますね。この間も行って見てきたんですが。

その建借間命の話としまして、土地の蛮族――蛮族は佐伯、っていうのはどうも蝦夷に関係するようですが、それからクズと呼ばれているんですが、土蜘蛛とか――そういう連中を討伐して、今の行方郡――これは鹿島神宮のすぐ隣になるのですが、そこへ凱旋してくる話が『常陸国風土記』に出てまいります。要するに、常陸の国造の元祖である建借間命が、常陸一円を統一する、その話の一端が出てきている、それが鹿島神宮の近くへ凱旋してきているわけです。

鹿島神宮は、ご存じのように建借間命が関連しているわけです。「かしま」という同じ名前を持っておりまして、字はえらい違いますが、これは当て字でございますのでね。で、その常陸の国造などの豪族、英雄たちが、鹿島神宮のところまで支配を及ぼしていた、ということが知られているわけです。だから、そこのところに凱旋してきているわけです。そういうことが、一つあります。

それからですね、もう一つは、建借間命の本拠地は、現在の水戸市近辺でございます。そこは昔、何と呼ばれていたか、というと「なかくに」と呼ばれていた。「那珂郡《なか》」というのが現在ございまして、万葉なんかでは「仲国」と出てまいります。「なかくに」なんですね。だから、建借間命の中心地は「なかくに」なんです。その「なかくに」が鹿島神宮のところまで、支配を及ぼしていたということが知られているわけです。で、その鹿島神宮は、本来、建借間命と関係があるのではないかと、こう考えられているわけです。

そうしますと、「なかくに」という言葉が出てきた、さらに、もう一つ、これに関連する資料としましては、意外なところから出てきましたが、『三代実録』これの清和天皇の貞観八年の正月に――これは、かなり有名な記事なのですけども――出てまいります。

それは、鹿島神宮の宮司が――この場合、相手はもう当然、大和朝廷なのですが――言上したと。陸奥の国、つまり東北地方ですね、大体、東北地方南部でしょうけども、〝陸奥の国には、我が神宮の分社が沢山ある。で、その分社側に自分のところの奉納物を、お祓《はら》いでもして、分け与える、ということに代々なっていた。ところが近年――近年というのは、平安時代ですが――彼らがそれを断っている、受けつけないようになった。つい最近も、こちらが、そういう奉幣物を持って、東北、つまり福島県の方へ向った。と彼らは、国の境で頑張って、その使いを入れない。そこでしようがないから、その使いは、その持っていった奉幣物を川に流して帰ってきた。だから、こういうことじゃ困るから何とかしてほしい〟ということを訴えているわけでございます。

この史料は何を意味するか。わたし、考えますと、結局、鹿島神宮の分社が、東北地方の南半分に沢山あった、というわけです。これは何を意味するかと言いますと、はっきり言いまして、鹿島神宮を支えていた権力者が、東北地方の南半分、今で言えば福島県あたりですね、そこを征服・支配したってことですね。その征服・支配した証《あかし》として、鹿島神宮の分社をつくって押しつけた。押しつけたって、言葉は悪いですが、現地の人からみれば、押しつけられた。現地の人ってのは、これは当然、蝦夷ですよね、この蝦夷に押しつけた。

で、蝦夷たちは押しつけられた鹿島神宮のお供えを貰ってきて祀る。祀るだけなら、簡単だと思うんですが、お代か何か取られるわけでしょうからね、やっぱり。で、それをやっていたんだが、鹿島神宮のバックをなした権力者が、力を失ってきた——大和朝廷の時期になって——そうしてくると、福島県あたりの部族が、その人達が、もういやだ、こんな鹿島神宮の下に入るいわれはない、と、こう拒否し始めている、というふうにわたしは考えたわけです。

つまり、鹿島神宮をバックアップしていた常陸の権力者は、東北地方の蝦夷、当然、常陸国内にも蝦夷とか、そういう関係の部族の討伐もするでしょうけれども、今の東北あたりにも支配の手をのばす。そうすると蝦夷が支配の対象になってくるわけです。そして支配した結果、鹿島神宮の神々を押しつける、そういう状態が続いていた、ということですね。

現在でも福島県には鹿島神宮の分社が非常に多いようですね。栃木県に次いで多いようです。千葉県なんかよりずっと多いです。不思議ですけどね。神社の資料で、統計も出ているんですが、ずっと多いです。現在でも、福島県だけじゃないと思いますが、東北南半に、かなり鹿島神宮の勢力があったとおぼしき神社が多いわけです。ま、そういうことを背景に語られている。

常陸の話を換骨奪胎か

それからまた、もう一つの史料がありました。『三代実録』の引き続いてですが、嘉祥《かしょう》元年、鹿島神宮の宮司が、こう言うわけなんです。〝元々我が神宮は遷宮をする時に、那賀《なか》郡の木を伐って運んできて、神社の材木にする習わしであった〟と。〝那賀郡には神領があって、神山があった、ところがそこまでは非常に距離が長い、宮を去る二百余里もある、だから鹿島神宮の近所に木を植えて、そこのを伐ることにしたい〟ということを、大和朝廷に、文書を送っているわけですね。その意味するところは、那賀郡というのは、例の常陸の国造の建借間命の本拠地です。その勢力の一端に、鹿島神宮はつかえているわけですから、鹿島神宮の木材は、本拠地の「なかくに」から持ってきて、それを使わせるという、そういうしきたりであった。ところがその後、勢力の変動があって、鹿島神宮と那賀郡との関係があまりなかった。現在、あまり直接ないようです。この前、鹿島神宮へ行って宮司さんにいろいろ親切に教えていただきましたが、もう現在、それはなくなって、近所の材木を使っているようですね。

そうなってくると、距離が遠いから、というのは名目であって、そういう勢力変動の結果、近所に林を作りたい、とこう言っている史料なんですね。でこれは、平安時代の話ですが、それまでは、わざわざ遠くから木を運んでいたわけですね。

ということは、伐る人夫が必要、運搬する人夫も必要だ、ということなんですね。そうすると皆さん、わたしが言いたいことは、おわかりになるでしょう。この話はどうも、常陸の国造権力者を中心にした話なんですね。常陸における統一権力を有するためには、蝦夷との戦いが必要になってくる。そして鹿島神宮をバックにして、武器とイデオロギーとで支配したわけでしょう。その話を換骨奪胎して、これを天皇家を主語にして取り替えたのではないか、ということなのです。

つまり、蝦夷と「なかくに」の権力者と戦う。で、連れて帰って鹿島神宮に奉納する。ところがここに置いちゃうるさくてかなわん。で、「なかくに」へ連れていく。その連れていったのは、ちゃんと目的があるので、この神山の木を伐るために連れていってるわけですね。だから別に、勝手気ままに山の木を伐ってまわったというんじゃなくて、ちゃんと目的のために伐らされた。だからその意味じゃ非常に役に立っているんですが、しかし現地の人達は、差別、というか馴染まない。それで文句が出た。そここでこんどは、もうこの「なかくに」には住まわせることはできない、だから彼らの願いに応じて帰らせてやれ、と。で当然、自分達の国に帰らせてやっている。そういう話としますと、非常にスパッとはまるわけなんです。

しかも御諸山《みもろ》というのがありますが、これはご存じのように、御諸山は全国に沢山あるわけです。言ってみれば、固有名詞ではなくて普通名詞。早い話が、大和の場合でも、固有名詞は「三輪山」ですね。それを神の山だというんで御諸山といった。岡山県にもみもろ山はありますし、各地に、みもろ山という山はあります。要するに神聖な山ということです。

ところがですね、水戸のすぐそばに、朝房山《あさぼう》というのがありまして、これは『常陸国風土記』に出てくる有名な話で、晡時臥山《くれふし》ということですね。そこに、ヌカヒコ、ヌカヒメという兄・妹がいた。妹はある客人と交わって子供を生んだ。その兄・妹は室《むろ》に住んでいた。その室で子供を生んだ。子供は蛇であった。この蛇が非常に変った能力を発揮する話——最後に地域の人が蛇のいる室を祀って、今でも伝えているという話が、『常陸国風土記』に非常に印象的な話として出てまいります。これは室があって、神の山として祀っているんですから、当然、「みむろ山」であるわけですね。

で、今のようにこの蝦夷を、この水戸の「御諸山」のそばに置いたと考えられないか。で、神の山、御諸山自身が神の山であってもいいわけですし、この辺の神領・神山と考えてもいいんですが、この材木を伐らした。しかし騒いで困るから、もう帰らしてやれ、というんでね。何の無理もない、コンパクトな話になっているわけです。

ですから、これも確たる証拠、というとなかなかむずかしいわけですが、わたしには常陸における話としたら、非常にナチュラルで無理なく理解できる。しかも、天皇家を原点に考えた場合には、あまりにも無理が多すぎると。第一、『古事記』にそれが全くないではないか、『日本書紀』がつけ加えたと考えるべきではないかと、こういうふうに考えるわけです。

『日本書紀』の編み方

なお、もう一つ言いますと、戦後史学でなされたんですが、瀬戸内海に佐伯氏がちゃんといると。そういうところからみると、今の話は本当じゃないか、という形の論証。しかし、わたしは、これはちょっと、盲点があるんじゃないかと思います。

と言いますのは、『日本書紀』の五つの国をみて、何かお感じになりませんか。播磨・讃岐・伊豫・安芸・阿波。どこか肝心のある国が抜けてませんか。つまり、吉備が抜けているんですね。これはおかしいわけですね。瀬戸内海へ配るのに、吉備を忘れて配るなんて、ちょっとわたしには考えにくいんです。わたしは、むしろこの瀬戸内海の佐伯氏というのは吉備を原点とする佐伯氏ではないかと思う。

弥生時代においては、平剣《ひらけん》が瀬戸内海領域に分布しておりますが、あれの中心が、不思議なことにといいますか、初めわたしは吉備が中心かと思っておりましたら、分布図を書いてみましたら、全然違うんですね。あれは讃岐が中心なんですね。で、鉄も讃岐に出てきますね、弥生時代の鉄が。というんで、弥生時代の平剣は、どうも讃岐が中心のようなんですね。

ところが、その後、古墳時代になりますと、これはもう文句なしに、吉備が、あの巨大な古墳がありますのをみても、吉備が中心でございます。この十一月に、朝日旅行会で、吉備・安芸の旅をいたしますが、それを巡ってみれば一段とおわかりになると思いますが、もう、これはなんたって、瀬戸内海領域で、古墳時代においては、吉備が一大中心である。

そうすると結局、吉備は吉備だけを支配しておった時代の中心ではなくて、瀬戸内海領域を支配していた、その中心が吉備である、とこう考えなくてはならないと思うんです、古墳時代には。その支配された方に、佐伯氏がいるわけです。それは吉備に支配された、佐伯氏。だから、これはかつては讃岐の平剣の神かも知れませんね。そういう形で理解されるべきものだと思うのです。そう考えれば、これも非常に無理がないと思うんです。

その話を両方くっつけたのが『日本書紀』のお話の作り方です。吉備中心の話に、常陸の話を持ってきて、糊と鋏でくっつけて、天皇家がズーッと初めから支配したような話に仕組んでるんですね。

これは、全部を松本清張さんや、司馬遼太郎さんみたいな作家がいて、幸いなことに、頭で全部作って書かれたら、これはもう、なんにも、こちらが反証のあげようもないんですが。しかしそこに独特な手口、というと言葉は悪いんですが、別に悪しき意味で使うんじゃないんですけど、わたしもわたしのやり方の手口がございますね、今お聞きいただきましたように。やっぱり人間にはいろいろ手口がある。『日本書紀』の編者にも、やっぱり手口があるんですね。

自分が勝手気ままに、お話をフィクションで作るというやり方は、どうもしてないようです。それぞれに現地にあった話を持ってきて、入れ替えたり、何かして作りあげるという、そういう手口を示しているようでございます。ま、そのために、こちらが分析して、より自然な形に置ける、という幸せがあるわけでございます。

この問題は、先程も申しましたように、こういう類の問題の入口でございます。といいますのは、今のような分析にたちますと、『日本書紀』の中で、他の蝦夷の話、たとえば、上毛野君《かみつけぬのきみ》の蝦夷討伐譚なんでございますが、これも天皇家が命じたような形で書いてありますけれども、やはり一度それを切りはなして、上毛野君が、関東において支配権を拡大していく場合、当然、蝦夷との関係が問題になるわけでして、その場合の対象としての話を、まるで天皇家が命じてやらせたように作り直しているんではないか。というようなことで、そういう目でみてみると、『日本書紀』の中に、かなりいろいろ資料が含まれているんではないか、ということになってくるわけでございます。

さて、そういう手口がわかった上で、もう一回、西の九州をみると、ということになりますと、いまとても面白い九州王朝の実体論みたいなものができつつあるのでありますが、これはまた来年春、内容を充実してご報告できれば、うれしいと思っております。どうもありがとうございました。

第三章　画期に立つ好太王碑

1　南米エクアドル、そして北京への旅

日本人ピッタリの風土

古田でございます。お休みのところをおいでいただきまして恐縮に存じます。わたしは先程ご紹介にありましたように、昨日、博多（九州―北九州・博多―の講演会）から帰ってきたばかりです。博多では今日の午後一時から、テレビ西日本で「古代、九州人は太平洋を渡った」（一九八一年度芸術祭参加番組）という、一時間二十分番組を放映中でございます。

この番組のスタッフの方々が非常に熱心で、力作ができるだろうと思っていましたら、予想にたがわず、飽きるまもない試写室の一時間二十分でございました。

この中に、わたしがバルディビアの海岸を歩くところが出てきます。このシーンは、テレビでは十五秒なんですが、一日かかって撮っているんです。沖合に船を出しまして、「海岸を歩いてくれ」「もう一回歩いてくれ」と言われて、繰り返し何べんも歩くのです。まさに、黒沢監督にしぼられる俳優もかく

や、と思ったくらいしごかれました。最後はこちらも、「エイ！　面倒だ」と、一キロでも二キロでもと、ずんずん歩きつづけました。そんな苦労をして撮ったのが、わずか十五秒のシーンです。だから、テレビに出なかった内容は沢山あります。一時間二十分はあまりに短かすぎる。もっと見てほしい題材が、あり余るほど撮ってあるわけですね。

普通はテレビに出た部分の方が、出なかった部分より価値が高い、というように思われましょうが、見方を変えますとそうでもないんですね。歴史学という意味で、論証という意味で重要だけれど、古代史に知識をもっていない一般家庭で見てもらうには、そこまで立ち入ったらかえって分りにくいのでテレビに出なかった題材も多いのです。

今日ここに来ておられる皆様は、テレビに出せなかった、そこが知りたいということがあると思いますので、少し補足させていただきます。

まず環境です。行ってみて素晴らしい環境であるということが分ったのです。エクアドルのバルディビア（「エクアドル」は〝赤道〟という意味）は暑いだろう、と覚悟していたんです。ただし、首都のキトは高い山地にありますので、涼しいだろうと思って行ったんです。

たしかに、キトは信州の上高地より快適、という感じでしたが。しばらく居ると、われわれ日本人には具合悪いんですよ。「走ってはいけません」「急ぐ時にする小走り、あれはいけませんよ」「水を飲んではいけません」と言われたんです。でもやっぱりちょっと急ぐでしょう。すると胸がドキドキするわけですよ。空気が乾燥しているから、いつも喉がカラカラみたいな感じでしたね。

キトは白で統一され、美しいスペイン風の装飾のある建物がズラリと並んでいて、町全体が芸術品のようで素晴らしいのですが、われわれ日本人には落ち着きが悪いのですよ。

だからキトの日本領事館の書記官の方は、「休みになるとグアヤキル（日本でいえば大阪にあたる商都。海岸にある）まで、空気を吸いに行く」とおっしゃるのです。たしかにグアヤキルは低地で海岸部だから、湿度も高いのですよ。でも温度は高いのにと、ちょっとよく分らなかったのです。

ところが、グアヤキルに行って分ったのは、湿度も温度も高いのですが涼しいのです。日本で、温度が高くて涼しいというと意味不明ですが、現地の沖合を南極方面からフンボルト海流という、地球上屈指の寒流が北上してくるわけですよ。この大寒流の上を通ってくる風が、吹いてくるわけです。だから天然クーラーで、なかなか涼しいのです。しかも、湿気があるんです。「空気を吸いに来る」と言うのがよく分りました。

熱帯の町だが、グアヤキルは日本人にピッタリの風土なんですね。これは行ってみるまで、気がつきませんでした。

またここは、魚の宝庫なのですよ。マグロも日本の鰯やジャコみたいに漁《と》れるわけですよ。漁民の中には、マグロを主食にしている人達もいるという話でした。刺身はないけれど、いろんな魚を細切れにして酢で食べる料理がありました。これは抜群に、われわれ日本人に合いましたね。

なぜ、そんなに魚が漁れるかというと、北の方から黒潮が北太平洋海流になって、さらにサンフランシスコ沖から南下して、エクアドル沖合でフンボルト大寒流とぶつかるわけです。この暖流も地球上屈指の大暖流ですね。大寒流と大暖流がぶつかるわけですから、そこは地球上屈指の魚の宝庫になるわけです。だから、やたら魚が漁れるわけですよ。

さて、グアヤキル市外にスタッフの方々が、ちょっと市外を撮ってきますと出て行かれたのですが、郊外まで行かないうちに、「ここがいい。ここで撮ろう」と撮っていたら、レンガの後ろの方から、変な、ものすごい顔をした、巨大なトカゲが顔をだして、自分達の前にスタスタくるのですって。ビックリしたけれど、さすがプロで、そこを撮ったらしいのですが、トカゲ（イグアナか）は全然無害、何もしないわけですよ。市外まで行かないのに、そんなのがウロウロしているようなところだそうです。このフィルムも一時間二十分に入りきらないので、カットされたんですけれどね。

古代の楽園ガラパゴス

それに、このエクアドルの沖合に、有名なガラパゴス島があるわけです。ご面相のおかしなトカゲ、海トカゲ・陸トカゲがおります。草食ですから大変おとなしくて、傍によってなでても何もしないわけです。

こんな太古さながらの形で、なぜ今まで生きてきたかですね。ダーウィンはここで進化論を思いついた、というんですがね。ここから先は空想で、生物学者が聞いたら笑うかもしれませんが、わたしなりの素人解釈しますと、進化していろいろ能力を変える、その一番大きな理由は食糧だろう、と思うのです。今までの能力では食糧をとれない、生命が維持できないというので、はねをはやしたり、海にもぐったりしたのだろう、とこう考えました。

すると、あそこは大暖流と大寒流の交点です。支流暖流と支流寒流がぶつかったところだったら、ある時期は魚がよく漁れるが、何年かすると全然漁れず、どこかへ漁場が消えてしまうことがある。北海道の沖合でも、すごく漁の豊富な時期があったのに、漁れなくなって町がさびれてしまった、そういう例がありますね。これは、支流と支流のぶつかっていたところだからだ、と思いますね。

しかしエクアドルの沖合は地球上屈指の大寒流・大暖流のぶつかりあいですから、漁場が消えてしまうなんてことはないわけですよ。つまり、太古から魚に恵まれた状態が続いてきたのではないか。だから、能力を別に変えなくても、太古さながらの姿で、彼らグロテスクな動物たちは生き続けてこられたのではないか。またイグアナのような草食動物も、生態系に変化がなかったから、生きつづけられたのではないかと思ったわけです。これは、わたしの妄想かもしれませんが、そんなことまで思ったりしました。この〝魚の宝庫である〟というのが一つ。

もう一つ。博物館に行きましたら、黒曜石の矢じりがやたら並んでいるんですよ。「小学生、夏休み用の陳列」とかで、並んでいるんです。「これはどこの黒曜石か」と聞いたら、「こんなの、裏山に沢山出ますよ」と言われるんです。つまり、裏山は黒曜石の宝庫なんです。

日本列島で黒曜石の出るところは、そう数はありません。九州で腰岳、姫島、本土で出雲の隠岐島、和田峠、北海道はかなり出ますけれど、産地は特定されているのです。ところがここでは、前が魚の宝庫で、後ろが黒曜石の宝庫でしょう。だったらやっぱり、ここは古代人にとって「楽園」というべき場所だったんだ、ということを、百聞は一見にしかずで実感いたしました。

もう一つ、向うに行ってよかった、と思ったことがあります。サンフランシスコ、ロサンゼルスあたりが、『三国志』になぜ書いていなかったか、ということです。「裸国」「黒歯国」は、舟で東南に一年(二倍年暦)、どうしても南米西海岸くらいになるんです。だけど、そこに行く前に、サンフランシスコや、ロサンゼルスに上陸してもいいではないか。そこを「〇〇国」「〇〇国」となぜ書いてないのだろうという、不審があったわけです。

こんな不審は、行ってみたらすぐ解けたんです。ロサンゼルスで一日、日通航空の現地駐在員の方にご案内いただいたんです。その時、「今日はいい天気ですね」と言ったら、「ここは一年中晴れですよ。

雨が降るのは一月《ひとつき》しかありません」と言われるわけです。「それでは、水はどうしますか」「コロラド渓谷から大きな管をひいて、水を運んできて、それでこの辺の都市は生活しているんです。農業にも使っているんですよ」。

そういえば、そんな話を読んだ記憶もあるんですが、もう一つピンときていなかったんですね。結局、あの辺の都市は近代の人工都市なんですよ。近代工業の技術力をバックにしてこそ、多くの人が住めるのですね。古代では、一年のうち一月しか雨が降らないところでは、生きていけないわけです。だから、「〇〇国」なんて、文明ができるはずないんです。

中国の史書は、「陸地があったら書く」というのではなくて「文明の中心があったら書く」という書法です。これははっきりしています。だから、サンフランシスコやロサンゼルスあたりに文明中心ができるはずないんだ、ということが分りました。

日本で、机の上で考えていたのでは、なかなか分らないんですが、現地を踏むとたちどころに、「了解」という感じでございました。

縄文文明とバルディビア土器

テレビに出なかった一番大事な点は、現地のバルディビアには、バルディビア式遺跡が沢山分布していることです。

はじめ弥生町から出てきたので弥生遺跡というように、バルディビアで最初にみつかったから、バルディビア遺跡と呼ばれているんです。それが現地にいっぱい分布している。

だから、日本の縄文土器とそっくりといわれる、あの土器は現地の土を使っていて、焼き方の温度なども日本とは違うということがはっきり分りました。それと、現地にその土器があったかというと、沢山あるんですよ。散乱しているんです。

現地の人達はお人形（土偶）を掘って、観光客に売りつけに来るわけです。骨董品というより、子供の玩具用に売りに来るわけですよ。そのために、遺跡を掘り返している。そのさい土器なんて用はないというので、その辺に散乱しているわけです。驚きました。わたしもエバンズ夫人（メガーズさん）と拾ったのです。今日ご覧いただくのはその時のものです。

持って帰るについては、次のように考えました。

一、遺跡を荒さない。

二、持って帰った物を私有化しない（私有化しないということは、日本の博物館に寄贈するということです）。

三、代わって日本の博物館から、日本の物（出土物・産物等）を寄贈する。それができない時は、持って帰った物全部を返す。

を三原則にしました。日本からの寄贈は、縄文土器の破片等を、と考えていたら、現地の方は「江戸時代の歌舞伎のお人形でも、たいへん結構ですよ」と言われたんです。そうでしょうね、日本の物はなんにもないわけですから。何時代のものでもいいから、こちらから送って交換する。それができない場合、博物館が貰うのはいいが日本の物は送りたくないと言うなら、持って帰った物全部を返却する、という原則をたてたんです。

それで、大統領府で許可状を貰って、日本に持って帰ったわけです。

現地でも、このように土器を見たのですが、一番有難かったのは、グアヤキルにある太平洋銀行博物館です。現地には四大銀行がありまして、それぞれ立派な博物館を持っているんです。お互いに競争しているんです。

その太平洋銀行博物館というのは見事でした。地域別・時代別に系統だてて、ビシッと見事に陳列してあるんです。あれだけ見事に系統だてて陳列してある博物館は、日本では残念ながら見たことがございません。素晴らしいものでした。倉庫にも行ったのですが、おびただしい出土物でした。そういう豊富な物を背景にして、非常に客観的に系列づけて立派に陳列しているという、博物館の模範のようなものを見られて幸いでした。

それを見て、やっぱりと思いました。それは、『倭人も太平洋を渡った』でエバンズ夫妻がいっている、日本の縄文土器とバルディビアの土器が似ているといいましても、日本の縄文中期前後の時期と似ているのです。つまり、前期後半から後期前半くらい、この間の時期のと似ている。それ以前に似た土器は現地にはないのです。

日本の縄文中期の土器なんて、われわれが見たら簡単に作れると思うけれど、それまでに何千年という技術の伝統があるわけです。何千年という技術の累積の上にたって、縄文中期が成立しているんですよ。それを、現代のわれわれの目から見て、あんな素朴なものとバカにしがちですが、とんでもないことですね。

ところが、現地には、いきなり縄文中期前後が出てくる。それ以前がないのですよ。

「現地の人は日本人より頭が良くて、いきなり何千年の経験なしで作られた」なんていう説明を、誰かがかりにしたとしても、誰も信じませんね。

「人間のすることですから、偶然似たんですよ」というのは、一番ありやすい説明なんですよ。しかし、これも駄目なんですよ。博物館の系統だった陳列を見ますと、日本の縄文中期前後によく似ていて、影響が疑えないんです。

ここで一言、念のために言っておきますと、博物館はどういう「説」でもないんです。しかしエクアドル側では、「あまり日本人の影響云々」を、言ってもらっては困るという感じもあるのです。ナショナリズムがありまして、自分達の一番古い土器が日本人の影響をうけている、というのは何か気分悪いわけですね。そうでなくても、最近日本の自動車があふれていますので。国民の気持もそうだし、学界の方もそういうのがむしろ大勢なんです。だから博物館の陳列は、〝日本渡来説に有利にしてある〟というのでは全くなく、客観的に冷静に並べてありました。

エバンズ説の「是と非」

さて、縄文土器は中期のあと、後期後半から晩期にかけて見事なものができますね。わたしの知り合いの、清水焼の名人に近い方が、「縄文晩期の土器には、おそれいります。形の似たのはできますが、われわれにはとても、あの土器がかもしだす芸術性は、ちょっとやそっとでできるものではありません」とおっしゃったのですが、恐らく、そうだろうと、私も思います。

ところが、現地にはそういう土器はないのです。全然別の見事なものが出てくるんです。のちのインカ等の系列につながるものが、ドッと出てくるんです。これは、きっと〝征服と被征服〟というような問題があったのでしょうね。

だから一つは、前と後がなくて、真ん中だけ似たのが出てくる、という問題を、ここで確認できたことです。

もう一つは、日本列島内のどこの地域の縄文であるか、ということです。日本の縄文というと、東日本の方が数が多く盛んです。ところが現地の縄文土器は、東日本のとは、それほど似ていない。若干、部分的に似ている個所は指摘できますけれど、〝部分〟的に似ていても駄目ですね。〝複合〟して似ていないと、証明にならない。しかし、西日本の九州の中でも有明海沿岸の土器とよく似ている。九州東岸や南岸とは、〝部分〟的には似ているが、〝複合〟して似ているとか、そっくりとか、いうのではないのです。これがまた、不思議なんですね。

だから、空間的にも、限定された地域と似ているんです。これも、「人間のすることだから、似ることもあります」では、とても納得できないですね。

そこで、やはり何らかの交流が実在したという、エバンズさんの説は、なるほど、そう考えざるをえないなあと思いました。

実態を知らずに、現地も現物も見ないで、日本で「あんなのは、偶然の一致ですよ」と、考古学者が言っているのを聞きました。そういう机の上の議論が、多すぎるようです。

次にこれから申し上げることは（テレビでも言いますが）、大事なことなので、一言いわせていただきます。

わたしは、日本の縄文の文明と現地の文明とは、異質の文明であるという大前提が、大事であると思うのです。その端的な証拠を申しますと、先程の人形ですね。観光客相手に売っているほど沢山でてくる人形が、日本の縄文にはないわけです。もちろん、日本の土偶もありますが、しかし、スタイル、様式が違うのです。だから日本にないのです。

ところが、この人形は、現地の文明にとって大変重要なシンボル的なものだったと思うのです。恐らく、宗教的な意味を帯びていたのでしょう。けっして、子供の玩具用に作ったものではないでしょう。そういうシンボルをなすものが、日本の（九州の）縄文（中期）にないのですから、両者は基本的に、本質的に別の文明である、ということを認めざるをえなくなります。

先程まではエバンズ説の追認だったのですが、この最後の点になると現地に行って、はっきりそうであると確認せざるをえなかったのです。エバンズ説には、〝日本人が現地に渡って、あの文明そのものを作った〟というムードがつきまとっていますが、それではどうも具合悪いのです。本質的に別の文明である。

ところが、そこへ有明海人でしょうか、縄文人が一年や二年ではなく、かなり長期間、千五百年か、そこいらの長期にわたる影響を与えた。これはカルチャー・ショックですね。現地はそれを受け入れた。カルチャー・ショックと受容の問題であるのです。

日本人が現地で、日本の植民地みたいなものを作って、当地に日本文明みたいなものを開いたという発想では具合悪いのではないか、とこう思っているのです。

カルチャー・ショックによって、「ミックス縄文」というような文明が現地に成立した。だから縄文と共通の要素と、明らかに違う要素があるのです。あまりに似ていて、偶然とは言えない要素と、明らかに違っている要素とがある。この両要素を、共に説明し得る仮説でなければこの問題の真の解答にはならない、という確信を得ました。

現地に一週間余りいて、この短い間に大変恵まれて、こういう認識を得られたわけでございます。この問題もいろいろ申しあげたいことが他にもございますけれど、時間の関係で本日の問題に入ります。

好太王碑見学をめぐって

三月の終りから四月の初めにかけまして、中国にまいりました。朝日トラベル「中国古代史の旅」の講師として、上海から南京・西安・洛陽・北京に行き、最後の北京で「古代史の旅」の皆さんと別行動させていただいて、国家文物局にまいったわけでございます。そこで謝辰生さんと、郭労為さんと会見したわけでございます。謝さんという方は学術研究室の責任者で、郭さんは外業部の責任者の方であります。このお二人とお会いしたわけでございます。

この会見でわたしの方は、「夏に長春から集安に行って、好太王碑を見たいと思っている」ということを申して、「東方史学会」という名前の願い入れ書を出しました。「東方史学会」というのは、簡単にいえば、〝好太王碑を見に行く会〟というわけですが、観光というのでは、向う（中国）が受け入れにくいんではないかというんで、学会という形にしてあるんです。事実、物見遊山で行くんではなく、古代史の学問的な興味と関心で行くわけですから、一般の「観光」ではないということで、「東方史学会」という名前で申し込み書を作っていたんです。

わたしはその申し込み書を窓口に渡しに行ったつもりなんです。夏にいきなり地方の長春に行くよりも、中央へ「好太王碑の見学を希望しております」ということを通知しておいた方がよいと、京都の日中友好協会の水上七雄さんからご忠告を受けましたので、なるほどと思って願い入れ書を「窓口」に出しに行ったわけです。

ところがこれは〝日本的イメージ〟らしかったですね。前の晩、洛陽の時、通訳の方に「国家文物局に行きたい」と言ったら、電話で連絡して下さったんです。通訳の方と二人でタクシーで、国家文物局に行ったら、故宮の奥の立派な接見室に通されまして、そこで中国の要人二人が、わたしよりずーっと年配の方ですが、通訳をつれて堂々と現われ、こちらも通訳をつれ、まさに「会見」という雰囲気になってきたんです。

そこでこちらの希望を述べますと、「好太王碑は開放されておりません」というご返答だったわけです。それでわたしはちょっとガッカリした顔をしていたんでしょうね。郭さんは戦前の早稲田大学出身だそうで、日本語の大変上手な方で、その郭さんが「この好太王碑には拓本がありますよ」とおっしゃいますので、わたしは「いや拓本では具合悪いんです。というのは、好太王碑の現物が改竄《かいざん》されているのを知らずに、あるいはわざとというか、それを拓本にとったものだという学者の意見がありますので、その点を確認したいと思って現地に行きたいわけです」と言いましたら、郭さんは「一部の人がそういうことを言っているのは、よく知っています。しかし」――ここで声を大きくされまして、「しかしその人は実際の石碑を見たことのない人です。実際の石碑を見れば、拓本と違いはありません」ということを、わたしの表現を入れますと、〝義憤を感じて〟いるような言い方で、声を大にして言われたんです。義憤云々は、わたしの主観的な受けとり方ですが、声を大きくして今までと違ったトーンで言われたことは、はっきり覚えております。

わたしは、こんなことまで出てくるなんて、予想しておりませんでしたので驚いたんです。が、これは大事なことなんだなと思って、持っていた原稿箋に、「従来の拓本にほぼ誤りはない」と書いて、……郭さんの言葉にはほぼという言葉はなかったんですよ、しかしわれわれの方では部分的な字のズレというのが知られていますから、より正確にと思って「従来の拓本でほぼ誤りはない」と書いて、これでいいんですね、と郭さんに見せたわけです。郭さんは早稲田大学出身ですから、日本語は読めるわけで、これを見て「その通りです」とおっしゃって、帰りがけに、国家文物局・謝辰生・郭労為と署名して下さったわけです。この署名は「国家文物局　謝辰生　郭勞為」まで全部郭さんの字でございます。

これは面白いことに、この時通訳についてこられた胡春女、優秀な通訳さんだったんですが、仕事がなかったんです。わたしと郭さんが日本語で話すから。郭さんはわたしより日本語がうまい。うまいというのは戦前の日本語だからくずれていない、格調高い日本語を使っておられました。

謝・郭両氏の「確認」の署名（控）

> （高句麗好太王碑）　古田武彦
> 従来の拓本でほぼ誤りはない。
> 一九八一、四月一日　故宮にて会見
> 国家文物局　謝　辰生
> 　　　　　　郭　勞為　｝郭氏の署名

胡さんは、手持ち無沙汰に座っておられたんですが、帰りがけに胡さんが自分の手帳を出して、サインを求めると、今度は謝さんがサインされた。後でタクシーの中で見せてもらったら、謝さんが国家文物局の二人（自分と郭さん）の名前を書いておられましたね。こういうのは日本ではあまりしませんね。他人《ひと》の署名をするってことは。ところが中国では、それが普通みたいで、私に対しては郭さんが両方、通訳の人には謝さんが両方という面白い形になっておりました。

なおついでながら申しますと、兵庫県の西宮で「中国文物展」があった時、文物局の方、若い方でしたが、その時にわたしが名刺を出したら、向うも名刺をくれまして、三人の名前の印刷してある名刺でした。こういうことも日本ではあまりないですね。われわれの名刺より大きくて三人分の名前が書いてあるんです。中国の人は公用でなければ、名刺なんて使わないわけなんですね。日本に来るので、日本人が名刺好きなのを知って、作ったのかも知れませんね。

こんな話は余分なことですが、郭さんは実に快く署名して下さったわけです。

郭さんが「そのとおりです」と言った後で、「日本にも拓本はありますよ」とこうおっしゃったわけです。その時ニヤッとして言われたから、わたしはこの人は戦前、日本の学校を出た人じゃないかなと思ったんです。後で聞くとはたして、早稲田出身の人だったんです。だから戦前の時から東京あたりで、日本にある拓本を見ておられたんではないでしょうか。そして「従来の拓本にはほぼ誤りはない」と強調されたのです。

これが四月初めの経験でございました。だから「好太王碑」は開放はしていない。その理由は辺境である、国境であるということを言われまして、開放しないというご返事だったわけです。

「開放」の予告

さてその後、八月下旬、藤田友治（「囲む会」及び東方史学会事務局長）さんと一緒に中国に参ったわけでございます。先程申しました水上七雄さんに、「中国も地方の時代を迎えて、地方のことはなるべく地方に権限をゆだねて決定させるという方針をとっているようですから、好太王碑開放といった問題は、現地（吉林省）の仕事になっていると思います。吉林省の省都が長春ですので、長春の文物局に行けば話がはっきり分るかも知れませんよ」という忠告をいただきましてね。そして京都から日中友好訪中団が中国に行くという話を聞きましたので、じゃあ加えて下さいとお願いして、四月に中央の北京に話をしておいて、八月下旬、現地、長春に行ったわけです。

長春に行ったのはいいのですが、吉林省文物局の方に会えないんです。通訳の人が〝（局に）誰もいないので、会えない〟と言われるのです。こちらは願い入れ書を出してあるから、（その件では）会いたくない口実かと、失礼にも思ったりしたんですが、そうではなくて本当にいなかったらしいんですね。

あちこちの文物のあるところに散って、仕事をしている。吉林省といっても広いですからね。しかも後で分ったんですが、一番沢山の人が行っていたのが集安。好太王碑のところに行っていたんですね。だから「お会いできません」と、何回も断わられたんです。わたしたちが何回もねばると、「夜なら時間のあく方が、幹部で一人いる。夜は役所が休みだからホテル（南湖賓館）に来てくれるそうです」という話になったんです。

約束の時間にホテルに霍世雄さんがおみえになったんです。そこで一時間ばかりお話ししたんです。そこでおっしゃったことの第一項目は、「好太王碑は必ず開放します」。第二項目は「開放の期日は再来年に予定しております。しかしできれば来年にしたいと思っています」。この言い方に特徴があったんですね。普通なら来年か再来年というところを、今のように言われた。おそらく再来年の予定で準備作業をやっていると、案外うまく早く進行しているらしいんですね。だからこれなら来年開放できそうだという感触をもっておられるようでした。

第三項目は、「もし何かのことがあって来年・再来年開放できない場合においても、必ず開放します」。第四項目には、「開放する際には、東方史学会（この名前で申し込んでいましたので）を初め、世界の友好人士に広く開放いたします。例外なく原則によって開放いたします」。

そして第五項目に、「期日が決まったら長春の国際旅行社を通じて、各方面に連絡させていただきます」ということだったんです。

これをわたしの方が書いてくれと言ったんですが、（中国の方には）書く習慣がないと言って、（書いてもらうのが）駄目だったんですが、霍さんが帰られた後、通訳さんにねばったんですよ。最後には喧嘩みたいにまでやったんですよ。艾《あい》（通訳）さんが「これだけはっきり言うのに信用できないんですか。

この話は今度が初めてではないんです。今年四月の終りから五月にかけて、昔、開拓団だった日本の方々が来られて、その時も『好太王碑を見たい』と言われた」。その時の通訳も艾さんで、「その時も文物局に問い合せて聞きました。そしたら今の霍さんと同じ返事でした。だから間違いありません。だから信用して下さい」。こう言うんですね。

しかし、「こっちは、日本では書いたものがないと信用されないんだ」と言いますと、艾さんは、「中国に来ているんですから、中国の習慣に従って下さい」という論理でくるんですよ。「いやこっちは、それは分るけれど、われわれは明日かあさって日本に帰るんだ。日本の習慣の中で生活するのだ。（日本では）こう聞いたと言うだけでは信用されないんだ」「あなたが署名しないのは、後で責任をとるのが恐いんでしょう」とか、お互い突っ込んだ話をしたんです。毎日まいにちしたんですよ。

そうこうするうちに互いに気持が通じてきたんでしょうね。普通の「通訳対旅行者」の関係ではなくなってきたんですね。最後の日に五項目のうち第三項目は第一項目の繰り返しと思って省いて、四項目にして書いて、「これに間違いはないか」と言って、「明日早く飛行機で帰るが、ここに中国語でこの内容に間違いないと書いてもらえないか。署名はなくていいから」と言いますと、意外にもさらさらと署名をしてくれました。

好太王碑開放に関する「確認」の署名（控）

一、集安の好太王碑については、必ず「開放」する。
二、その「開放」の時期は来年（一九八二）か翌々年（一九八三）とするように努力している。
三、そのさいは東方史学会をふくむ日本（及び世界）の友好人士の来訪を歓迎する。
四、その「開放」に先立ち、その期日を長春国際旅行社を通じて各方面に連絡することとする。

一九八一、八月二十五日
通訳　艾生地
一九八一年八月廿六日
（艾氏の署名）

八月二十四日、夜20：00〜21：05　吉林省文物局の霍世雄氏の明言による。（南湖賓館にて）

一見これは〝単なる署名〟と見えるかも知れませんが、それまでの何日間かを考えますと、艾さんの態度にはきわだってさわやかなものがありました。後で藤田さんとわたしとの三人で固くかたく握手いたしました。

長春からの帰りがけに、また北京に寄りました。そこで郭労為さんにお会いして、長春でのいきさつをお話ししました。「この点ご存じですか」と聞きますと、郭さんは「知っています。聞いております」と言われたんです。

そこで藤田さんが鋭い念を押して下さったわけです。「（好太王碑開放という）こういう問題はどこで決めて、どういうふうにするのですか」と聞かれますと、郭さんは「吉林省の文物局が決めることです。そしてその期日が決まったら、北京のわれわれのところ（国家文物局）に文書による通知があります。それに対してこちらから何か意見があれば、それを言い、（開放が）駄目だというのもあるかも知れませんし、開放する場合に、この点、あの点に注意してくれという等、こちらの言い分があれば書いて返す。そこで最終的な成立、という形にしております」と、おっしゃったわけです。

わたしが「将来（開放の）期日が決まって、（吉林省文物局からの）正式の文書がきたときには、ぜひOKの返事を返すようにして下さい」と言いますと、（郭さんは）「分りました。上司にそのように伝えておきます」ということで、八月終りの二回目の会見が終ったわけです。

その後（九月二十八日）、共同通信電で「（開放は）嘘だ。前に開放すると言ったけれど、北京の中国政府は開放しない方針である」というのが流れ、地方紙や一部の中央紙でご覧になって、心配なさった方もあると思いますが、これをわたしの方から見ると当然であります。わたしたちのことを書いた朝日新聞の記事には吉林省の話と書いてあったんですが、（吉林省の）後で北京に行ってこうだったというのは書いていませんでしたし、（文物局の）権限の話も書いてなかったのですから、その経過を知らずに、共同通信の記者の方が北京に行って郭労為さんに会ったのですね。そして「日本で『中国政府が好太王碑を公開する』というニュースが流れたが本当ですか。期日はいつですか」と聞かれたわけです。すると（郭さんは）「公開しないという方針は変っておりません」。そういう返答だったんですね。

これは誰が行っても、北京の国家文物局に聞けば、中国は原則を守る国であり、国家文物局としては当然現在は公開しない方針でいるんですから、その返答しか返ってこないんです。（郭さんが）責任者として、「実はひそかに公開の話を聞いていますよ」とか、「八月に日本から来た人にもこんな話を聞いています」などと言うはずがないんです。ということで、当然くるべき回答がきただけですから、わたしとしては何ら心配をしていないわけでございます。

現状をまとめてみますと、長春の吉林省文物局は本腰かけて（開放の）準備にかかっている。第一は研究。研究というのは、従来の植民地中国の時代は素晴らしい素材を現地が提供して、外国の学者が発表するというタイプでした。シルク・ロードもかつてはそうでしたね。あれはもうイヤだ、中国の故蹟は中国の研究者が研究するんだ、これを原則とするんだ、という誇りある態度でいるんですね。だから好太王碑についてもそれをまずやりたい。

第二は整備で、これは（好太王碑に）たくさんの人が来る場合に、石碑が傷ついたりしないよう、保護施設を充分作るということがあるでしょう。ここから先はわたしの想像ですが、ホテルが集安にいるでしょうね。中国は点だけが開放されていて、面は開放されていないわけです。吉林省では長春と吉林の二つの町しか開放されていない。あとは全部未開放です。点が開放される場合は必ずそこにホテルを作っている。友誼《ゆうぎ》商店を作り、お金を交換する場所を作る準備がいるわけです。当然、集安にもそれらがなければ開放できないわけです。そういう類のものも含めた準備を、現地で一所懸命やっている。もちろんホテルを準備するのを、文物局が直接するわけじゃないでしょうけど、そういうのがすべて整った後に、開放ということになるわけでございます。

しかしその時になって、政治状況が緊張してきたとか、あるいは中央の方で（開放は）絶対駄目だという話が出てきたとか、その他どのようなことが起るか分りませんが、（今）吉林省では一所懸命開放に努力している。一方、中央の北京は従来通りの（公開していない）姿勢で、吉林省の今後の出方を見守っている、というのが現状でございます。

武国勛さんとの邂逅

さて、長春に行きました時に非常に大きな収穫がございました。長春の博物館に好太王碑の写真があると聞いておりましたが、これは間違いで拓本がございました。その拓本は立派なものでしたが、現在問題になっている改竄説には役立たないものでした。四面を四枚にとった拓本で第三面が展示してありました。（係の人に）聞いてみますと、初めは当然のことながら第一面が展示されてあったんですが、四人組の時に持ち去られた。なんであんな物を持ち去ったか分りませんが、第一面がなくなった。今、三・四面とあるんだが、第三面を展示していると言っていました。

わたしは中国で初めて拓本を見るんだから、写真に撮らして下さいと言って、藤田さんと撮っていったんです。するとその時、学芸研究部の代表者みたいな方が出て来られて、〝変な〟ことを言われたわけです。「あなたの国に水谷拓本ってのがありますよ。そのほうが（ここのより）いいですよ」というわけです。わたしは「あれ！　水谷拓本の名前が出てきた」と思って、「水谷さんにはお会いしましたし、水谷拓本の現物も見ました」と言ったんです。

なんでこんなことを言うんだろうと思っていると、「朝鮮の方が出した本があるでしょう。そこに水谷拓本が出ていますよ」と言われるから、「李進熙さんの本に、水谷拓本が出ていることは知っていますし、その現物も水谷さんのお宅で見ました」と答えました。そして何をこの人は言っているんだろうと思っていますと、「こちらの方においで下さい」と言われたので、応接室に行ったわけです。

わたしは〝（この人は）大分内情を知っているな〟という気がしましたので、こちらの考えをストレートにぶっつけようと思って話し始めたんです。「さきの（陳列室で見せていただいた）拓本を見てガッカリしました。あの拓本では、われわれが来た目的の役には全く立ちません」と。すると通訳の艾さんがビックリしまして、〝失礼なことを言うなあ、こんなのを訳していいのかなあ〟というふうで、すぐ訳してくれなかったんです。（わたしが）「かまいません。その通り訳して下さい」と言うと、やっと艾さんがその通り訳したんです。するとその方が「あっ」という顔をして、態度が変ったんですね。

拓本は、子供が石に紙をあてて鉛筆なんかでザーとしますね、あれが拓本の正直な原理なんです。だからどんな字が出てこようと、字が出てこまいとかまわないんで、石に紙をあてその通りとった拓本が、一番正直な拓本です。水谷拓本というのはそういうやり方でとった拓本なんです。もちろん水谷悌《てい》二郎《じろう》さんがとったのではなく、中国側でそういうふうにしてとった拓本を買われたわけです。敗戦直後に買って持っておられるものなんです。それに比べると今（陳列室）の拓本は、黒白をはっきりさせて字を浮きださせているわけです。〝これは字だ〟〝こういう字だ〟と判断しながらとっているわけです。その判断が合っていればいいが、合ってないと間違う、という性質のものです。だから「書」として見れば格好はついているけれど、学問研究の上からは（この種の拓本には）問題があるわけです。

だから向うは、〝日本に水谷拓本という立派なものがあるじゃないか〟と言いたかったわけです。わたし達が写真を撮っているのが〝嬉しそう〟に見えたんでしょうか。〝(研究の)役には立たないのに〟と思ったんでしょうね。そこでわたしが〝日本で水谷拓本を見ている。ここの拓本は研究の役に立たない〟と言ったので、〝それなら話が判る。じゃあ話をしましょう〟という態度になってきたんです。

この方は武国勛《ぶこくしゅん》という方で、「わたしは北京の図書館に行って李進熙さんの本を読みました。ところが李さんの本に出ている水谷拓本などの資料は立派なものですが、李さんの改竄説そのものは、全く成立の余地はありません」と明言されたわけです。(武さんの言われるのには)「一昨年、好太王碑のところに行って詳細に調べました。すると李さんが問題にされた『渡海破』は石の字です。石灰の字ではありません。また、(『倭』という字は好太王碑には九つあるわけですが)これらの『倭』の字も全部石の字です」。

武さんは研究者であると同時に、学芸部の責任者でしょう。研究者であると同時に、管理者側なんです。(中国の)博物館は文物局に所属しているんですから。だから文物局の職員でもあるわけです。好太王碑は文物局が管理しているんですから、だから管理者側の人なんですね。だから現地に行く便はわれわれとは比較にならないんですね。

李論文の発想の原点

九つの「倭」について、ちょっと注釈がいるので申させていただきますと、岩波の『思想』(第五七五号、一九七二年)に初めて、李さんの論文が出ました時に、わたしは非常に不思議だったわけです。〝「渡海破」がおかしい〟と、さかんに書いておられるんですが、九つの「倭」のうちの六つぐらいには、ノータッチ、全然論じておられないんです。すると「倭」という字があり、それが石であるとすると、

「倭」と「高句麗」が戦っているんですから、「倭」は海を渡りますよね。当り前のことです。それをわざわざ参謀本部が、「海を渡った」という字を石灰で入れさせる必然性はないですよね。〝「倭」が戦っているのに海を渡っていない〟なんて、意味が不明ですよね。

そうすると、〝「渡海破」がおかしい〟というだけでは、話が終らないんじゃないか。話の始まりかもしれないが、終りじゃない。この著者（李さん）は本当は何を言いたいんだろうと、疑問を感じました。そこで李さんに手紙でお会いしたいと書いて送りましたら、「おいで下さい」と言われて、多摩の李さんのご近所の喫茶店でお会いしたわけです。

その時に、こちらはしつこくお聞きしたら、一度目は話をおそらしになって、二度目もそうでした。一時間半くらい話をして、このまま（疑問を聞かずに）帰っては来た意味がない、と思って、ゆっくりと間合いをのばして聞いたわけです。そしたら、やっとお答え下さったわけです。結局その答は〝九つの「倭」は九つとも「残」であろう〟と。「百済」のことは「百残」と書いています。われわれは好太王碑の中で「高句麗」と「新羅」「百残」の百済と「倭」とが四つ巴で、戦っていると理解してきたわけです。ところが（李さんは）〝「倭」は一切姿を現わしていないんだ。「高句麗」「新羅」「百残」の三つ巴であって、「倭」は一切なし〟というお考えであったわけです。

（わたしには）これならよく判るんです。日本側の学者が『日本書紀』、『古事記』を出発点にするように、朝鮮半島側の学者は『三国史記』、『三国遺事』を、出発点にするわけですね。『三国史記』の「好太王」の項には、「倭」と戦ったというのは一切出てこないんです。「百済」「新羅」は出てきますけれど、「倭」は一切出てこないんです。

だから李さんの発想の原点は、〝『三国史記』をもとにして「好太王碑」を見ると、『三国史記』にな

武国勛氏の「確認」の署名（控）

古田先生
我支持您的意見
关于〝辛卯年耒渡海破〟問題、李
進熙先生看法、値得研究

吉林省博物館
武国勛
一九八一、八

〝生白〟問題
亲＝辛問題
等………我有専文
写好送給您、請您指教

（武氏筆跡）

い「倭」がえらい出てくる。おかしいぞ。これはどうしたわけだ。「渡海破」は拓本によって、だいぶずれている。ハハーン、誰か改竄をやったな〟というところが研究の出発点だったようですね。だから（改竄説の）本丸は「倭」なんですよ。九つの倭なんですよ。それが全部石灰の字だと証明された時に、李さんの研究は「完成」するんですね。

ところが李さんは賢明であって、（九つの倭の「改竄」には）一切触れておられない。「渡海破」は大坂城を攻めるうえでの、外堀の作業なんです。李さんが書いておられる本や論文はみんな、〝外堀用〟のものなのです。〝本丸〟は一切書いておられないわけです。しかし論理的には「九つの倭」までいかないと、話のつじつまが合わない。

わたしが李さんに会いに行く前に思っていたのは、〝「倭」の本来の字を「燕」くらいに言われるかなあ、『三国史記』の「好太王」の項には、「百済」「新羅」以外に、「燕」と戦ったことがたくさん出てきて、これが大抵（好太王が）負けているから。しかし「燕」は北京の方で、「百済」「新羅」と方角も方向も違うし、文脈は合わないけれど、「倭」と「燕」は字数が合うから〟といったことでしたが、（李さんは）「残」だとおっしゃるんです。

私は論争にいったのではないので、論文執筆者の執筆の意図といいますか、論文内容を理解したいために行ったんですから、「有難うございました」と言って帰ったんです。しかし帰りがけの汽車の中で思ったのは、ちょっと「残」は無理じゃないかなあ、確かに『三国史記』は「百済」を「済」と略することはあるんです。ただしその場合は、「済王」とか「済軍」とか「済兵」とか熟語になっている場合に使うんですね。それをただ一字だけで〝「済」が〟とか〝「済」を〟とかの一字だけで「主語」「目的語」にしているケースをちょっと知らないんですね。（家に）帰って『三国史記』を調べてみると、やっぱり普通はなかったんですね。

第一、なによりも「好太王碑」自身に、その用法がない。「百残」や「新羅」が出てきます。「残王」なんてのも出てきます。けれど一字で「主語」「目的語」にしている文例は、全く出現していない。だからその点からいっても、（「倭」を「残」にするのは）無理じゃないかなと思いながら帰ったわけでございます。

しかしこれについては検証の方法はあるわけです。「渡海破」はいろいろとだいぶいじられているから、現在、はたして満足に残っているかどうか分らないが、現在も「好太王碑」があるんですから、それを見て九つの「倭」という字が石灰であれば、「李説」は正しい。ところがここが石の字であれば「李説」は駄目、となるわけです。「渡海破」のところは日本人が好きで、しょっちゅうとったんでしょうね。梅原末治さんもあそこだけとった拓本を持っておられますからね。だから「渡海破」が磨滅しておりましても、ほかの部分（九つの「倭」）は残っているだろうと思ったんです。

武さんも同じ理路をたどられたらしくて、私が九つの「倭」はどうでしたかと言ったら、「その点も調べてみましたら、全部石の字です。石灰の字じゃありません。『渡海破』も石の字でした。だから李さんの『改竄』説に関しては、全く成立の余地はありません」と言われたんです。

これはやはり貴重な証言であろうと思うわけです。わたし自身は好太王碑の現地に行けなかったけれど、わたし以上に中国の文字に詳しい、特に中国の古い文字の専門家のようでしたが、そういう方で、遠い北京まで行って図書館で李さんの本を見てくるという努力をはらって、そういう問題意識をもっている方が、実際に好太王碑をご覧になって「石の字だ」と言われる重みは非常に深い、と、わたしは思っているわけでございます。

そこでわたしは、来年か再来年、現地に行って、直接石碑を見れば分るが、改竄説自体については、直接見なくてもほぼ解決はついた、と言っていいだろうと思うんです。そういう意味でも、好太王碑研究は、一つの画期点をむかえた、と言っても誤りないであろうと、思うわけでございます。

2　新しい諸問題

その一、「其の国境」問題

次に〝「好太王碑」は事実である。史料として信憑できる〟ということになりますと、ここに新しい問題が、この史料から出てくるわけでございます。従来、わたしも含めて、「改竄」かどうかというところに頭がいって、〝好太王碑が間違いない〟となった場合、史料としての生かし方、検討というのが、随分おざなりになっていたなあと、わたし自身思うんですよ。

今のわたしからみると、好太王碑は、〝石〟の石碑じゃなくて、全部〝宝玉〟でできた碑じゃないだろうかと思うくらい、日本の古代史を解く、重要な鍵が沢山秘められていると、思えてきたわけでございます。この点を今から申し上げてみたいと思います。

第一は、「其の国境」問題でございます。永楽九年の項に、「新羅遣レ使白レ王云、『倭人満ニ其国境一潰ニ破城池┐以┐奴客┐為┘民……』（倭人、其の国境に満ち、城池を潰破し、奴客を以て民と為し……）」があります。問題は「其国境」の「其」はいったい何を指すか、ということでございます。これは当然ながら、「倭人」というのが主語にありますから、「倭人の国境」つまり、「倭の国境」というふうに、考えざるを得ない。これはもう、はっきりしたことだと思います。この新羅の使者の言葉が「倭人」から始まっているんですから、これ以外に、「其」をうける内容はございません。

「国境」は、片方だけ国があって「国境」というわけにはいきません。両側から国がなければ、「国境」とはいえません。つまり片方は倭であるが、もう片方はどの国であるか。これも明瞭でございます。これは「新羅」側が言っている言葉です。倭人が国境に満ちて、困っていると言っているんですから、当然ながら、これは「倭」と「新羅」との「国境」でございます。それ以外の解釈は、ありえないわけです。つまり、〝朝鮮半島内部で、「倭」と「新羅」とは「国境」をもって相接している〟ということが「新羅」の使者の直接法の形で、高句麗側の金石文という、第一史料の中で、証言されているわけでございます。これは大変なことですよ。

これと同じ状況が、『三国志』に現われております。わたしの『「邪馬台国」はなかった』に、書いておきましたので、お読みになった方は、ご存じでしょうが、「韓は帯方の南に在り。東西、海を以て限りと為し、南、倭と接す」。つまり東西は海だ。南は海じゃない「倭」だっていうわけです。南岸部に「倭国」が北九州からのびている。北九州から朝鮮半島南岸にまたがっている海峡国家といいますか、そういう前提で、書かれているわけです。

「弁辰、辰韓と雑居す。……其（弁辰）の瀆盧《とくろ》国、倭と界を接す」と、はっきり書いております。海の向うにあるという場合は、「界を接す」とは申しません。たとえば、九州と揚子江河口のあたりの中国と、〝国境をもって、接している〟なんて言いませんね。だから〝海の向うにいる〟というのではなくて、「国境」という概念は、〝陸地において両側に国がある〟とき、「国境」と申すわけでございます。「郡より倭に至るに、……其（倭）の北岸、狗邪韓国に到る」の、「其」は「倭」をさす、ということは、よく言われていることでございます。だから、倭の北岸である朝鮮半島の南岸部を、倭の北岸である、と言っているのであります。そこで〝狗邪韓国は倭の一部である〟という有名なテーマが出てくるわけです。

郡→狗邪韓国　七千余里
倭地、周旋　五千余里
郡→女王国　万二千余里

当然、七プラス五は十二であるわけです。狗邪韓国を倭地と考えませんと、この計算が合わないわけですね。〝対海国から、倭地〟と考えたら、狗邪韓国と対海国の間の千里が、倭地に入りませんから、四千里になってしまって、五千里にはならない。この計算上からも、「狗邪韓国は倭地である」という、同じ答が出てまいります。

さらに対海国とあるのは中国側表記であって、日本側では対馬（下県郡の方でしょう）。そして一大国は中国側表記、壱岐が日本側でしょうね。だから狗邪韓国は、中国側表記。日本側の表記が出ていないんですが、これは「任那」かもしれませんね。好太王碑に「任那」という言葉が出てまいります。この任那は、〝酒匂《さこう》中尉が入れたんだ、改竄だ〟って話があったんですが、〝改竄ではない〟ということになれば、第一史料に、任那という言葉が存在する。四世紀末のことを、五世紀初めに書いた第一史料に存在するわけですね。だから三世紀においても、日本側地名が、「任那」だった可能性が非常に高いわけですね。

とにかく、この〝狗邪韓国は、倭地である〟という重大な命題が、『三国志』の文献の理解から出てくるわけです。そして文献理解だけではなくて、これは考古学上の資料からもいえるわけでございます。

今年（一九八二）五月に韓国にまいりまして、目をひいたことの一つは、釜山、あの辺を河口としているのが洛東江という、かなり大きな河です。洛東江の流域は、かなり広い領域にたっしています。上流も北に、韓国内部に奥深く入っております。この洛東江流域各地に、中広矛・中広戈・広矛の部類が、頻々と出てきているわけです。矛についてはー〇〇パーセントが博多湾岸。（韓国の）博物館で何回もお目にかかったですね。それの鋳型が博多湾岸に出てくる。矛についてはー〇〇パーセントが博多湾岸。戈についても博多湾岸を中心に、東西にいくらか分布している。その鋳型で作られたものと、全く同じ形をしているわけです。いってみれば、大分県で出てくるものと、洛東江ぞいに出てくるものと、そっくりの〝人相〟をしているわけでございます。

ということは、博多湾岸の鋳型で作られたものを、片方は大分県、片方は洛東江に持って行って、それぞれ埋めたということになる、というのが当然の理解なわけです。

しかし、韓国側の学者で、〝これらは韓国製である。鋳型は将来出てくるであろう〟と、書いておられる方がありますが、この考えは、学問として具合が悪いだろうと思います。将来出てくるだろうということに期待して、「韓国製だろう」と、いう言い方は〝物に即した〟学問の方法ではない、というふうに思います。

二十世紀、現代の国境問題と、これをごっちゃにしますと話がおかしくなります。これはあくまで、過去の事実です。古代史の過去の事実です。現代の国境と一致しないのは、世界のどこの歴史をみても、きまりきったことですからね。それを、混線して〝感情移入〟すると学問でなくなってくる、と思うわけでございます。

文献からいっても、実物からいっても、〝朝鮮半島南部は、倭地である。博多湾岸を中心とする「倭国」の倭地である〟ということがいえるわけでございます。

そして、これと同じことが、四世紀の終り、五世紀の初めの、この好太王碑に書かれている。しかもこれは、倭国にとって敵側の新羅が証言し、高句麗が裏づけているんです。資料として、これだけ厳密にできているのはないですよ。もし倭国のほうで作った資料だったら、たとえ同時代資料だったとしても、倭国側が勝手に〝自分の手前味噌を言っている〟と、みられないこともないんですね。しかし〝敵側が証言している〟んですから、これを疑うのはちょっと無理なことではないのでしょうか。

これは同時に、考古学、物の方からも、裏づけられます。それは、洛東江の上流地域（慶尚北道の高霊岩）に、岸壁画がございまして、その岸壁に、われわれにはおなじみの装飾古墳の壁画のデザインが出てまいります。たとえば、太陽の二重丸みたいなものとか、靭《ゆき》という、矢筒みたいな、砦《とりで》みたいなものを、一面に描いた岸壁がございます。洛東江のかなり上流でございます。

これを、韓国側の解説では、日本でいえば弥生時代ぐらいにあたる、古いもの（青銅器時代）であるとしています。その理由は、岸壁の下に、その頃の土器があったからだということらしいです。しかし、これはわたしの目からみますと、理由としては具合悪いんじゃないか。土器は、その時代の人がそこに住んでいれば、出るわけでありあります。土器自身に、同じような画があれば別ですが、その時代に人間がいなかったわけじゃないんですから、土器があって当り前なんです。土器と岸壁画が、結びつく必然性はないわけです。

これは、東アジア全体をみまわしてみて、同類の画と比べなければならない。日本側の装飾古墳は、歴史的な、各段階の発展をもっております。一番古いのは、八代から天草あたりの海峡、あの辺から非常に素朴なものが出てまいります。それが、だんだん複雑に発展してまいります。複雑に発展してゆく、その歴史的な展開に比べますと、先程の朝鮮半島側のものは、かなり、すでに発展した段階に入っているわけです。けっして最初の段階じゃないんです。〝韓国人は頭がいいから、発達した段階のものをいきなり作れるんだ〟というような説明は、できるものではない。もちろん誰も、こんなことを言っているんじゃないですが、ありえないと思います。

やはりこれは〝九州の装飾古墳壁画の一端〟として、理解するのがいいのではないか。現代の国家感情を交えず、「過去の事実」としてみると、こう考えざるをえないわけです。これがわたしの理解です。手前味噌のようですが、これが自然な理解と思われるのです。それを好太王碑が裏づけているんです（好太王碑と装飾古墳と、「古墳時代」という意味では、近い時代ですね）。その古墳時代の中程の「好太王碑」が、〝朝鮮半島の洛東江ぞいに倭地がある、倭国がある〟ということを、「敵側の証言」として、証言していたわけでございます。

このことは、非常に深い意味をもっておりまして、弥生時代、卑弥呼の時は、広戈・広矛の鋳型をもつ博多湾岸の倭国、それと、古墳時代、高句麗の好太王と激戦を交えていた倭国とが、「同一の倭国」である。つまり〝九州の倭国である。装飾古墳の倭国である〟という問題でございます。

これは李進熙さんがいつも言っておられ、日本のいわゆる「定説」派の学者がいつも知らん顔している、有名なテーマがあります。〝「大和朝廷が朝鮮半島に出兵した。好太王碑もこれを裏づけている」ということを、日本の教科書に書いてあるけれども、朝鮮半島に大和朝廷の遺物はあらわれていないではないか〟。李さんは何回も、こう書いておられます。本や論文を出される毎に出てきます。わたしはこれはいくら強調されても、いいことだと思います。いくら李さんが書かれても、日本の「定説」派の学者は知らん顔してますね。〝朝鮮半島に大和朝廷の遺物が出ていない〟。そのとおりなんですよ。

しかし、この場合も、李さんは慎重な方だと思うのは、いつも「大和朝廷」と書いておられて、〝「倭国」の、あるいは「日本列島側」の、痕跡はない〟などとは、わたしの読んだ範囲では一回も書いておられない。日本語を慎重に、厳密にお使いになる方ですね。あの方は考古学者ですから、洛東江ぞいの岸壁の画が、九州の装飾古墳系の壁画とそっくりだなんて、当然分るんですよ。それに、（中）広矛・（中）広戈の類が出てくるのも、よくご存じですよ。しかし、（中）広矛・広戈は、大和朝廷の近畿の遺跡には出てきませんし、出てくる中広戈は大阪湾型で、違うタイプですからね。こんなことは百もご承知ですから、〝「倭国」の〟とか〝「日本列島側」の〟とは書かずに、〝「大和朝廷」の〟と、書いておられるわけです。これは、大変正確ですね。

ということで、以上のような考古学上の事実と、私の理解とは一致しているわけです。端的にいえば、「九州王朝」というテーマに立つ場合は、「好太王碑の証言」をまともに受けとれるわけです。

ところが、三世紀は「近畿」説、「九州」説いろいろあるけれど、四世紀からあとは近畿天皇家が統一しましたという、日本の「定説」派の依拠している歴史像からは、「其国境」問題を、受けとめることは不可能であります。

その二、「五尺の珊瑚樹」問題

次は「五尺の珊瑚樹」問題です。

じつは、好太王碑をめぐる論争で、滑稽な話がございました。明治・大正年間に出てきた、右翼的な思想家として当時は著名な、権藤成卿という人がございました。この人が言うに、〝自分の家に伝わる秘伝の書がある。それは『南淵書』というものである。南淵というのは、遣唐使（従来では「遣隋使」）で有名な、南淵請安《みなぶちしょうあん》である。彼は天智天皇の師匠であった。自分の家に伝わっている『南淵書』は、南淵請安が書いたもので、その先頭のところには、請安が、天智天皇に政治の在り方を教えている文章がある〟と。そのとおりなんですよ。天智天皇に教えている文章が、漢文で書いてある。これが、事実なら大変なことですよ。『古事記』、『日本書紀』より古い本になってくるんです。

しかも、驚いたことには、好太王碑の「全文」が書かれている。七世紀前半に、南淵請安が唐へ行った帰りがけに、陸まわりで帰ってきた。往きは船で行ったんですが、帰りは船はいやだってわけで、陸まわりで帰ってきた。すると、鴨緑江・集安あたりを通ったわけですよ。それで、近くに「石碑」があるそうだから寄ってみようと、南淵請安が寄ってみた。時期はいつ頃でしょうか。推古と天智の間くらいに寄ってみた。その時は七世紀ですから、今とは違い字がはっきり見えたというわけですよ。だから南淵請安が全部書きとってきた。それが全部、わが家の『南淵書』にのこっておる、と。これが当時の新聞にのりまして、ニュースになったわけですよ。

それで、東大の歴史学の授業の時に、学生が黒板勝美教授に、「新聞で大きく報道されている『南淵書』はどうですか」というような質問をして、黒板氏が「あれはちょっと、インチキくさいと思うけれど」と言ったと新聞に報道されて、権藤成卿が、けしからん、嘘と思うなら私のところに見に来い、など、へんなせりふがつぎつぎやりとりされました。しかし、結局、権藤は『南淵書』を見せないんです。

ところが、これは意外なところから馬脚があらわれてきてたんです。日本側から好太王碑調査団が、学者達が、現地へ行ったんです。当時は行けたんですね。綿密に好太王碑を研究された今西龍なんて人も、大正の初め行ったわけです。

その時、意外な発見があった。好太王碑の第三面第一行、これに字が二つだけ出ております。ところが、従来、この字はなかったんです。酒匂本はもとより、他の拓本、内藤拓本とかいろいろありますが、いずれも、この第三面第一行はなかったんです。ところが、実際に現地に行って調べてみると大きく剝落しているんです。苔がはえていたのを火をつけて焼いて、苔をとったあとを、拓本にとるため石をたたくものだから、いたむんです。そういうことの関係か、端の方が剝落してしまって、字が見えなくなっていたんですけれど、字がうっすらある。それが報告されたんですね。これが第三面第一行の二字なんです。

なんでこれが問題かといいますと、さっきの南淵請安の書だという『南淵書』には、伏せ字なしで、全部字がつまっていた。従来、欠けていたところには、字がつまっておりまして、その中には「倭のついに屈せざるを知り」好太王が倭をやっつけたと書いてありますね、しかし、やっつけても、やっつけても、屈服しないので、好太王はあきらめて倭と手を結んだ、みたいなことが書いてある。日本側からすると、〝いい感じ〟になっているんです。

ところが、なんと、権藤氏にとって不幸なことに、第二面の最後の字が、第三面の第二行目につづいておったわけですね。これでは、もうどうしようもないですよね。つまり、第三面第一行目が欠けていることを、権藤氏は知らなかったんですよね。『南淵書』を書いた人が、何晩かかったかは、知らないけれど、一所懸命書いたんでしょう。大変な苦労と思いますけれど。それがいっぺんに、馬脚があらわれてしまったわけでございます。こういう、ユーモラスな、考え方によると不届き千万な、事件がございました。

佐伯有清さんの『研究史 広開土王碑』（吉川弘文館）の中でも、これにふれられておりまして、それをお読みになった方には、ご存じの問題なんです。

しかしわたしは、この問題はまだ終っていないと思うわけです。研究史で、あるポイントをああ分った、としてしまって、〝そこから出発する〟問題を見落している例が、大変多いんですね。これがその一つだと思うんです。

実は中国側に、第三面第一行のある文章が他にもあるんです。一つは王志修の「高句麗永楽太王碑歌攷」、「同碑攷」（一八九五）というものであります。瀋陽（沈阳）というところが、中国の東北地方にございますね。好太王碑のある集安のちょっと北の方でございます。現在、字はちょっとかわっておりますが、彼はその瀋陽の官庁に就任してきていた、清国の〝官僚〟でございます。

彼が書いたものに、先にあげた二つの詞文があるわけでございます。李進熙さんの本の資料集にものっております。私は、王志修という人について、称揚したいという気持があるんです。王志修は、その詞・文をいつ書いたかといいますと、日清戦争が日本の一方的勝利という形で終って、清国（中国）側には、屈辱的な講和条約が結ばされた、その直後に書かれたんです。誰に対して書いたかといいますと、瀋陽の官庁の人たち、そのまわりのインテリ青年たち、彼らを前において発表したんです。内容はといいますと、好太王碑と自分との関連をときはじめるんです。

〝私はここに就任して、好太王碑に非常に関心をもった。好太王碑の「初拓」を手に入れた〟（好太王碑がみつかって最初にとった拓本ですね。拓本とは、双鉤本も含めて表現しますから、双鉤本かも知れませんが、とにかく最初にとったものをみた）。集安のある吉林省の省都は今、長春ですが、当時は通溝《つうこう》と呼ばれた「好太王碑」のある場所（集安）を、直接管轄する場所が、当時瀋陽だったわけですからね。その瀋陽の上級官僚ですから、「初拓」を手に入れていて、不思議はないわけです。〝私は、初拓を持って、現地を訪れて、これと比べて、よく内容を理解することができた〟こういうことを述べまして、〝碑には「倭」と「渡海破」が、かかれている。「倭」が海を渡って云々、ということがかかれている。つまり「倭奴」が当初、かくかくたる勝利を示していた。ところがその後、結局彼らは敗れて、この地から追い払われてしまったと、碑にかかれている。諸君、これをよくみてほしい〟ということが書かれている。

お分りでしょう。〝日清戦争で、日本軍の大勝利ということで、日本兵が、今、充ち満ちている。そして、わが国（清国）のいろんなところを割譲させられた。そこで諸君は意気消沈している。しかし、歴史をみよ。倭奴は、かつてもはじめは非常に景気がよかったけれど、やがて彼らは、追い払われていったではないか。現在（負けて）こうなったらどうしようもないと、諸君は思っているだろうが、しかし再びその日（追っ払える日）が、必ずくるであろう。諸君、決して意気消沈するなよ〟そういう文章なんですね、これは。私が大分おぎなった解釈なんですよ。

講和条約を結んでいる最中、直後ですから、正面きって書けないんです。だから書けない文章の中でも、あきらかに読む人の胸をえぐるような、響きが伝わってくるんですよ。いい意味でのナショナリズムが〝真実を見通す、未来を予見する〟能力をもちうるケースだと思うんです。ナショナリズムが変にいくと、ゴチャゴチャして、古代史と現実の国家問題とごちゃまぜにする、マイナスの効果を生むこともあるんですけれど、この場合は、ナショナリズムが人間的な意味を発揮した、見事なケースだと思うんです。

そういう意味で、この王志修の文章は、見事な文章だと思うわけです。まさに彼の予言は、あたったわけですからね。

ところで彼の文章にある「倭奴」なんて好太王碑には書いてないんですよ。「倭奴」っていうのは、軽蔑表現ですね。現在でも、朝鮮半島側、韓国側で「倭奴」という言葉を使用するのは、日常的に使われているようですが、「倭奴」は、伝統的なののしりの用語なんです。

〝「好太王碑」に、「倭」云々とあるのを、諸君は見て知っているだろう。その通りだ〟こう言っているわけです。

これは、思想的にも貴重ですが、事実問題においても貴重ですね。〝酒匂が書き入れたものを知らずに、信用した〟などというものじゃないでしょう。「初拓」を見ているんだし、語られている人達は、好太王碑の現地の人達ですから、好太王碑そのものを、よく知っているんですよ。

王志修は、〝諸君がよく知っているとおり、「倭」と「渡海破」とがあるだろう。その「倭」が、そのあとどうなったか考えてほしい〟。こう言っているんですから。これは、見事な〝現地集団の証言〟ですよ。

だから、これを見ても、李さんの改竄説というのは、わたしはちょっと無理だったと考えていいだろう、と思うわけです。

この王志修の作った全文の釈文があるんですが、そこには例の第三面第一行が、ちゃんとズッシリあるんです。

同じように、栄禧《えいき》という人が現地の官僚で、この辺に就任しますが、その栄禧の釈文にも、第三面第一行が出てきます。栄禧の場合は、自分が行ったんではなく、ある人（方丹山）に依頼しまして、現地に行ってとってもらった。その場合、苔のついたところなど、時には一字一紙にするような状態だったらしいんです。それをもとに、一所懸命、順番に貼り合わせて全体を作ったのが、書かれている。この点わたしは前にも注目したんです。しかし、その時はこう考えてしまったんです。今西龍が作った第三面一行の二字、「辞」と「潰」ですね。これが合わないわけですよ。それでわたしは、これはどうも駄目だって思って、論ぜずにしまったんです。

ところが、今考えてみますと、その時のわたしの判断は正当ではなかったように思います。なぜかといいますと、一字一紙みたいにとってきていますから、貼り合わせる順番をまちがえることがありうる。上と下をひっくり返して、貼っている場合もあるんです。また、苔がいっぱいついているところでしたら、正確にとれたかどうか、分らない場合がある。

また、今西龍さんのほうも、はっきり残ってるんじゃないんですよ。かすかに残っているのを、判読して〝これはこの字〟と読みとったわけです。この判読が合っているかどうか、まあ厳密には分らないわけですよ。

そうしますと、この二字が、先程の王志修や、栄禧釈本と今西釈本が、合ってないといって、それらをしりぞけることは、冒険なわけですよ。むしろ、以後出てくる、全部の拓本や釈本では、全然問題にしていない、第三面第一行をとらえている、出ているということは、第一行がかけ落ちる前の姿が入っているということである。その中の一字一字が、全部正確かどうか、それは分りませんけれどね。しかし、かけ落ちる前の姿がそこに反映している、と、こう見ざるをえないわけです。

すると、結局、酒匂本には、第一行がないんですから、酒匂本は、第三面第一行がかけ落ちた後のものだ。だから、王志修・栄禧釈本は、酒匂本以前の姿を反映していると、こうなってくるんです。

だから、この問題もよく考えれば、酒匂大尉（当時は中尉）の改竄という問題を、反証する力を持っていたんですね。

李さんも、ここは神経を使われたらしくて、〝栄禧は嘘つきである〟とか、〝信用できない〟とか、いろいろ論を展開しておられますけれど、嘘つきだとかいう言い方で、この問題を論議してよいか、ひっくり返せるかどうか、これは、やっぱり無理なんですね。李さんの「改竄説」が、成り立たないことが分った、今の時点で考えますと、特にね。

そこで、いよいよ王志修と栄禧の証言が、重要になってくるんです。

第一行に、どんなことが書かれているかと申しますと、「官兵移師百残囗其城百残王懼復遣使献五尺珊瑚樹二朱紅宝石筆牀一他倍前質其子勾拏太王率」が、入っているわけです。ここで、わたしが注目しましたのは、「五尺珊瑚樹」を献上した、ということです。サンゴ樹という、樹木もあるそうですが、普通に考えると、南海の珊瑚と考えるのが、普通の理解ではないかと思うのです。

そうしますと、珊瑚樹というと南海のものであるのに、百済王がそれを献上するというのは、非常に不思議なことですよね。誰かが、〝偽りに思いついて、書く〟というようなものではないですね。それなら、もっと似つかわしいものを書きますよね。それで、どうしても〝無視できないもの〟を、感じていたんです。

その後、調べていきますうちに、これと相対応する問題がでてきました。それは、『隋書』百済伝ですね。「其の南、海行三月、躭牟羅《たんむら》国有り。南北千余里、東西数百里、土に麞鹿《しょうろく》多し。百済に附庸す」という言葉がある。この躭牟羅国を躭羅国、つまり済州島と注釈しているものがある。諸橋の『大漢和辞典』なんかも、その立場に立っている。

しかし、躭牟羅国と躭羅国は、似ているけれど違うわけです。三字のうち、二字同じなら、両者は＝（イコール）などというのは悪い癖でして、何よりも、二つの国の位置と大きさが違う。つまり、百済の都からでしょうが、躭牟羅国へは、南へ船で三カ月かかるところにあると書いてある。済州島まで、三カ月もかかりませんわね。

しかも、島の形が（躭牟羅国が、島であるとすれば）「南北千余里、東西数百里」、縦長の形である。短里か、長里かの問題はあるんですが。しかし済州島は、横長ですからね。この点からもちがう。「土に麞鹿多し。百済に附庸す」。つまり、百済の属国であると書いてある。

『隋書』に、もう一つ記事がありまして、北朝側の隋が、南朝側の陳を平定したときに、海戦を行ったとき、隋の軍船が漂流して、南のかた躭牟羅国に至った。その躭牟羅国は、自分の関係筋である百済へとその軍船を送り返した。そして百済から、さらに送られて、隋へと無事に帰れた、という漂流譚が、書かれているわけです。わりと簡単ですけれど、そういう形で書かれている。ですから、中国人が、実際に行ってみた国なんですね。「海行三月」というのも、その経験にたっているんでしょう。だから、これは単なる噂話を書いたものではない。他から聞いて、単なる奇譚として無責任に書いたものではない。ですから無視できないものがあります。

ですから躭牟羅国＝（イコール）躭羅国というのは、やはり間違いで、躭牟羅国は南海の国である。そうすると、百済からの献上物に珊瑚樹があっても、不思議ではないこととなります。

時代は、好太王碑の方がだいぶ早いですけれど、躭牟羅国は七世紀の隋の時に、いきなり「百済の属国」になったんではなく、それまでに百済と何か関係があったと考えた方が、自然ですからね。そうすると、百済は南海に、自分のルートを持っている、という感じがするわけです。すると「五尺の珊瑚樹」を献上したっていうのも、なんとなく納得できてくるわけです。

今までの、東アジアの古代史上で、おそらく問題にされていないことだと思うんです。〝南海に、百済と政治関係を結んでいた国があった。この国は、一体どこであろうか〟というテーマが、新たに発生するわけでございます。

その三、「守墓人」問題

次のテーマにまいります。普通、今まで好太王碑が問題になっていたのは、初めの三分の二くらいまでだったんです。つまり、「永楽五年……」「永楽六年……」という、歴史的な事実を書いているところが、大体議論の対象になってきたんです。

たとえば、先程の『研究史 広開土王碑』(佐伯有清)を見ても、たいていそうです。しかし実際は、この石碑の終りの三分の一が主題なんです。この部分はややこしいから、あまりお読みになったことがないと思うのですが、読んでみると簡単なんです。

今、一つ一つ読む時間がないので、読むうえのコツ、というのも変ですが、その〝コツ〟を申しあげておきますから、お帰りになって、パズルのように楽しんで、読んでみて下さい。この部分は特定の術語が、繰り返し出てくるわけです。たとえば、「国烟」「看烟」という、術語が出てまいります。この意味は、はっきりつきとめることはできませんけれど、要するに、好太王の墓を守るための民、つまり民戸に、国に直属する「国烟」という単位と、地方に属する「看烟」という単位の、二通りがあったみたいです。「国烟」「看烟」を合わせて、「烟戸」という言葉で呼んでおります。それで「国烟」をいくつ、「看烟」をいくつと、ずーっと書いてある。そのほかにも同じような術語が繰り返し出てきますから、同じ術語を同じ色鉛筆でマークすると、文の構造がつかめるわけでございます。

最後の三分の一のテーマは、誰に墓守りをさせるか、ということです。第三面の終りから八行目、上から十字目「於是旋還」までが、歴史的事実です。だから次の「又其」から、第四面終りから五行目の四字目「為看烟」までが〝墓守りの話〟になっている。

ここで、ちょっと申しておきたいことがあります。わたしは好太王と読んでおりますが、広開土王と呼んでいる人がおりますね。最近は、「好太王」というと〝もぐり〟で、正しくは「広開土王」だと思っている人がいるみたいです。教科書にも、そう直したのが出てきましたけれど、これは非常におかしいですね。井上秀雄さんとも、そういうことを話したんですけれど、釈文をご覧になると分りますように、「国岡上広開土境好太王」つまり〝土境を広く開いた、よき、正しい、すぐれた、偉大な王〟という意味ですね。「国岡のほとりで、広く土境をひらいた好太王」というんですから、「土境」という熟語になっているんです（二回は好太王の前に「平安」あり）。

要するに、飾り文句なんです。それを、土と境のあいだをちょん切って、広開土王なんて勝手な呼び方をしてもらっては困るんですよ。「好太王」は「国岡上広開土境の好太王」なんですから。なんで広開土王としたんですかねえ。まあ明治に広開土王とした人もあるんですが、あまりはやらなかった。それが、最近はやってきたのは、朝鮮民主主義人民共和国の学者が、「広開土王」と使いました。李進熙さんも使いました。そのあと、日本の古代史の学者が使いましたね。

なんで、はやったか。これは想像ですが、おそらく、なにか「広開土王」といったほうが、〝いばって聞える〟〝格好よく聞える〟と、いうんじゃないでしょうか。なぜ「好太王」にせず「広開土王」とするか、説明を書いていませんから、分らないんですけれど。ところが、それを真似る人が、ぱーっと出てきた。だから無定見ですよね。形容詞の一部分を勝手に切りとって、教科書にのせていくなんて、とんでもないことでございます（後代史書たる『三国史記』に依拠）。

最後に、第四面後ろから五行目、上から五字目、「国岡上広開土境好太王存時教言」。なんと、好太王の直接法の言葉が出てくるんです。金石文で、当時の人がしゃべった言葉が書いてあるなんて、珍しいですよ。そういう意味で、貴重な史料ですね。

「祖王先王但教取遠近旧民守墓洒掃」。「教」を「しむ」と読みます。〝お祖父《じい》さんの王、お父さんの王のときは、遠くや近くの古くからの属民に、墓守りや掃除をやらせてきた〟。ところが、「吾慮旧民転当羸劣」。わたしは旧民だけでは、能力が劣っているのを残念に思って、考えて、「若吾万年之後安守墓者但取吾躬率所略韓穢令備洒掃」。ここで、直接法は終っているんです。

「吾躬率」これが一番大事でして、先の歴史的事実の段のところで、「王躬率……」が出てまいります。これにたいして「教……」というところが出てまいります。

好太王が、自分で先頭に立って戦った場合は「王躬率」で文章がはじまるんです。部下の武将を派遣したときは「教」という形になるわけです。

『失われた九州王朝』でも述べておりますが、「躬率」という、好太王の姿を示す言葉が、ここでは「吾」を伴って出てまいります。前のところは、地の文章だから、「吾」が出てこないんですね。「王」です。ここは、本人の文章だから、〝「自分ですすんで征服した、韓・穢の征服民を使って、墓の掃除をさせろ」と、生前に教えて、おっしゃった。だから教えのように、新しく征服した韓・穢の二百二十家をとって当らせた。しかし新しく征服した人達だけでは、今までのルールを知らないのを心配して、旧民百十家をとって、新旧の合計を三百三十家にした。それで墓を守らせた。国烟が三十、看烟が三百、合せて三百三十〟と。計算がピタッと合ってますね。

問題はその次です。

「上祖」を——前は「祖先王を上《まつ》る」と、読んだんですが——「祖を上《まつ》る」のほうが、いいような気がするんです。「お父さんの時以来、墓のほとりは安全ではない」。倭人がやってきたというのが、関係しているかもしれませんが。

「墓を誰が守るか」というのが、ごちゃごちゃになって混乱するようになってきたから、好太王は、「祖先王のために墓ごとに銘文を付けた石碑を建て、この墓は誰が守るかを、間違えないようにした。また、どういう人に守らせるかを、制としてちゃんと決めた。今から以後は、土地を転売してはいけない。……」と、なっております。

最後の「之」は、置字でございまして、中国の四書・五経あたりに出てくる文例で、意味はない。文章の最後に置いて使うものです。だから、この置字をみても、好太王碑の文章は、ずーっと古い文体を使っております。

ここで問題にすべき第一点は、終りから三行目「上祖」を「祖をまつる」と読まざるをえない。これを「上《かみ》つ祖《おや》」なんて読むと、意味が全然合わない。だから、わたしの言いたいのは「稲荷山の鉄剣」で、いわゆる「定説」派の人達は「オノワケノオミ、上祖《かみつおや》の名はオオビコ、其の児の名カリノスクネ」と、読んでいくんです。そして、「其の児の名」っていうところの「多」を「名」の間違いであろう、あるいは、「名」がぬけているんだろうと解釈するわけです。

しかし『三国志』でもそうですが、まして第一史料である金石文を、〝間違っているだろう〟という形で読むのは、わたしは〝おかしい〟と言ったわけです。「乎の獲居の臣、祖を上《まつ》る。意冨比垝《いふひき》、其の児多加利《たかり》足尼と名づく」。二祖を祭る形、こう理解したわけです。

この好太王碑の文章も、どうも「祖をまつる」ですね。〝かみつおやが第一代。先王、つまりおとうさんは第二代〟ではおかしいですよね。だから「祖をまつる」でないと、わからないわけですよ。好太王碑は五世紀初め、稲荷山鉄剣は五世紀の終り近くの例ですから、非常に近い先例になっている。「祖をまつる」というテーマが、ここにも出てまいります。

最後にまいりますが、重大な問題があります。

結局、好太王碑の目的は、〝誰に、この墓を守らせるか〟というテーマが、最終の言いたいことであります。

前の方の、〝何年にどうした、何年にどうした〟は、いわば、〝前提条件〟みたいなものです。前の方に「○○城」、「○○城」と、いっぱい出てくるでしょう。「国烟」「看烟」のところにも「○○城」「○○城」と出てきて、かなりだぶっています。つまり、征服した「○○城」で、「国烟」「看烟」を、いっぱいつくっているわけですよ。こういう形で、話は前後相呼応しているわけです。

もちろん、〝何年にどうした〟という功績をたたえる、功勲碑の性格は当然あるんですが、それが〝守墓のテーマ〟に、結局結びついているわけです。ここまで読んで、初めて、あの文章の全体の姿がわかった、となるんです。

そうしますと、大事な問題を簡単に申すようになりますが、この文章の最初の方、第二面四行目中程に、百済が降服して「生白」を献上する話が出てまいります。

これは、先程の武国勛さんに聞いて、びっくりしたところです。「生白」は「生口」の間違いである。李進熙さん等は〝「生口」が正しいのに、酒匂自身が間違えたんだか、酒匂が命じてやらせたのが間違えたか、わからないけれど、「生白」になっているのはおかしい〟と言ったわけです。これは皆も「なるほど、酒匂本は信用できない」という、感じだったんです。

ところが、武さんは「『生白』が正しいんです。『生口』じゃありません。現地では『白徒』は奴隷を意味する言葉です。『生白』とも申します。非常に古い言葉です。それが使われております」。こう言われるんです。

これは大変なことですよ。〝酒匂本が正しい〟ということです。酒匂本が、原文を伝えている。石で「生白」になっている。そして「生白」を献上したのが、「守墓」に関連している感じがある。直接は書いてないけれど、ムードとしてつながっている感じですね。

ところで、中国は東アジア最大の生口国家（実体は生白と同じ）ですけれど、東夷の中では倭国が最大の生口国家ですね。中国の歴史書に、生口の記事が一番よく出てくるのが倭国ですから。『後漢書』で、「帥升の生口百五十人献上」。『三国志』卑弥呼のところでも、壱与のところでも、「男女の生口献上」が出てまいります。

この生口は、どういうことをさせられたか。その中の一つに、「墓を守る」ということがあったのではないか。それが倭国の中でも、またやらされていたのではないか、という問題が、一つのテーマとして出てくるわけです。

博多湾岸を中心とする倭国が、生口国家である、としますと、その生口国家の一隅、一端から出て、大和に侵入した神武、私の『盗まれた神話』、『ここに古代王朝ありき』を、お読みになった方はお判りのように、九州では、うだつのあがらない地方豪族出の青年だった神武が、銅鐸圏の中枢域に侵入して、いったん破れ、副中心の大和に入って「まつろわぬ」者を殺し、従うものを支配下に入れた。崇神・垂仁の時に、銅鐸圏の中心を手に入れた。こういうふうに、私は論証したわけです。

そして、銅鐸圏を支配した直後に、近畿を中心に「天皇陵」とよばれる、巨大古墳群が出現してまいります。その墓は、誰をして守らしめたのであろうか、という問題が必然的に出てくるわけです。あれだけ巨大なものを、守墓人なしに維持していたとは、考えられない。

そうすると、古墳時代という意味で、ほぼ同時代の証言（「好太王碑」）で〝新しい征服民をして墓を守らしめたのではないか〟という問題が出てくるんです。「好太王碑」には、お父さん、お祖父さんの話が出てくるから、四世紀段階からの話と考えていいんでしょうがね。

これは、あまりに重大な問題ですから、簡単に、「拡大解釈」「延長解釈」、いわんや、時間軸を後世にもっていって、解釈をみだりに延長することは、厳につつしまなければいけない。論証ができることをできるとし、論証できないことを、想像で簡単に〝おぎなって〟はいけない。これは、あくまで「古代史の問題」として考えなければいけないと思います。

しかし、わたしは今後、古代史を論ずる場合に、この重大問題をぬきにして論ずることはできない。この重大問題をぬきにして論ずるのは無理ではないか、という感じをもつものであります。

生意気ですが、今日の最後に、皆様に投げかけるテーマとして、これをお伝えしたいと思いました。

ご聴講ありがとうございました。

□好太王碑の諸問題〈講演会当日のレジメ〉

①「其国境」問題

「新羅遣使白王云、『倭人満㆓其国境㆒潰㆓破城池㆒以㆓奴客㆒為㆑民……』」（永楽九年項）

cf、三国志の証言（東夷伝）

a 韓は帯方の南に在り。東西、海を以て限りと為し、南倭と接す。（韓伝）

b弁辰、辰韓と雑居す。……其（弁辰）の瀆盧《とくろ》国、倭と界を接す。（韓伝）
c郡より倭に至るに、……其（倭）の北岸、狗邪韓国に到る。（倭人伝）
dイ、七千余里（郡→狗邪韓国）ロ、五千余里（倭地、周旋）ハ、万二千余里（郡→女王国）（倭人伝）
e●対海国—△対馬（南島）、●一大国—△壱岐、●狗邪韓国—△X（「任那か」）〔●は中国側称呼、△は日本側称呼〕

《狗邪韓国は倭地》基本命題

②「五尺珊瑚」問題
「官兵移師百残口其城百残王懼復遣使献五尺珊瑚樹二朱紅宝石筆牀一他倍前質其子勾拏太王率」

王志修・栄禧釈本（第三面第一行）

大正二年、関野貞等の調査団の発見。

（今西）　（今西）（朴）

…………辞…………潰
△権藤成卿『南淵書』（南淵請安）の偽作性明白化。〔「王（好太王）知倭不屈」などを空白部に当《あ》つ〕
cf、隋書百済伝（従来、躭羅国〈済州島〉と同一視）
「其の南、海行三月、躭牟羅国有り。南北千余里、東西数百里、土に麞鹿多し。百済に附庸す」
③「上祖先王」問題（四、七行）
祖王先王（四、五行）、祖先王（四、八行）上＝マツル
自上祖先王以来＝×上祖（カミツオヤ）・先王より以来。（意味不通）
◎自《よ》（＝由）りて祖を上《まつ》る。

cf、乎獲居臣上祖名意冨比垝其児多加利足尼

×オノワケノオミ、上《かみつ》祖《おやの》名《な》オオビコ、其の児の名カリノスクネ（埼玉県教委―狩野、田中、岸読解）

●乎の獲居の臣、祖を上《まつ》る。意冨比垝、其の児多加利足尼と名づく。（古田『関東に大王あり』創世記刊、第二刷　三六四頁）

第四章　筑紫舞と九州王朝

1　魏・西晋朝短里の三論証

「里単位」問題は論議無用か

初夏の風薫る本日、わたしの話を聞きにおいでいただきまして非常に恐縮に存じております。

今日は「筑紫舞と九州王朝」という題目でございますが、前半の五十分ほどを「魏・西晋朝短里の反論と三つの論証」というテーマについて話させていただき、休憩のあと本題に入らせていただきたいと思います。ただし本題は内容が豊かといいますか、わたしがそうであったように皆さまにとりましても、従来の概念にないわけですから、わたしの探究のいきさつを申し上げるのに一時間半くらいでは話し尽くせないと思います。この点は、晩の懇親会で足らなかった話をさらに突っ込んでさせていただくということで、時間の許す限りお話し申し上げたいと思います。これはいずれ本になりますので、それをご覧いただけたらと思います。

魏・西晋朝短里の問題は邪馬一国（従来の人の「邪馬台国」）の場所を決める上で、どうしても欠くことのできない基本的な論証である、とわたしは考えております。ところが最近、松本清張さんが毎日新聞社の創刊百十年記念の式典の時に古代史に関する講演をされまして、それが四月でしたか、上・下というかたちで『サンデー毎日』に二回にわたって載ったのをご存じの方もおいでと存じます（後に松本氏の『歴史游記』日本放送出版協会刊、所収）。

「上」の方は邪馬台国の問題が対象になっているわけです。この中で松本さんは「倭人伝の里数問題」に触れて、「私（松本）は倭人伝の里数というものは信用できない。陳寿がいい加減といいますか、適当に数字をあてて書いた虚数であり、あてにならない詐りの数値である、ということをかつて言ったのですが、（『古代史疑』あたりで何べんも言っておられますね）。そのせいでもないだろうが（これは遠慮しておられるのだと思うのですが）、最近では学界で〝倭人伝の里数〟をまともに、まともな数値として取りあげる人はいなくなった。つまり〝これはあてにならないものだ〟〝問題にする値打ちがないものだ〟ということが、いわゆる学界の通念といいますか、一般に認められているようでございます」ということをはっきりとおっしゃっておられまして、その上にたって従来の里程虚数値説を長い分量をかけて論じておられるわけでございます。

わたしはこれを見て意外に思ったわけでございます。それはこの一両年、「倭人伝の里数」問題、「里単位」問題はおそらく古代史の中では最も熱心な論争が集中されている分野の一つである、と言っていいだろうと思うからです。たとえばわたし自身を振り返ってみましても、一昨年（一九八〇）、安本美典さんと七時間にわたる長時間対談（『歴史と人物』七月号）で行いました。そこでも重要なテーマの一つになったのは、いわゆる「里単位」問題だったわけでございます。

また去年（一九八一）の秋に白崎昭一郎さん（福井県のお医者さんで、古代史について次々論文を発表しておられる方です）が、わたしが「江東方数千里」を「約五、六千里」という意味にとったのに対して、果してそうとれるかどうか、「数～」は「約五、六」としていいかということに焦点を絞って、かなりの分量の論文を書いてわたしに対する批判を公にされました。これに対してわたしが論点を一つずつとりあげて再反論をしたわけでございます（『東アジアの古代文化』28号・29号、一九八一年）。というのが、昨年の終り近くにございました。また先日出ました『季刊邪馬台国』12号でもこの「里単位」問題がとりあげられまして、わたしに対する論文が並んでおりました。これはわたしにとりまして有難いことです。

批判がその通りだと思った場合は、当然、それに従ったらいいわけです。自分がこれまで思いつかなかったことを他人《ひと》が教えてくれるのですから、こんな有難いことはないのです。ところがそうではなくて、いくら多くの人の批判でもその論点を検討してみると、採用してみるべきものが見られないとなれば、このことを述べればいいわけです。この他『計量史研究』という東京（東京都千代田区九段南4―7―16、日本計量新報社刊）で発行されているちょっと特殊な雑誌で、わたしのよく存じている青年、篠原俊次さんが非常に長い論文を継続中です。現在三回くらいですか、なお継続中です。これはすべて『三国志』の「里数値」問題である。

ですから、今あげましたもの以外にもございますが、この「里単位」問題は、古代史の世界で今までにない非常に熱気を帯びた論議の的になっている。これはここにいらっしゃる皆さんはおそらく百もご承知のことだろうと思うのです。ですからこういう状態を知っていたら、「里数値」を問題にする人は学界ではいなくなったと、松本さんのような言葉は出ないのだろうけれど、おそらくあれほどお忙しい方でございますから、こういう実状をご存じなくてといいますか、見る暇がなくてああいうことを言ってしまわれたんだろうと、同情しているわけでございます。

ともあれ、今申し上げたように熱い問題です。かつ、現在熱いというだけではなくて、この邪馬台国の問題を解いていく上で「わたしはこう思う」「わたしはこう思う」という感想の述べ合い段階ではもはやなくて、基礎をなす問題、決めどころをなす問題は何か、ということを詰めていく段階に、現在は明らかに入っていると思います。その場合、一方では考古学的な出土物——鏡・矛・絹等——の問題がございます。他方、文献でいく場合どうしても避けることができないのが、いわゆる「里単位」問題です。倭人伝の「里数値」はどういう「里単位」に立っているかという問題をやり過ごしておいて、「それはともあれ、邪馬台国はここだ」というのは、今から十年、十五年以前ならいざ知らず、現段階において意義が著しく薄くなっているのではないかと、わたしには思われるわけでございます。

わたしは去年、「里単位」に関する論文（「魏・西晋朝短里の方法」／『文芸研究』100号・101号、東北大学文学部。『多元的古代の成立（上）』駸々堂出版刊、所収）を書いたのですが、この論文を書いたあとになって、新たに面白い問題が見つかってきたので、それをふくめて皆様にご報告しておきたいと思って、今日とりあげたわけでございます。

その一、赤壁の論証

赤壁の戦いというのは中国人にとって非常に有名な戦いでございます。日本でいえば関ケ原とか、桶狭間というふうな、誰でも知っている戦いです。これは『三国志』に述べられている戦いでございます。概要は、魏の曹操が勝利の勢いに乗って、揚子江の北岸（今の武漢近辺）の赤壁というところへ押し寄せてきた。さあ揚子江を渡って南岸に殺到しようという勢いを示している。これに対して呉の孫権、

郵便はがき

料金受取人払郵便

山科局承認

128

差出有効期間
平成28年1月
20日まで

607-8790

（受　取　人）
京都市山科区
日ノ岡堤谷町1番地

ミネルヴァ書房
読者アンケート係 行

◆ 以下のアンケートにお答え下さい。

お求めの
書店名＿＿＿＿＿＿＿＿市区町村＿＿＿＿＿＿＿＿＿＿＿＿＿＿書店

＊ この本をどのようにしてお知りになりましたか？ 以下の中から選び、3つまで○をお付け下さい。

A.広告（　　　　）を見て　B.店頭で見て　C.知人·友人の薦め
D.著者ファン　E.図書館で借りて　F.教科書として
G.ミネルヴァ書房図書目録　H.ミネルヴァ通信
I.書評（　　　　）をみて　J.講演会など　K.テレビ·ラジオ
L.出版ダイジェスト　M.これから出る本　N.他の本を読んで
O.DM　P.ホームページ（　　　　　　　　）をみて
Q.書店の案内で　R.その他（　　　　　　　　）

書名 お買上の本のタイトルをご記入下さい。

◆上記の本に関するご感想、またはご意見・ご希望などをお書き下さい。
文章を採用させていただいた方には図書カードを贈呈いたします。

◆よく読む分野（ご専門）について、3つまで○をお付け下さい。

1. 哲学・思想　2. 世界史　3. 日本史　4. 政治・法律
5. 経済　6. 経営　7. 心理　8. 教育　9. 保育　10. 社会福祉
11. 社会　12. 自然科学　13. 文学・言語　14. 評論・評伝
15. 児童書　16. 資格・実用　17. その他（　　　　）

〒
ご住所

Tel　（　　）

お名前《ふりがな》　年齢　歳　性別　男・女

ご職業・学校名
（所属・専門）

Eメール

青年の日、師の言葉が考究の生涯を決定づけた…。思索の軌跡を集成する新シリーズ、ここに刊行開始

古田武彦・歴史への探究

既刊3冊　古田武彦著　古田武彦と古代史を研究する会編　四六判上製

① 俾弥呼《ひみか》の真実

はしがき
第一篇　俾弥呼のふるさと
第二篇　俾弥呼の時代
第三篇　真実を語る遺物・出土物
第四篇　抹消された史実
第五篇　もう一つの消された日本の歴史――和田家文書
編集にあたって（古田武彦と古代史を研究する会）
人名・事項・地名索引

＊三七八頁／本体三〇〇〇円＋税

② 史料批判のまなざし

はしがき
第一篇　東洋に学ぶ
第二篇　西洋に学ぶ
第三篇　史料批判のまなざし
第四篇　倭人も海を渡る
第五篇　歴史は足で知るべし
編集にあたって（古田武彦と古代史を研究する会）
人名・事項・地名索引

＊三七二頁／本体三〇〇〇円＋税

③ 現代を読み解く歴史観

はしがき
第一篇　現代を読み解く歴史観
第二篇　明治の陰謀
第三篇　永遠平和のために
編集にあたって（古田武彦と古代史を研究する会）
人名・事項・地名索引

＊三六二頁／本体三〇〇〇円＋税

ミネルヴァ書房　〒607-8494　京都市山科区日ノ岡堤谷町１番地
TEL075-581-0296/FAX075-581-0589　宅配可(手数料@500+税)

蜀の劉備が連合して魏の軍を迎え討った。この連合については蜀の名宰相諸葛孔明の、孫権に対する説得があったわけです。ところで揚子江両岸で北と南に相対峙したままで戦闘が起らなかったわけですが、やがて戦機が動きはじめた。南の岸の方から船が十艘ばかり北へ漕ぎだしたのを、北岸の曹操側が認めたわけです。

これは呉の名将周瑜《しゅうゆ》という将軍がおりまして、諸葛孔明に相対するような呉の名将でございます。この周瑜の部下に黄蓋という勇敢な猛将がございまして、彼の立案に基づいて彼自身が実行する作戦だったわけです。黄蓋が船に乗って揚子江の真ん中（中江）に漕ぎいでました時に、一斉に船の中から降服するということを兵士達が口々に叫んだ。黄蓋が叫ばしたわけです。すると北岸の曹操の軍勢は、呉・蜀は利あらずとみて降服したかと思って喜んで、陣営から出て、やってくる船を見ておった。

ところが船がさらに北岸に近づいて〝北の岸を去る二里余〟のところで、いきなり船に火をつけた。いっせいに火をつけた。それは幕に覆われて見えなかったんですが、実は船の中に鯨油を沁《し》み込ませた枯れた柴や、枯木の類をいっぱい積みこんでいたのに火をつけたから、ものすごい勢いで燃えあがったのです。と同時に、兵士達は舫《もや》い舟みたいな形で小さなボートを着けていたらしいのですが、それに乗ってともづなを切って、一目散に南の岸に逃げ帰った。

火だるまになった無人の船が風にのって北の岸に殺到していった。それで魏の方はびっくりして、早く逃げろ（流されるのを恐れて、おびただしい船を鎖でつなぎあっていたらしいので）鎖を切れといっていたが、間に合わない。火だるまの船が押し寄せ、衝突し、魏の船は次々と炎上した。さらにそれが飛火して陸の上の曹操の張っていた陣営にまで飛び移って、陣営もつぎつぎと火災をおこしていった、ということです。

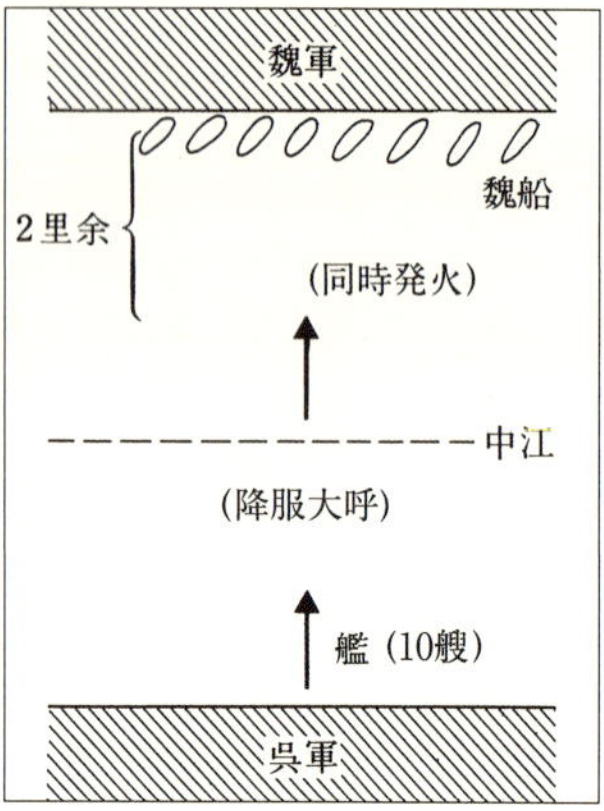

赤壁の戦い想定図

魏の軍は今までの優勢が一転しまして、ほうほうのていで黄河のかなたへ逃げ帰っていった、というのが、有名な赤壁の戦いでございます。だから戦いといいましても、戦わなかった戦いみたいなもので、奇策によって冒頭において一挙に決してしまった戦いでございます。これが中国人には人気の高い戦いの話の一つになっているわけでございます。

ところで、問題は「二里余」です。これが出てきますのは『三国志』ではなくて、『三国志』の作者、陳寿と同時代の西晋の学者虞溥《ぐふ》が書いた「江表伝」の赤壁の戦いの描写に出てくるわけでございます。「江表伝」は『三国志』より具体的、かつ詳しく描写しています。『三国志』の注釈を五世紀の裴松之がつけたわけですが、その時『呉志』の中で一番よく使ったのがこの「江表伝」でございます。だから『呉志』ではいたるところで出てくるのですが、そのうちの一つが赤壁の戦いの注釈です。

その描写の中に「二里余」が出てきます。「北軍を去る二里余、同時発火す」というわけです。ではこの「二里余」はどれくらいの距離であろうかと考えてみます。わたし以外のほとんどの論者が言っているような、いわゆる〝漢代の長里〟（一里が約四百三十五メートルと山尾幸久さんが算定されました）によって考えてみます。「二里余」を仮に二・三里か二・四里くらいに考えてみますと約千メートル、つまり一キロ前後になるわけでございます。

揚子江の真ん中、中江に来て降服するという。なぜ降服するかというと、それ以上近づくと魏の側から矢や石が飛んできて危ない。しかし近づかないと、奇策が効を奏さないというので、さらに接近するため、敵を欺くため降服すると言ったんだと思います。

だからこの場合、さらに近づいて千メートルのところで火を放つのですから、揚子江の中江といったところはだいたい千五百メートル前後の感じになってまいります。そうすると揚子江全体の幅は三千メートルぐらいなければ話はうまくおさまらないことになってまいります。これは〝約〟でございますけれど。これに対してわたしが言っております「魏・西晋朝の短里」（魏や西晋時代は漢代の約$\frac{1}{5}$〜$\frac{1}{6}$の里単位が用いられていた。わたしの計算では一里が九十メートルから七十五メートルの間で七十五メートルに近い）約七十五メートルが用いられていたと考えますと、「二里余」は二・三里か二・四里で計算してみますと、大体約百八十メートルくらいになるわけでございます。

そうしますと、百八十メートルくらい無人の火だるまの船が突入するわけですから、その前の中江は二百か二百五十メートル前後と考えていいでしょう。そうすると揚子江の川幅は五百メートル前後あれば大体話が合うということになってくるわけです。そうしますと、赤壁の川幅は一体どのくらいあるのかというのが問題になります。そこでこの川幅をいろいろと手をつくして調べてもらいましたが、なかなか分りませんでした。

ところが、昨年の一月になりまして、やっと中国側から答が返ってまいりました。北京の『人民中国』の日本語版編集部から回答が返ってまいりました。北京の中国人がすぐ分るというものではないらしく、武漢近所の『人民中国』の支社に問い合せるか何かするんだと思いますが、案外時間がかかりました。東方書店の神崎さんを通じて問い合せたわけですが、その回答は赤壁の川幅は四百メートルないし五百メートルであるということでした。ここに写真をコピー（略）してありますのは『人民中国』にかつて載ったものです。赤壁山という字がそこに刻まれており、向う岸が見えています。これはやはり四百ないし五百メートルということでございます。

そうするとこれは、先程わたしの申しました「魏・西晋朝の短里」というものが、当時は使われていたんだ、という仮説とドンピシャリ合うわけでございます。ところがわたし以外のほとんどの人が主張し、今でも頑張って主張しておられる〝「魏・西晋朝の短里」などはありえない。漢代と同じ一里が約四百三十五メートルの時代であった。「倭人伝」だけがおかしいのだ〟という立場、従来の「定説」の立場からみると、全く合わない。

白鳥庫吉以来、皆そう言っているから「定説」と思っているけれど、人間が立てた「説」ですから、ある時期、多数の人の賛成を得ていても「仮説」に違いないのです。その「仮説」が事実に合わなければ、いくら「定説」となっていても、それは破棄されなければならない。これは当然の道理です。ということで、わたしとしてはスッキリした回答が得られたわけでございます。

この点、考えてみますと、もう一つの側面の方が一段と意味があるのかもしれません。それは千五百メートルのところで降服すると言って聞こえるのか、とか、さらには約千五百メートル過ぎたら石や矢が飛んできて危ないのか、とかが問題ですね。京都に三十三間堂の通し矢がありますが、当時の矢はどのくらいの飛行距離があるのかという側面です。さらには無人の火船、火だるまの船が、約一キロも進んで行ったら、その間に然えつきてしまうのではないか、消えてしまわないかもしれませんが、火の盛りは過ぎてしまうのではないだろうか。だから、到着の時にはかなり火が衰えているのではないか、というような問題があります。

その他、揚子江はかなり流れがあるわけです。船に発動機があるわけではないのです。風に頼って無人の船を放つわけですから、一キロもありましたら、川下の方に流されてしまって目指す北岸の軍船にはあたらないのではないかということです。これは案外馬鹿にできない、物理的な問題として存在するだろうと思います。以上、いずれをとりましてもわたしの言っております「魏・西晋朝の短里」の場合は、極めて自然であるとわたしには思われます。

中江という約二百五十メートル前後からさらに北岸に近づかないと、こういう効果を発揮しないということですから、二百五十メートルで降服すると言えば千メートルよりは聞こえます。また二百五十メートルくらいは当時の矢や石の飛行距離はあったと考える方が、恐らく千メートルあったと考えるより自然だろうと思います。さらに無人で船を離した場合、百八十メートルくらい流されてもまあまあ大丈夫、鎖でつながれた船が目標ですからね。千メートル行くよりも誤差は少ないと考えるのがごく自然だと思います。

だからこそ、いずれをとってもわたしの仮説に立った方が非常に自然に理解できる。ところがいわゆる長里に立った場合には、いずれにおいても一所懸命いろんな理屈をつけて弁明しなければいけない、ということです。これは川幅問題とは別の意味で、重要だと思います。

なお一言つけ加えますと、赤壁というのはいくつか候補地がございます。日本で「邪馬台国」が日本列島だけでなく、かなりの候補地ができておりますように、お国自慢というのですか、うちこそ赤壁だというらしいのです。しかし中国本土いたるところが赤壁というわけにはいきません。戦況が限定されております。赤壁前後の描写がありますので武漢近所になるわけです。ですから川幅がそう大きくは変らない。多少、五十メートル、百メートルは変ることはあるでしょうけれど、五、六倍の違いがあるというような川幅はむつかしいようです。揚子江の河口などにもっていくわけにはいきませんからね。

いくつか候補地はありましても、先程言ったわたしの申しました論理性、〝長里では無理だ、短里だとぴったりする〟という問題は動かしようがないようでございます。「二里余」という距離ではなかなか測定しにくい、A点からB点まで二里余りというときには、それが長里か短里かを現在確認はしにくいというのが普通ですが、この場合はそれが、例外的に明らかになるケースなのです。

『東アジアの古代文化』29号のわたしの論文の中で赤壁の問題を出したのですが、この時はまだ正確な川幅は分っていなかったんです。東京の中国大使館に朝日トラベルの竹野恵三さんを通じて、赤壁の川幅を聞いてもらったのですが、川幅は今すぐ分らないが、すぐ傍と言っていい武漢大橋の幅は分っている、約一・四五キロと数値を教えて下さったわけです。

中国に行かれた方はご存じのように、中国の橋は日本の橋とは違います。日本の橋は川の幅と大差ないのですが、中国の場合は平地に比べて土手が非常に高いので、大橋は川幅以上に延々と両側に陸地の上を周行して土手に橋が掛かっているわけです。その全体を橋の長さとして表現しているわけです。わたしは上海の大橋を通りましてそういう状況を見たわけでございます。武漢と成都の大橋には行っておりませんが、行かれた方にお聞きすると同じ状況らしいです。橋の長さが一・五キロ弱とすると本当の川幅は一キロを下まわるだろうということです。

そうしますと長里では成り立たない、という論証で『東アジアの古代文化』29号では書いたわけです。白崎さんも今回の『季刊邪馬台国』12号の論文では、この点、お答えがなかったようです。まだ長里の立場から、赤壁の「二里余」を理解するための方法が見つかっておられないのだと思います。

その二、帯方郡の論証

次は「帯方郡の論証」にまいります。

倭人伝で帯方郡治から狗邪韓国までを「七千余里」と書いてあることは有名ですが、これは最初が帯方郡内、あとが韓地内です。ですから帯方郡内、つまり帯方郡治から韓地西北端までの海岸部も、倭人伝と同じ里単位で書かれていることとなります。また『三国志』には韓伝があります。倭人伝の直前です。そこに韓地の広さとして「方四千里」と書かれています。一辺が四千里四方の正方形に内接する、つまりすっぽりはまるくらいの大きさだということです。

この里数値が「漢代の長里」つまり一里が約四百三十五メートルの単位ではなく、短里と考えるにせよ、誇張と考えるにせよ、倭人伝と同じ里単位に立っているものと見られるわけです。この点は、なぜか明治の白鳥庫吉（これを四周と理解したようです）以来、ながらく見のがされてきていたことだったのですが、幸いにも現在は古代史関係の研究者がほとんど認めているところだと思います。ここにおいても韓国の北の境、東西の北の境が四千里（「方」というのは縦も横も四千里の正方形ですから）ということ、すなわち国境が四千里ということです。

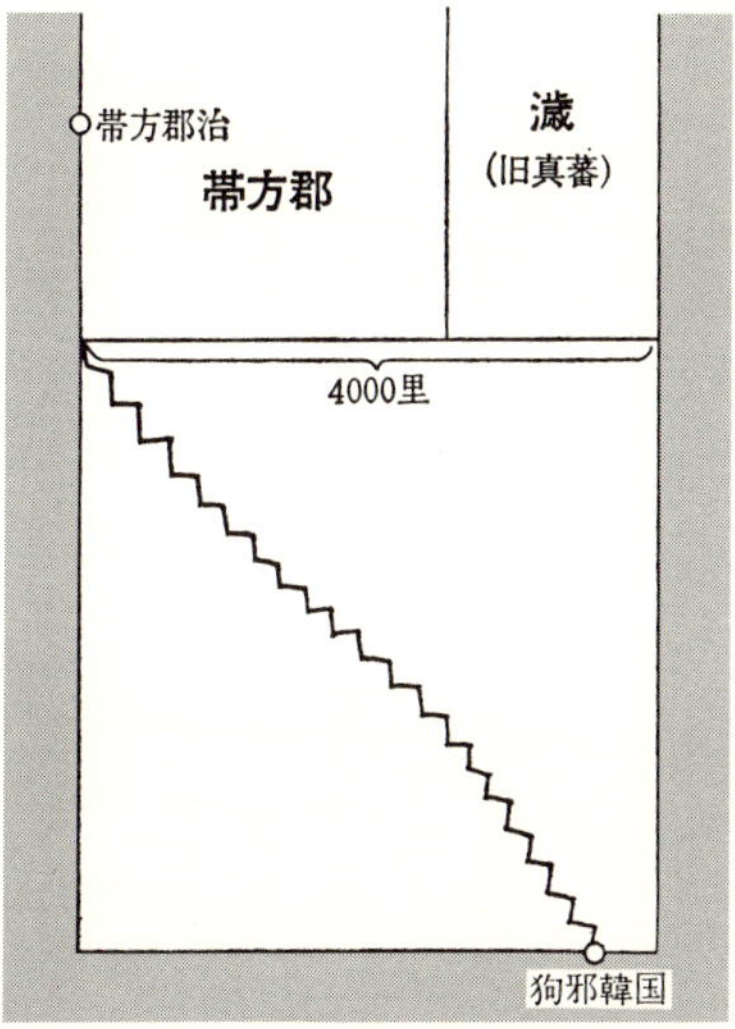

中国の直轄地における魏晋朝短里

国境は片方だけでは成り立たない。両側に国があってはじめて国境が成り立つのですから、韓国の北の国は帯方郡であり濊《わい》である。濊はかつて漢の時代に四郡の玄菟《けんと》・真番《しんばん》であった部分が独立して濊になっているわけです。

そうすると国境の北側は、中国側の現在の帯方郡とかつての玄菟・真番（旧直轄地）の南の国境を同じ四千里（短里）で認識していることを意味しているわけです。先程の「七千余里」の場合と同じようになってくるわけです。中国側はけっして韓国や倭国だけを短里で書いているのではなくて、自分の直轄領もまた同じ〝里単位〟で認識して記録しているという問題を含んでいるんだということなのです。韓伝・倭人伝だけが短里、それ以外は全部長里という考え方は成り立たないのだと述べたわけでございます。

この点について、『歴史と人物』の長時間対談のとき、安本さんにハッキリ申し上げたわけですが、くりかえし念が押されたわけですが、安本さんは再度ともお答えになることはできなかったのです。つまり、このテーマは現在も生きているというわけです。今回の『季刊邪馬台国』12号での安本さんの論文でも、この点の反論がありませんでしたので、つづく号の論文で、かつての長時間対談でお答えになれなかったこの問題をどうお答えになるか、楽しみに次号以下を待っているわけでございます。なお『歴史と人物』の長時間激突対談はかなりのスペースをとってくれましたが、『歴史と人物』に載ったのはごく一部分です。だから全体を収録したものを活字に作りたいとの要望が、出版社や研究会でございます。わたしも大賛成ですので、安本さんにもご賛成いただき、『歴史と人物』の編集部も協力していただいて、一日でも早く、これが活字化されることを希《のぞ》んでいます。

その三、会稽東治の論理

わたしには最近つくづく思えることがあるのです。「この文章は百も承知だ」と思っているところがありますね。ところがそういうところが危ないのですね。見過ごしている。本当の本質を見逃しているのです。自分は知った気になっているから心ここにあらずで、何回読んでもスーッと素通りしていくということを、何回も最近、経験しました。その一つがこれからお話しすることです。

郡より女王国に至る万二千余里……其の道里を計るに、当《まさ》に会稽東治《ち》（旧説治《や》）の東に在るべし。

（倭人伝）

中国本土と倭国

という有名な文章があるのは、皆さんよくご承知だと思います。「其の道里」の「其の」とは何を指すかはいうまでもなく、その直前にある「万二千余里」を指す他ないのです。だから〝万二千余里の道里を計る〟つまり計算する、計測すると、当然、会稽東治の東に女王国はなければならない、ということを、陳寿は書いているわけでございます。

いろいろ言わなくても、大陸本土側の里数を陳寿が手元に持っているわけですね。大陸のどこからどこまでは何里ということは、歴史書というものには書きませんから、『三国志』には出てきませんね。地理書とか行政の文書に書いてあるものですから。歴史書にはわざわざ書かないだけで、自明のこととして知っているのです。これを手持ちの知識にして『三国志』を書いているわけです。

〝郡〟は帯方郡、ソウル付近ですね。ここが中国本土のどこの東になっているか、これも自明の知識です。地図で見ても、山東半島の先の東の方になっているのです。すると山東半島の根っ子あたりから会稽山あたりまでが何里かは皆知っているわけですよ。陳寿も知っているし、読者も知っているわけですよ。だから今さら書く必要はないわけです。

この手持ちの里数記事に対応させてみると、山東半島の東の帯方郡治から一万二千里というのだから、大体会稽山近辺の東に女王国はなければならない。こういう推定・認定を行っているわけです。すると、この両者が同一の、「里単位」に立っていなければ、こんな文章は成立できない。もし両者の「里単位」が違うなら、〝これは六倍の里単位である〟とかいったふうな注釈がいるわけです。それなしにこんな文章を書くことができるというのは、明らかに「中国本土側の里単位」と「倭人伝の一万二千里という里単位」とが同一である、という自明の前提に立ってこそ成り立つと思うのですが、皆さんどうでしょう。

この一点をとっても、白鳥庫吉以来言ってきた〝倭人伝だけ特別な途方もない数値、五、六倍も誇大な数値で書いている〟という話は成り立たないのです。言ってみれば白鳥庫吉はこの「会稽東治」の文章を読んでいなかったんですね。生意気なことを言うようですが、わたしも読んでいなかったんですね。『邪馬壹国の論理』（朝日新聞社刊）でも地図を使っているのですが、それにもかかわらず、明確にこれのもつ論理性にわたし自身気がついていなかったわけですよ。

しかもこのように測定した結果、大体合っているわけですよ。会稽東冶をどの領域にとるかが問題ですが、わたしは会稽を会稽国にとるべきだと思っております。それは直前に、夏后少康の子という、会稽国に封ぜられた君主の名前が出ておりますから、それを受けて会稽国、その東の治めた領域という意味です。普通、会稽山を中心に北は揚子江の河口の北側付近までが考えられております。すると「万二千余里」で〝大体合う〟のです。まっすぐ東にいくと琉球にいくとかの話がありますが、多少「誤差」ができるのは当り前です。直線で「万二千余里」ではないですよ。東へいったり南へいったりしていて、これをどのくらいにとるかによって違いますからね。誤差ができて当り前なんです。しかし大体合っているのです。

これがもし仮に、わたし以外の人が言っているように〝会稽東冶〟を〝会稽東冶〟と考えてみても話は変りません。〝誤差がより大きい〟というだけで、やっぱり〝大体合っている〟のです。場所は台湾の対岸の方になりますが。なぜなら、もし中国本土が長里で認識されていて、これを基準尺に持っていてこれを測ってみると、「万二千余里」の倭国は、当然、赤道の南にいくわけです。とすると、「遙か南方海上にあるべし」といった文章にならないといけないわけです。五、六倍ですから。ところがそうなっていない。

だから基準尺となった中国本土の〝里数値〟の基礎をなす「里単位」と、倭人伝の「万二千余里」という里数値の「里単位」は同一であったからこそ、大体合うのです。古代史に関心を持つ人なら知らない人のいない、この有名な言葉を本当に理解していたら、〝倭人伝誇大里数値説〟、魏の使いが恩賞目当てに大嘘をついたとか、「韓伝・倭人伝だけが短里」という部分短里説は、一切成り立つことが初めからできなかった。そのことに、わたし自身が最近気がついて愕然としたわけでございます。

このことは先程申しました「帯方郡の論証」、つまり〝韓伝・倭人伝と同じく直轄領を短里で表現しているということは、魏・西晋朝が短里を公文書の里単位としていることを意味する〟というこのテーマとも一致します。また『三国志』と同時代の著者虞溥が書いた「江表伝」で、同じ「魏・西晋朝の短里」によっていると見なければ理解できない有名な赤壁の戦いを語る「二里余」の文章がある。これはどう見たって中国本土の内陸部ですから、この話とも一致する。

以上三者を結びつけますと、『三国志』はやはり魏・西晋朝の短里のもとに書かれている、と言わなければならない。この認識を再確認せざるをえないわけです。「『三国志』全体は長里だ」と言いたい人はこの論点を避けず、しっかり答えたうえで言わないといけないですね。この点を逃げて他でいろいろ言ってみたって、本当の論争にはならない、とハッキリ申し上げたかったわけでございます。

以上をもって「魏・西晋朝短里の三論証」をお話し申し上げたわけです。わたし以前のあらゆる人が、女王国の位置を倭人伝の帯方郡から女王国までの距離の里程の各部分を足して「一万二千里」にならないままの考え方でやってきましたが、これではやはり駄目だということです。これが通用していたのは里数は誇大値だ、信頼できないという立場に立って、部分を足して全体にならなくても信頼できない人が書いているのだからやむをえない、などとしてきた甘い認定方法、いいかえれば甘い心理に立っていたからです。

しかし事実はそうではない。魏・西晋朝公認の里単位によって、中国本土と同じ立場で書かれているとなりますと、「部分」を足して「全体」にならないようなやり方で女王国の位置を考えては駄目なんですよ。わたしは道行き読法と島めぐり・半周読法によって、各部分里程の和が総里程になるという立場に立ったので、『「邪馬台国」はなかった』を書く端緒をつかんだのです。仮にわたし以外の方法であってでも、部分里程を足して総里程になる、という立場で、このルールを守って、わたしのいう邪馬一国、従来の人のいう「邪馬台国」の位置は、必ず解読されなければならない、というのが「里単位」問題の結論でございます。

2　伝承されていた筑紫舞

「四夷の舞」を真似た宮中舞楽

今からお話し申し上げる筑紫舞を、現在やっておられる西山村光寿斉さん、長女の西山村光寿さん、次女の西山村筑紫さんをご紹介いたします。博多や北九州や東京で筑紫舞の話をしたのですが、今日は地の利で、お忙しい中を会場に来ていただきまして、わたしとしては非常に嬉しく存じております。

（西山村さん）有難うございます。

わたしは今まで研究をしてきた中で、新しい研究の局面に臨みますと非常に恐い思いをするわけでございます。今までの常識や通念になかったことだけど、こんなことを自分が言っていいのだろうか、自分の勘が狂っていて何かとんでもない大嘘を言っているのではないか、そういった恐怖感にいつも襲われながら新しい局面に入ってきたわけでございます。

ところが今までは文献でございました。続いては考古学の出土物でございました。ところが今回は、それとは全然違ったものです。現在行われている舞、舞楽・芸能の中に古代史の姿が受け継がれていたというテーマでございます。こういうことは、わたしの今までの通念では全くあり得ないと考えられていたことでございます。現在、姫路で西山村さんが教えていらっしゃるこの芸能を題材として古代史の局面を変えるという、今までにない恐怖といいますか、恐さをわたしは感じるわけでございます。しかしながら足かけ三年追求してきました結果、どうもこれは真実と認めざるをえないのではないかというような結論を得てまいりましたので、これを皆さまの前にご報告するということになったわけでございます。

今日の会場には、ご当人の西山村さん及びその関係の方々がおいで下さいまして、わたしとしては他の会場以上に緊張して上がるかもしれません。しかし、反面から言うとこれほど安心なこともないわけです。西山村さんにお聞きしたこと、それに続いてわたしの判断したことをこれから申し上げるわけですが、「そこがちょっと違うじゃないか」とか言っていただける、という安心感があるわけでございます。

さて、わたしにとりまして長年課題としてきたテーマがございます。どこにも書いたことはないのですが、宿題のような形でわたしのおなかの中に温めてきた課題があったわけでございます。

中国の古典・歴史書を読んでみますと、「四夷の舞」あるいは「四夷の楽」という言葉が出てくるわけでございます。これはどういうことかと申しますと、中国の朝廷で、天子の前で東夷・西戎・南蛮・北狄という四方の夷蛮がやってきまして、各自の舞楽（音楽と舞踊）を献納する。今でいいますと民族芸能ということになりましょうか、それを献上する。中国の天子の面前でそれを奏する、舞うことを儀式・儀礼としてやっていた、というのが書かれています。

ところが東夷・西戎・南蛮・北狄の音楽もしくは舞の名前が書かれている中で、東夷は「昧《まい》」と言う、という文章が出てきます。「昧」は無知蒙昧の「昧」です。だから「昧」は、東方に住む蛮族であるために使われた「卑字」（中国が周辺の夷蛮に当てた卑しい字）に類する字とみて大きく狂いはないでしょう。そういう意味の字を当てているのでしょう。もっとも「昧」の本来の意味の〝日未だし〟の意味だったら、あえて卑字と考えなくてもいいかもしれません。

いずれにしましても、「昧」は現地音が〝まい〟であるということです。東夷が自分たちの民族舞踊のことを〝まい〟といっている事実を中国の漢字で現わしているわけです。するとわたしもそうですが、誰でもこれは日本語の〝舞〟ではないかとピンとくるわけです。すぐそう思うわけです。

しかし中国の周代あたりの上古音と今の漢字の音とは違うのだ、という問題が出てまいりますし、日本側でも現代は〝まい〟といっているが古墳時代、弥生時代、縄文時代でも〝まい〟といっていたかどうか、確認不可能な問題です。ですからこの「昧」が現代の日本語の〝舞〟だというのは、大変な勇気がなければ言えることではございません。だからわたしはこのことを書いたことがなかったわけでございます。

ところで、この問題に関して、もう一つ論理的にはっきりしていることがございます。天皇家の宮中舞楽には、雅楽に加えて隼人《はやと》舞などがあったといわれるのは、古代史のお好きな方なら常識でございます。ここから論をすすめて、天皇家が隼人の血を引いている証拠であるという議論も、ときにございます。しかしこれはわたしの立場から遠慮なく言わせてもらえば、〝早とちり〟と言わなければいけないと思うわけです。これは日本の天皇家が中国の朝廷・天子のやり方を真似したのだ、自国の辺境にある舞を〝近畿天皇家にきて奉納する〟というスタイルに見なしている、とみるのが本筋だと思うわけです。

これを隼人の血を引いているためとするのは、別のはっきりした証明がない限り飛躍がありすぎると感じていたわけでございます。しかしながら近畿天皇家は中国の真似をして〝夷蛮の舞の奉納〟という形をとっていた、こう考えておそらくあやまりはないと思われます。この近畿天皇家が、日本列島全部ではありませんが、九州から東海領域に支配権が成立したのは、八世紀の初めから、とこう考えているわけです。そうしますと時間的にも九州王朝の方が、近畿天皇家より周代や漢代の天子の国に対してより近い、ということになります。つまり時間的にも空間的にも九州王朝の方が中国に近いわけです。

一方、近畿天皇家が「四夷の楽」を真似していると考えた場合、中間にある九州王朝は当然より早くこのやり方を真似していなければならないということになるわけです。そうすると「九州王朝の舞楽が現在どこかに残っているのではないか」と何度も感じていたわけでございます。しかしこんな考えはうっかり口には出せないわけです。もちろん書くこともできない。ヘタに書くと「何をつまらんことを言う」となりますから。しかし、わたしのひそかな宿題だったわけでございます。

菊邑検校が秘したもの

ところが一昨年（一九八〇）の五月の終り、西山村光寿斉さんからわたしのところへ電話が掛かってまいりました。西山村さんは「私はあなたの本（『失われた九州王朝』や『盗まれた神話』）を読みました。そこでぜひ聞いてもらいたい、こちらからお尋ねしたい問題があります」と言われたのです。

「私は舞を教えています。筑紫舞という舞を教えております」。この時に初めて筑紫舞という言葉を聞きましたので、ドキンとしたのはご想像いただけると思うのです。「娘達と一緒にお伺いしたい」とおっしゃられましたので、「六月に（姫路の郊外のわたしの親戚の家で）お会いしましょう」とご返事をしたわけでございます。

六月になって姫路に向う時のわたしの心理は、事の性質上はっきり正直に申し上げますと、自分に対して抑制心や、懐疑心を〝あおり〟たてておりました。それは「しめた！　いい話があった」と思って、こちらの勝手な思い込みをして他から笑い者になることがあってはならない……先程言いましたように論理的にはありうる話だという期待があるだけに、うっかり乗ってはいけない、冷静に疑いの目で見ようと〝心の武装〟をしながら行ったと言っていいだろうと思います。まさか現在、九州王朝の舞楽などというものが行われていようはずがない、というふうに自分に言い聞かせながら参ったのでございます。お会いしてお聞きしてみると、〝まさか〟のその〝まさか〟のケースにあたるのではないかという問題に当面することになったわけでございます。

まず申し上げることとは、この筑紫舞（現地音ではちくしまい）の中心をなす舞は「翁《おきな》の舞」と言われるものでございます。「翁の舞」は「七人立《しちにんだち》」の場合、七人の翁が都にきて舞を奉納するという性格の舞でございます。いわゆる能などの「翁」、長寿や豊作を記念する翁や嫗《おうな》などとは、全く性質が違っております。筑紫舞の「翁」は各地の長官とか、各地の民俗芸能を代表する人物のようです。「三人立」の場合は三人、「七人立」の場合は七人ですね。ところがこれに関して不思議なことが数々あるわけでございます。ポイントをなす問題を申し上げます。

筑紫舞の東京公演の年（一九七九）に文化庁の役人の方々から不審が出された。それは「都の翁」というのがあるようだが、「都とはどこなのか」ということで、普通考えてみますと、京都であるとか大阪であるとか奈良であるとか大津とかに考えられる。ところがそう考えると落着きが悪いわけです。たとえば「三人立」「五人立」「七人立」「十三人立」があるわけでございますが、まず原形をなすと思われる「三人立」で考えてみますと「肥後の翁」「加賀の翁」「都の翁」の三人翁があります。

もし「都の翁」が京都とかの近畿の都としますと、なぜ「肥後」と「加賀」が出てくるのか。バラン

筑紫舞「七人立」公演プログラム（'80・10・5、姫路文化センター）

一、翁　地唄

肥後の翁	西山村	光寿斉
加賀の翁	西山村	光寿
都の翁	西山村	筑紫
難波津より上りし翁	西山村	若光寿
尾張の翁	西山村	和光
出雲の翁	西山村	右寿
夷の翁	西山村	佳光也

筑紫振り、独特の国問いの翁で七人がそれぞれ国名のりをする珍しいもので、七人立ち翁は民俗学上でも珍しいとされております。

スがよくないわけですね。それで文化庁の役人が「都とはどこですか」と聞いたわけですね。恐らく「京都ですか、奈良ですか、大阪ですか」といった意味だと思うのですが、なんとなくしっくりしないという感じをもたれたようです。これに対して西山村さんはお答えになれなかった。お答えになれなかったというのは、少女時代、神戸でお師匠さんであった菊邑検校《きくむらけんぎょう》という方に筑紫舞を習われた時、「都」とはどこかをお聞きになったそうです。その時、菊邑検校は「それは申せません」という返答だったそうです。

「申せませんて、お師匠はんも知らはらへんのん違いますか」と十代の女学生だった西山村さんはおっしゃったわけです。「いや私は知っています。しかし今は申せません」というご返答だったのです。結局、答え方が厳としているのでそれ以上追求できなくて、「都」がどこか聞くことができなかったということです。

もう一つ不思議な点がございます。この舞には明白な中心人物があるわけでございます。中心人物に「肥後の翁」がなって絶えず舞い、それを中心に他の六人の舞が進行するわけでございます。これがなぜかまた分らない。文化庁の役人が「なぜ『肥後の翁』が中心になるのですか」と聞いたのですが、これに対しても西山村さんは「分りません」「菊邑検校からそう習ったのです」としか答えることができなかったんです。

西山村さんも十代に「翁」の舞を習った時に、当然同じ質問をなさったんですよ。「お師匠はんが肥後出身やから『肥後の翁』を中心にしはったん違いますか」とね。十代の若い女の人だから、遠慮なくズバリ切り込んだ聞き方をされたんです。

するとその時、菊邑検校は非常に恐い顔をして、「いえそんなことはありません。私が肥後出身だからといって、肥後を中心にしたなんてことは全くありません。昔からこのように舞うようになっております」と、すごい気迫で返答された。西山村さんにすればからかい半分で聞いたのでシュンとしてしまった、という経験をおもちだそうです。

以上のようなことなどで、姫路でお弟子さんに教えておられる時には、現代の娘さん達が相手ですので、同じような質問を遠慮なくされると思うのですが、その場合、先程のような返答をされて、それですんできたのです。ところが文化庁の役人が帰る時、「われわれはいわれの分らないものを推薦はできませんなあ」という言葉を洩らされたというのです。

西山村さんを前にして言うのもなんですが、やはりショックを受けられたようですね。わたしはこういうことにうといのでよく分りませんが、文化庁から公に推薦されるとされないとでは全然違うのでしょうね。しかしわたしも役人の立場に立てば、そう言うでしょう。役人が公的な場面で推薦する場合には、こういういわれのこれこれというものだ、と根本的なところで説明できなければできませんわね。これは恐らく本音でしょう。このことをお感じになったから、西山村さんがショックを受けられたのも当然だろうと思うのです。今までのお弟子さん相手とは違った意味の悩みというと大げさですが、〝煩悶〟をされるようになったわけです。

『盗まれた神話』との符合

そういう中で、歴史のお好きな旦那様がお読みになっていた本を、「参考にならないか」と西山村さんに示して下さったのです。それがわたしの『盗まれた神話』だったのです。西山村さんがこの本を読んでいるうち、はたと手がとまった個所がある。「景行天皇の熊襲大遠征」の分析のところです。

筑前の主の「前つ君」が筑紫と肥後とを安定した領域にしていって、まだ平定していなかった九州東岸部と南岸部を平定するという九州一円平定譚という性格の話です。これを『日本書紀』は主語を「前つ君」から景行天皇にとりかえて挿入したもの、と分析した話でございます。この話のところの地図に景行天皇（実は「前つ君」）の「征伐」したルートが矢印で書いてあります。この一番最初に近いところ、門司の少し南の「京」に「みやこ」とカナをふってあるところがあります。これは皆様よくご存じだと思いますが、京都《みやこ》郡というところがございます。

これは古代史をやっておられる方ならよくご承知だと思うのですが、一般の方、特に近畿あたりに住んでいて、地理とか歴史とかにあまり関心のない人は、九州に「京都」というところがあるなどということをあまり知らないわけですよ。西山村さんもご存じなかったので、そこに「京《みやこ》」と書いてあるのを見て、「都の翁」の「都」はここではないかと思われたわけです。

それでももう一つ、何かピンとこないところがあったので、著者に直接聞いてみようということになったのです。今まで本の著者に直接聞くという経験をなさったことはなかったそうですが、勇を鼓して出版社に電話して住所・電話番号をお聞きになって、わたしのところへ電話をかけてこられたというわけでございます。

初め、この話をお聞きして「ハテナ」という気がしていたのです。わたしのもっている古代史のイメージと、西山村さんの話があまりに合いすぎる。といいますのは、原形の「三人立」ですね。これはわたしの本をお読みになればお分りのように、先ほどの「前つ君」が九州一円を平定する前の段階というのは〝筑紫プラス肥後〟が安定した領域だということです。肥後に入ったら戦闘はありません。凱旋ルートになっていますからね。ということが、まずわたしの分析から出てくるわけです。この点からも近畿から「征伐」に来たと考えるとおかしいわけです。東岸部、日向等がすでに平定された領域で、肥後が「征伐」の対象なら話が合いますが、逆ですから。

もう一つ思ったことがあります。『盗まれた神話』の国生み神話です。国生み神話というのは、従来、近畿の天皇家の六〜八世紀の史官のでっちあげたものであるというのが、津田左右吉に従って戦後史学が考えていたところでございます。ところが、わたしはそうではないと考えました。

理由は、国生み神話の内容を分析しますと、筑紫・大洲《おおくに》（出雲）・越《こし》の三つを一段地名（ズバリ一つ、「A」だけ）と名付けました。これに対して「AのB」と二段地名になっているのは瀬戸内海岸である。たとえば豊秋津、（近畿にあてているが）本当は豊国《とよくに》（大分県）の秋津（国東半島の先の方に安岐《あき》川・安岐町があり、港ですから津）です。豊国の中の秋（安岐）津となって、二段地名で一つの点を指す地名になっている。同じく「伊予二名《ふたな》」は伊予の中の二名（名は港に多い接尾字）、という一点を指している二段地名です。また吉備子洲《こくに》は吉備の国の中の子洲という、「AのB」という二段地名で表わしてある。つまり一点を指している。

言い換えますと、日本海岸の方は一段地名であるから面である。それに対して瀬戸内海の方は点で表わされているということです。たとえば地中海エーゲ文明で、ギリシアの植民地が各地に点のようにできた時期がございます。それに当るように、瀬戸内海にやっと進出しはじめた、という状況がしめされている。そしてこの神話を作った彼らの母なる中心領域、主舞台は日本海岸の筑紫・出雲・越であることが分るわけです。

この三主舞台の中でも主副関係ははっきりしていまして、神話の質量とも筑紫が一番で、出雲が従であります。出雲自身は古い歴史をもっておりますが、神話が成立した段階では「国ゆずり」という形で筑紫に従属する姿で現われてくる。越の方はさらに出雲の説話の一部分に、わずかに出現してくる。従の従です。筑紫が主で出雲が従、越は東の辺境、一番端《はし》っことして現われている。

もちろん陸地として越の国は一番端っこではありません。山形県や青森県などの領域があることは筑紫の人間は知っていたんです。だから越の国より東はない、ということではなく、別圏《けん》がある、自分達の文明とは違った別種の文明の地である、ということを意味しているわけです。アイヌ文明とか、蝦夷国とか、そういうものに関連する別の領域である。自分達の神話の世界・領域は越の国どまりであるという認識を表現した神話である。

だからこういうものは、六ないし七、八世紀の近畿天皇家の史官がでっちあげうるような類《たぐい》の話ではありえない。あくまでもこの神話は筑紫の人間が、筑紫の権力をバックに作ったものである。そして筑紫の権力が日本海岸で勢力をのばしえた、その端っこが越の国であり、瀬戸内海に重要な位置を築きつつあった時期（弥生の前半）に成立した神話である、というふうにわたしは判定したわけでございます。

先程の「前つ君」の話と「国生み神話」との二つを、わたしは弥生の前半と考えております。なぜなら弥生の後半は卑弥呼ですね。卑弥呼の当時になれば、当然九州一円を統治しているわけです。それ以前の話ですから、弥生の前半と考えれば間違いはないだろうという感じでおりました。「国生み神話」

も同じく、弥生の前半です。

そうしますと、弥生の前半部においては、筑紫を原点にしまして南の辺境は肥後であり、東の辺境は越の国であるという形で、わたしには地理的認識といいましょうか、成立していたわけでございます。わたしの『盗まれた神話』をよくお読みになれば、こういう事実はおのずから浮びあがってくるだろうと思います。そして今問題の「三人立」はこの形をなしている。

「都の翁」の〝都〟はどこか

ここで問題のキーポイントに触れてまいります。「都の翁」の都は一体どこかということです。これが問題の心臓部でございます。文化庁の役人の方が疑問をもたれましたように、確かに近畿の都では〝落着き〟が悪い。その通りなんです。バランスが悪いということも大事ですけれど、わたしには分析して一番はっきりした、と思われることがございます。

もし都が近畿だとしますと「七人の翁」の中に筑紫の翁がいないわけです。筑紫の翁抜きの「筑紫舞」ということになりますね。格好がつかないですね。七人も翁を並べておきながら筑紫抜きである。そして全体を「筑紫舞」です、といっているのです。ナンセンスもいいとこですね。

西山村さんがわたしの本を読んで思いつかれた京都郡を「都の翁」と考えても同じことです。九州らしいというイメージがあって、九州にも京都《みやこ》があったから、これが「都の翁」の都かと思われたようですが、これでも駄目なんです。京都郡は福岡県に属しております。しかしこれは現在の話で、江戸時代までは豊の国、豊前でございます。『和名抄』でも豊前、豊の国の京都郡になっております。筑紫には属しておりません。

だから「都」を大分県の京都という考えに立ちましたら、二つの問題点が出てまいります。他の出てくる翁は肥後とか加賀とか出雲とかの国名で出てきます。ところが京都という国名はなくて郡名ですから、他は国、これは郡となってバランスがくずれてくる。これが一つ。それから何よりもかによりもおかしいのは、「都の翁」は「豊の翁」「肥後の翁」になり、筑紫の翁が不在の「筑紫舞」という問題がやはり出てくるわけです。西山村さんとお会いした時、「この京《みやこ》が『都の翁』と違うでしょうか」とお話しになったんですが、わたしはお話をひとわたりお聞きし得た後に、「どうも、そうではないと思います」とお答えしました。

それなら「都」はどこか?

わたしには答は一つしかないように思われたわけでございます。この「都」は筑紫そのものである。太宰府、いわゆる都府楼《とふろう》の地ですね、ここの民俗芸能を代表する人、土地の長老といいましょうか、それを「都の翁」といっている。そういう立場という他はない。その立場に立ちますと、「都の翁」は筑紫の翁です。それなら筑紫の翁は「三人立」「五人立」「七人立」等全部にあるわけです。

筑紫の翁が舞う「筑紫舞」となって、本来の中心の、要《かなめ》が決ってくるとお答えしたわけです。こうお答えして考えてみますと、先ほど申しました問題、原形をなすという「三人立」は筑紫を原点にして、南の辺境・肥後の国、東の辺境・加賀の国（中近世風の名前に呼び替えている形跡がございます。昔は越の国）の舞楽を、筑紫の都にきて奉納するというスタイルをとっているのである。わたしはわたしのもっているイメージと合いすぎるのでちょっと恐くなったのです。また西山村さんを前にして恥しいのですが、内心、「わたしの本をお読みになって、考えてこられたのと違うか」と、失礼な話ですが思ったわけです。

最初、「肥後の翁」の話を申しましたが、西山村さんとのお話の順序では後に出てきたのですが、「実は『肥後の翁』が中心になって舞われます。その理由も私には分りません」。というのは、「少女時代、わたしがお聞きすると、菊邑検校は『昔から肥後の翁が中心です』というご返答でした」という、あの問題です。これを聞いてわたしは、「これは……」という気がしたのです。

わたしはこの時に「九州王朝」といっておりますが、実際にそれを支持する勢力は時代によって変転しているというふうに考えておりました。弥生時代ですと、中心領域は問題なく志賀島・博多駅・春日市・太宰府です。筑紫豊さん（故人）は〝弥生銀座〟と名づけられました。わたしは志賀島まで入れて〝弥生のゴールデンルート〟と呼んでおります。ここが弥生時代の中心なんです。日本列島全体をとりましても、弥生時代にここほど、次々と何かと重大なものが出てくるところはないのです。最近は小型銅鐸の鋳型も出てきました。やはりここが第一の中心であり、第二に〝神聖な王の墓域〟として糸島郡があると、こう考えていいわけです。

これは弥生時代の話であります。古墳時代になりますとだいぶ様子が変ってきます。中心が南側の筑後の方に移動してまいります。たとえば石人石馬《せきじんせきば》、磐井の墓といわれる岩戸山古墳、そして装飾古墳です。筑後の領域と肥後の領域が非常に濃密な分布領域になってまいります。最近、装飾古墳の領域が広がってまいりまして、従来ないといわれた筑前（博多湾岸室見川流域）にも出てきましたし、日向（宮崎市）にも次々出てまいりました。日向の方から「装飾古墳が見つかりました」というお話があって、その後すぐ「後で聞いてみると前からずいぶん同じようなものが出ていたそうです。われわれが知らなかっただけで、土地の人は、それならあそこにも、ここにも、あったよ、と続々出てきています」というお電話もいただきました。

というようなわけであちこちに出ておりますが、装飾古墳がなんといっても一番濃密なのは筑後であり、筑後に勝るとも劣らないのは肥後でございます。特に不思議なことに、肥後からは装飾古墳の一番原形といいますか、素朴な古い形のものが出ております。なぜか知らないけれど、肥後から阿蘇山の周辺にかけて、装飾古墳がずーっと覆った時代があるのです。六世紀から七世紀にかけての頃でしょうね。これを疑うことはできない。

するとこの時期の九州王朝というのは、肥後が中心的な支えになっているということです。もちろん表玄関といいますか、公式の中心は太宰府あたりだと思いますが、実質的な勢力基盤は肥後である、という、そういう時期があったようだと、わたしには思われるわけです。

このことは西山村さんにお会いする半年ぐらい前、昭和五十四年十～十二月に九州の読売新聞に、「倭国紀行」の題で十数回書いた、その終り近くで書いていたのです（『邪馬一国の証明』所収、角川文庫）。肥後を中心とする装飾古墳に描かれている器物が『古事記』、『日本書紀』の神話に出てくる器物と非常によく共通していると論じたところがあります。この論をバックに先ほどいいました問題を考えていたわけでございます。

「継体の反乱」との関連

横道にそれますが、大事なことなので一言申させていただきます。恐らくこの現象は磐井《いわい》の事件が一つのポイントになっている（わたしは「磐井の反乱」ではなく、「継体の反乱」と考えております）。これがポイントになっていると考えています。この事件で、おかしいことがあります。

これは当初、継体が物部麁鹿火《もののべのあらかひ》に〝磐井をやっつけたら九州をやろう。私は周芳（山口県）から東をとる。そこから西はお前にやる〟という約束をして始まった戦争なんです。『日本書紀』にそう書いてあります。そして磐井を斬ったというのですから、中心人物を斬ったというのですから、われわれが考えたら完全勝利です。それなら約束を実行するのが当り前だと思われるのに、案に相違して磐井の子供の葛子《くずこ》と和睦するわけです。和睦の条件が糟屋郡（今の博多と宗像の近く）というちっぽけなところの屯倉の割譲、それで成立するのです。

中心の権力者を斬っているのに、なぜこれほど遠慮して和睦しなければならないか。東京の毛利一郎さん（東京「古田武彦と古代史を研究する会」所属）が、「これはおかしい」と力説されるところであり、わたしもおかしいと思うのです。この場合、磐井本人を斬ることはできたが、磐井側（わたしのいう九州王朝側）の軍事勢力は必ずしも壊滅してはいなかった。どこに壊滅していなかった証拠があるかといえば、継体の軍、つまり物部麁鹿火の軍が肥後に侵入した形跡が全くない。『日本書紀』を見ても書いていない。本当は侵入していたのに遠慮して全く書かなかった、とは考えにくいですね。ということは、やはり侵入しなかったとみる他ない。とすると磐井の勢力下にあったはずの肥後の勢力は、そのまま温存されて実在したはずです。これが一つ。

もう一つは朝鮮半島側です。「任那日本府」というのは大和朝廷の配下のものではなく、また現在韓国や北朝鮮側の学者がいっているように「任那日本府は架空の話」なのではなくて、「九州王朝の任那日本府」であったというようにわたしは理解しているわけです。磐井の滅亡は「任那日本府の滅亡」より以前ですから、当然、九州王朝の軍勢が朝鮮半島の南端にいるわけです。事実、装飾古墳と同じ模様が洛東江流域のところに出てくるわけです（『ここに古代王朝ありき』朝日新聞社刊）。まさに装飾古墳とそっくりなものが出てきております。

ということは、この装飾古墳勢力が洛東江上流までいたということです。そしてこの倭国（九州王朝）と好太王が激突したということが高句麗好太王石碑にあります（第三章「画期に立つ好太王碑」参照）。そして洛東江ぞいに倭地があるということが、新羅王から高句麗好太王への報告の言葉（「其の国境」）から出てきています。同時に、石碑では好太王が連戦連勝しているようにみえていますが、碑面全体の分析からは一〇〇パーセント勝ちつづけていたというわけではなさそうである、という問題が出てくることも申しました。

その証拠は、墓守りに任命しているのは韓・穢《わい》の人間である。新たに占領し、支配下においた人々（韓・穢）に命じている。ここに倭人が入っていない。倭地が新羅と国境を接して朝鮮半島内にあったが、そこは好太王の支配下に入っていないということです。「倭地」は健在であるということを好太王碑自身が証明しているわけです。

言い換えますと、六世紀初めに九州王朝の軍が洛東江ぞいにあった。そして高句麗と新羅の連合勢力と百済と倭国の同盟勢力が対立し、非常に激しい緊張のもとにあった。それが洛東江ぞいの倭地をめぐる状勢だった、ということを意味するわけです。

そのような状況の中で、六世紀初頭になって継体の軍が倭国の中心部に突入してくるわけです。継体・物部麁鹿火の軍が磐井を斬った余勢をかって、朝鮮半島まで行って倭地を占領したとは書いていないわけです。またそこまで占領したなら、糟屋郡だけを割譲してもらってすますことはないわけです。つまり朝鮮半島側の倭軍は一番戦闘的な実戦部隊です。これが依然健在でいたわけです。継体・麁鹿火の軍が筑紫の御井郡（筑後の久留米近く）に入って（非常にスピードある進撃によってでしょう）、そのあと、磐井が斬られた。北（朝鮮半島側）から続々帰国してくるし、南（肥後）の軍隊が押し寄せてくるという状勢の中で和睦がなされたわけです。

変な言い方になりますが、継体側は機をみるに敏な将軍であると思うわけです。継体も物部麁鹿火もです。わたしのような者が言うまでもなく、戦争というものは一見圧倒的に有利にみえておりましても、終るチャンスを逃しますと際限なく泥沼に入って、ついには敗戦にのめり込むということです。これはわれわれがいやというほど経験した、眼前の事実みたいなものです。これも変な話になりますが、明治政府の指導者は「善悪」問題は別にしまして、戦争という面では機をみるに敏だったようですね。日清・日露の戦争は日本が勝ったというふうになっていますが、あそこで止めたからこそ、勝った形になったわけです。あの一瞬を逃したら確実に敗戦の泥沼に入っていた、ということは大体の日本人によく分ってきている、と思うのです。

要するに、伊藤博文らが人間的に〝いやらしい〟点があるというだけでなく、韓国問題等で行った点で韓国側から見て実にいやらしい人物として見えていることは、大事な、また厳粛な事実ですが、それとは別個に、彼らは戦闘の機微を知った連中であったと言えると思います。京都の町で新撰組などと戦っている時、今日はわれわれが有利だと思って油断していたら、大阪あたりから援軍がやってきて逆に明日皆殺しにされる、というふうなことを繰り返していた連中が明治政府を率いているわけですから、戦争に関しては、それほど楽天主義者ではないわけです。

後の東条英機などという、士官学校出の、机の上で勉強した人とは、その点大分違っていたようでございます。彼らの善悪問題とは別個の問題として、そういう機をみるに敏なリーダーだったことは確かなようでございます。そういう意味で継体や物部麁鹿火は東条流でなかったようですね。だから磐井を斬る、という、見ようによればこれ以上の大勝利はない、という大戦果を前にしても形勢を見てさっと和睦した。当初の大風呂敷といいますか予定からみると、あまりにもささやかな糟屋郡の屯倉の割譲という小さな代償でもって、とりあえず戦闘終結をめざしたというふうに考えられるわけです。

こう見てまいりますと、この和睦後は筑前筑後の勢力以上に無事で、直接の侵入による被害を何ら受けていない肥後が、非常に重要な支え手になって現われてきたということは、容易に想像されるわけでございます。こういうことは、肥後における装飾古墳の濃密な分布に現われている、というふうにわたしは考えていたわけでございます。

しかし、以上のことはわたしが考えていただけで、九州の読売新聞にもストレートに書いたわけではないのです。だから「肥後の翁」が中心というテーマは、わたしの本を読んですぐ思いつけるという性質のものではないわけです。ということですので、西山村さんのおっしゃっている「翁の舞」は、菊邑検校という方から伝承なさったのであるということを認めざるをえなかったわけです。西山村さんにすれば「何とつまらないことを、クダクダと言っているのか」とお思いになると思うのですが、懐疑心で武装して姫路の郊外にまいったわたしとすれば、「肥後の翁」が中心であるということで初めて、「筑紫舞」というものの真実性《リアリティ》を承認せざるをえなかったのでございます。

西山村さんと菊邑検校の出逢い

さて、西山村さんはどのような形で菊邑検校から「筑紫舞」を習われたかを、西山村さんからお聞きしたことを簡単にまとめてみます。

西山村さんは神戸の造り酒屋（売り酒屋も兼業）の一人娘としてお育ちになりました。お父さんの山本一三さんは非常に芸の道、音曲がお好きで、同業の酒屋さんからは道楽者という目で見られていて、現在でもそういう話が現地では残っているようですね。芸に理解のある方のところには、いつとはなしに芸人の方々が集ってくるというのが常だそうで、その中に菊邑検校がいたのです。菊邑検校は盲目で、連れのケイさんは唖者で、二人合わせてわれわれがもっている機能を発揮されるわけです。この二人コンビで滞在しておられたというわけです。このお二人から「筑紫舞」というものをお習いになったわけです。

菊邑検校はお弟子さんに教えておられたのだが厳しいのでやめてゆくし、居つかない。ある日のこと、お父さんに威儀を正して「お嬢さんに舞を教えさせて下さいませんでしょうか」と言われた。普通は月謝をとって教えるわけですね。そうではなくて「私に教えさせてくれませんか」と、考えようによっては異例の申し込みをなさったわけです。お父さんは一人娘の西山村さんに「どうする」と聞かれたので、「ええわ」とうっかり答えた。

さてそれからは、しごいてしごきぬかれたわけです。たとえば夜、寝ていても、「ちょっと起きていただけませんか。今思いだしたことがございますので」と言われ、起きていくと何時間でもしごかれる、という日々の連続だったようです。だから普通にちょっと格好をしてみせて教えるというようなものじゃないわけです。鬼気せまるというか、逃げようとしても逃げられない迫力で迫ってき、教えに教えぬかれた、というのです。昭和六年から昭和十八年あたりまでお習いになったということです。

次に菊邑検校自身は誰に習ったのかといいますと、場所がはっきりしないのが残念ですが、太宰府にそう遠くないらしい、あるお寺――呼ばれたんでしょうか――の座敷で、住職さんを前に音曲（琴とか三味線等）を演奏しておられた。その時、庭先でトン、トン、トンと足でリズムをとる音が聞えてきた。それが絶妙の間合いである。一秒の何十分の一というくらいの間合いが絶妙である。検校の方のテンポが速くなっていくと、それに合わせて速く足踏みのテンポが全く狂いなく、絶妙の間合いで入ってくる。それが庭先から聞えてきたのです。

で、菊邑検校は「今、庭先で間合いをとっておられるのはどなたでしょうか」と聞いたわけです。すると住職さんは「うちの庭男でございます」とお答えになったんです。菊邑検校は「あの間合いは普通の人にできるものではございません。ぜひここに呼んでいただけませんでしょうか」というふうにお願いしたのです。やがてやってきた人に菊邑検校は「あなたはどこでその間合いを習われましたか」と聞かれますと、「私は筑紫のくぐつでございます。神社の祭礼などに廻ってゆき、それを生計《たずき》としておりましたが、ご覧のように〝鼻欠け〟の身となり、人様の前に顔を出すことができなくなりました。そこでこのお寺の庭先をお借りして住まわせていただいております。それでお礼にも、と思って、庭を掃かせていただいております」。こういうご返答があったというわけなんです。そこでお二人（ケイさんを入れて二人）が芸の道を通じてお互いを認めあって、深い交わりを結ばれるようになった。

表I「筑紫舞」の伝授関係

筑紫のくぐつ（鼻欠け）→ 菊邑検校（盲人）・ケイさん（唖者）→ 西山村光寿斉

　ある日のこと、くぐつが深刻そうな面持ちで話を始めた。「私はごらんのような病気になった者ですから、やがて死ぬと思います。死んだら地獄に落ちると思います。必ず地獄に落ちると思います。なぜかというと、私の師匠（名前が分っていないのが残念です）から筑紫の舞の伝授を受ける時にこう言われました。お前が死ぬまでに必ず誰かに教えきって死ぬように、ときつく言われました。ところが現在の私には私の舞を教えきった者がおりません（教えたのに死んだのかもしれませんがね）。師匠に合わせる顔がありません。だから私は死んだら必ず地獄に落ちると思います」。

現代の人間がこの話を聞いたら、「こんなの理屈にも、なにもなってない」と思われるかもしれませんね。しかし、くぐつは心からそう思い込んでいる口調でそう述懐をされた。それを聞いた菊邑検校は言下に「じゃあ、私がお願いしましょう」と言って筑紫舞の伝授（ケイさん共々）を受けられたわけです。こういうふうにして伝授されたのが、「翁の舞」を中心にする筑紫舞である、というお話になるわけです。

表Ⅱ　関係年譜

大正10年7月23日	光寿斉さん生る
昭和3年	小学校入学（神戸市）
6年9月頃（10歳）	菊邑検校来宅
9年	神戸市立第一女学校入学
11年（14歳）	九州に行き、洞窟の舞（翁・十三人立）を見る
13年10月	女学校中退
18年	菊邑検校九州に去られ、その後連絡なし
20年4月頃か	友人木下登美子さん、長崎で菊邑検校に会う（6月頃聞く）
21年後半から	ケイさん（通称）死亡の新聞記事とどく（神戸→徳島回送）〈博多近辺の川で入水自殺の記事〉
22年前半	
53年	博多東急ホテル二泊、西日本新聞座談会、朝倉訪問（学芸部〈文化部〉森山氏、武智鉄二氏等）

謎の演技者集団

もう一つ、興味深い問題がございます。それは昭和十一年秋、柿の実が熟し始めた頃というのですが、菊邑検校が「本場の舞をお見せしましょう」と言われて、西山村さん（女学校二、三年頃）と音曲に理解あるお父さんなど五、六人連れだって太宰府へ行かれたのです。

話は横道にそれますが、神戸に菊邑検校がおられる時に、再々九州から伝令の人がきていた。伝令の人は西山村さんの店先にくると大きな声で「太宰府よりの御使者《おん》参りました」と言われるのだそうです。店の小僧さんというか若い人は「あの人は芝居と間違えてはるのと違うか」と言って、西山村さんのお母さんから「何を言うのですか。そんなこと言うてはいけまへん」と叱られていたそうです。そういう人が来ているのです。

この伝令の人が寝るのに、床《とこ》を菊邑検校やケイさんと同じ室にとると、そこには寝ないのだそうです。どうしてなのかと聞くと、「私どもは、おやかた様と枕を共にするのは、死ぬ時だけでございます」と言ったのです。仕方がないので別に、納屋のところに床をとると、そこで寝たそうです。わたしの解釈ですが、この話からうかがえるところは、どうも太宰府近辺にくぐつの人達の集団が存在する。その集団の意志を受けて神戸へ伝令としてやってきている。その人個人が一人で来たのではない、ということが考えられるわけです。

先ほどわたしが言いました「都」は太宰府を中心にする筑紫だというのは、西山村さんの話を聞く前に申したことだったのですが、今の話にも何か符合するようでございますね。どうも太宰府近辺に母体をなす集団がある感じでございます。

本題にもどります。「本場の舞を見せてやろう」ということで昭和十一年、太宰府に行ったんです。そこで一晩寝て、のろい汽車に乗って、馬が引く車体（屋根があって窓があり、内部は両側に大人ならずり落ちそうな浅い五、六人がけの腰をかける棚がある）に十分か十五分乗った。降りて少し歩いて（田圃の縁《ふち》と川の縁《ふち》）、竹藪のあるところを通って洞窟に行った。洞窟の前で待っていると、次々と人が集って全部で十三人。みすぼらしい木樵《きこ》りみたいな服装の人が多かったようです。一部にはかなりいい服装の人がいたそうです。

洞窟のちょっと入ったところで篝火《かがりび》をたいて、外から煙が見えるようになって、篝火の火で「十三人立の翁の舞」が演ぜられた。そばで菊邑検校も西山村さんもお父さん達も見ているわけです。非常に荘厳な形で行われた。荘厳な、と言いますとちょっと言い過ぎがありますので、後でまた詳しく言います。

お父さん達は「十三人立」を見て深く感銘を受けてお帰りになった。非常に感銘されたお父さんが、そのあとで酒樽（大島方面に持って行かれた帰りか何かの）をお店の人に「太宰府まで持ってきて洞窟のところまで届けてくれ」と言って、洞窟のところまで届けに行かせたら、もう誰もいなかった。近所の農家で聞いたけれど、全然教えてくれなかった。「知らない」「知らない」でむなしく帰ってきたということです。

菊邑検校と西山村さん達は神戸に帰りまして、菊邑検校が「じゃあ『翁の舞』を教えましょう」と言ったわけです。「まあせいぜい『五人立』くらいまでだろうなあ」と言っておられたけれど、結局「七人立」まで教えられたというわけです。

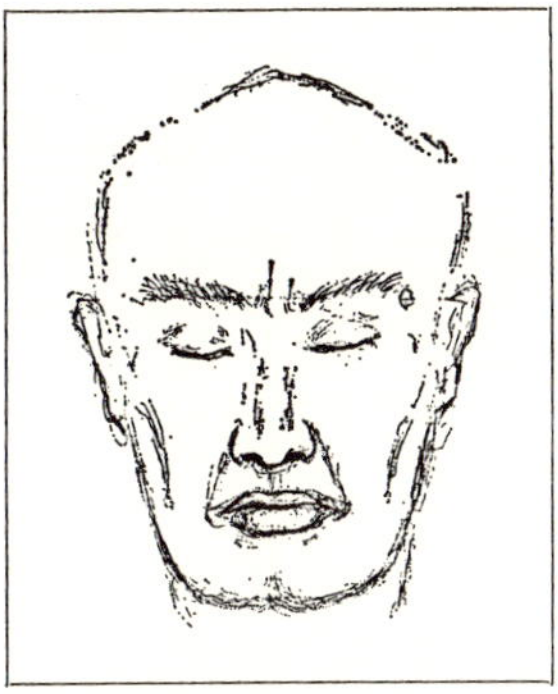

菊邑検校（通称じんさん）の似顔絵
（西山村光寿斉口述，ご夫君画）

昭和十八年になりまして、菊邑検校は「あなたにはもう、すべて、教えました」と言って九州に帰って行かれた。それ以後、西山村さんは菊邑検校にお会いになったことはないというわけでございます。しかしお友達の方がその後、菊邑検校にお会いになったようでございます。木下登美子さんがご自分の用事で長崎に行かれました時、偶然、長崎市の中で菊邑検校にお会いになった。「あ、こいちゃん（西山村さん）とこに居やはった人やありませんか」と呼びかけると、「そうでございます」「何をしてはります」「いや私、今、他にすることはございませんので、やはり音曲を教えております」「じゃあ、お元気で」と別れられた。これが昭和二十年四月か五月くらいの頃であった。

西山村さんがお友達からこれを聞かれたのは、六月頃だったということです。ところが八月に原爆が長崎に落され、それ以後、菊邑検校の音沙汰が全然ありません。それで原爆でお亡くなりになったのではないか、と考え、長崎の原爆の日を命日にして毎年お祀りしております、というお話でございました。

ケイさんにつきましては、不思議な話がありまして、昭和二十年か二十一年の頃（長女光寿さんがまだ生まれていない時）、神戸から手紙が相生市に転送されてきた。表は神戸の住所が書いてあるのですが、裏の差出し人が書かれていない。開けてみると中に小さな新聞記事が一つだけ入っていた。記事は通称ケイさんが福岡県あたり（川らしい）で身投げ（入水自殺）といったかんじの記事が書かれてあって、手紙その他は一切そえられてなかった、ということでした。

この時、想像されたのは、この記事を送った人は自分の住所や身元を明らかにしたくないが、神戸でケイさんが西山村さんの世話になったのをよく知っているので、新聞記事だけ送ってこられたのではないか、ということでした。ということでケイさんも亡くなられたようである。これが菊邑検校とケイさんの大体のいきさつでございます。

なお、菊邑検校は若い時代にあるお屋敷の十代のお姫様（唖者）の、音曲の家庭教師みたいなことをしていて、恋愛関係といいますか、そのお姫様に子供ができたということがあって、そこを放逐され、その後にケイさんと知り合った、ということらしいのです。その他、菊邑検校について分っていることは、何度か九州に帰っておられた時、手紙がちょいちょい来た。こちらからもお父さんが出された。長崎県西彼《そのぎ》杵郡、宮崎県臼《うすき》杵郡（西か東か）、熊本県球磨《くま》郡、熊本県天草郡本渡《ほんど》町等のあて名を書いた覚えがある。だから九州を転々としておられたようであります。出身は肥後である。神戸を中心に十年余り（九州と行ったり来たりで）おられたようです。

菊邑検校その人の本籍地はどこで、肥後のどこの村か町の出身なのかまで、分ればいいのです。熱心に捜して下さっている方もいますが、なかなか分りません。もしご存じならお教え下さい。また神戸近辺に詳しい方もいらっしゃると思いますので、そういう方で直接、菊邑検校やケイさんを見たとか、知っているとか、あるいは聞いたことがあるとかいう方がいらっしゃいましたら、ぜひ教えていただきたいと思うわけです。

以上が西山村さんからズバリお聞きしたところでございます。裏づけの問題については予定された時間が来ましたので、質問をお受けして、その後また少し話させていただきます。

《質疑応答》

質問　先生は、九州王朝と継体王朝は同時期に二つあったということでしょうか。

答　わたしは東アジアにおける日本列島代表の王者は七世紀の終りまで九州王朝であると考えております。それに対して近畿の天皇家（天皇と名実共に言えるのは八世紀と考えます）は、記・紀で主張しておりますように九州から来た、分王朝であった。だから対等に両王朝があったというのではなく、王朝は一つ、九州王朝だけであった。天皇家は自分で言っている通り、分家であります。イギリスとアメリカみたいな関係ですね。アメリカはイギリス（アングロサクソン）からの人々が主体ですね。イギリスより大きくなりましたね。しかし依然としてイギリスから出て来たという記憶は持っておりますし、イギリスに対しては特別な気持を持っているようですね。九州王朝と近畿天皇家は、このイギリス対アメリカの関係であるというふうに考えております。

質問 菊邑検校さんがぐつから筑紫舞を教えられたのはいつ頃ですか。

答 太宰府に近いところにあるお寺に行った、そのあとの時代なのですが、これが正確には分らないのです（大正前後の時代でしょうか）。この年代が分るとありがたいのですが……。

質問 「五人立」では「出雲の翁」と「難波津より上りし翁」が出てきますが、このことについて少し話して下さい。

答 これは非常に面白い問題です。「難波津より上りし翁」、これだけ、非常に変った表現をしているわけです。わたしは初めこれが「筑紫の翁」にならないかと思ったのです。〝筑紫より難波津を通って〟と、「より」を〝経過して〟と読んで、近畿の都に入った翁と解釈できないかと思ったのです。しかしこれは無理なようで、そうすれば「伊予の翁」でも「吉備の翁」でも良いわけです。もう一つ大事なことは、この「難波津より上りし翁」は「三人立」にはいないことです。だから「筑紫の翁」にあてると「三人立」は筑紫舞ではなくなってしまうのです。

それでは「難波津より上りし翁」は何か、というと、わたしの想像では、仮説としての解釈では、初め「大和の翁」とか「難波の翁」とか、ズバリの名前があったと思うのです。しかしこの筑紫舞が通ってきている年代、天皇家中心（八世紀から現代まで）の時代を通ってきているので、その間にストレートな呼び方を遠慮して「難波津より上りし翁」と言っている。婉曲に〝言い直した〟時期があると思います。

途中で明らかに言い直しているのがありますね。「越の翁」を「加賀の翁」と中・近世風に呼び直しています。この段階で「大和の翁」か「難波の翁」か知りませんけれど、「難波津より上りし翁」と言い直されたのでしょう。トラブルか何かあったのでしょう。婉曲表現に変えているもの、と判断したわけでございます。

なおご質問以外ですが、姫路郊外で初めてお会いした時に「夷《えびす》の翁」は関東の方か東北の方か分らなかったのです。その後どちらか判定できることが分ってまいりました。明らかに中・近世風に言い直されておりますから、「夷の翁」も中・近世の表現であると考えるべきなのです。中・近世で「夷」といいますと関東です。『徒然草』を読みましても東夷《あずまえびす》という形で出てまいりまして、関東をさしているわけです。中・近世風の表現という目で見ました時には、「夷の翁」は関東の翁であるということです。決してまだ断定はできませんが、東北や北海道の「夷」ではないと現在は考えております。「五人立」に出雲の翁が加わるのは当然です。「三人立」に入っていて欲しいほどです。辺境ではありませんので「三人立」に入らなかったのでしょう。

「七人立」には「五人立」に尾張と関東がプラスされています。これはなぜかと言いますと、解答は出せませんし、無理に出してこじつけになるといけませんが、こういう場所ですので思いあたることを申しあげます。『古事記』、『日本書紀』によく尾張が出てきますね。天照大神の系列の天火明命《あめのほあかり》が尾張連《おわりのむらじ》などの先祖であると何度も出てきます。なぜか知らないけれど、尾張連が天国《あまくに》の系列をひくんだという話が出てきていることが気になっています。

もう一つ、『常陸国風土記』に筑紫から美濃国を経て、常陸に来た人物の話が出てきます。だから明らかに筑紫から関東の常陸へ天下った、来た事件が『常陸国風土記』に記録されているわけです。「夷の翁」が関東だとすると、関東の舞楽奉納という問題と関係があるのか。関係があるというにしては材料がわずかすぎるから、これも断言はできませんが、これらを思い合わせると興味深い、ということが言えると思います。

なお今後の研究問題として、関東の古墳で九州の装飾古墳になんらかの影響を受けたのではないかと思われるもの、装飾古墳だけでなくいろいろあるようですが、それらは九州と無関係なのか、あるいは何らかの影響があったのかというようなことも、こういうことに関連して興味の持たれるところでございます。これらはいずれも断言はできませんけれど「七人立」で尾張と関東が加わっているということは、なんとなく意味深いような気がしておるわけでございます。

（後記——「夷の翁」をもって北海道・東北の「蝦夷国」に関連するもの、と解する可能性についても、改めて詳論してみたいと思う。）

質問　九州王朝から分れた大和王朝の時期ですが、先生は何世紀頃、『日本書紀』の何天皇の頃とお考えでしょうか。

答　それはわたしの本をご覧いただけたらはっきりしております。わたしは神武実在説でございます。もちろん神武天皇ではございません。日向という九州王朝の辺境の地の地方豪族の末端の青年達（神武達）が、九州ではうだつが上がらない、駄目だと絶望して、東（銅鐸圏）に新天地を求めて侵入をはかる。最初は大阪湾で敗北して、長兄五瀬命《ごかせ》が敗死している。その遺言に従って末弟の神武が熊野をまわって大和に侵入する。

大和の中で八代《はちだい》の孝元までいって、九代の開化の時には大和盆地全体を押えているわけです。周辺は皆敵地（銅鐸圏）です。十代の崇神の時に大和の外、東北十二道（東海あたりでしょう）、北陸、丹波、最後に河内の建波邇安王《たけはにやす》と、「木津川の決戦」とわたしが名づけた戦いに勝つのです。次の垂仁の時に銅鐸圏の中心、沙本毘古《さほひこ》王、沙本毘売《さほひめ》たちに勝ち、銅鐸圏の心臓を食い破って、西は広島県の東から、東は静岡県に至る銅鐸圏の遺産を継承した。そして日本列島中枢部の大国家にのし上がっていくという形で理解しております。わたしの書きました『盗まれた神話』、『ここに古代王朝ありき』をご覧いただければ載っております。

神武が外部から侵入しましたのは弥生時代の後期であろうと考えています。

質問　筑紫舞の種類と内容の概略をご説明いただきたいと思います。

答　筑紫舞には「筑紫舞」と「筑紫振り」というのがあります。筑紫舞というのが本家本元の筑紫舞です。先ほどから申してます「三人立」等が筑紫舞でございます。「筑紫振り」というのは筑紫舞独特のテンポがありまして、ほかの舞とは全然違うそうです。他の舞にその筑紫舞のテンポの振りつけをしたものを「筑紫振り」というそうでございます。

筑紫舞には多くの歌詞があります。それは西山村さんにお書きいただいてあります。その他にも、菊邑検校からお聞きになったものには、いろいろあったようです。たとえば、筑紫の漁民で魚を追って各地へ廻って帰ったあと、諸国での見聞を歌にしたものもあります。これは〝教えられた〟のではなく、菊邑検校が、こういうのがありますよ、と紹介して下さったもののようです。その中に次のようなのがあります。

「私の可愛がっていた犬が死んで非常に悲しんでいると、『きたる帝《みかど》』（「北の帝」つまり天子ではないか、と思います）がおいでになってご相談申し上げたら、まじないか何か教えて下さり、そのまじないをしたところ、死んでいたと思っていた犬が生き返った。ああ嬉しや有難や」というのです。不思議な話ですね。この天子は明らかに呪術天子、まじないの名人の天子のようですね。こんな天子は『古事記』、

『日本書紀』を読んでもお目にかかりませんね。こういう歌詞があるのです。

どうやらこれは近畿天皇家と別個の、呪術を中枢においた天子の伝承がそこに反映しているようである。この点は『邪馬一国への道標』（講談社刊・角川文庫）の中で基山に北帝門というのがあると書いておきましたが、どうもこの辺と関係があるのではなかろうかと、わたしは思っているのです。

それから流罪人が島流しにされて赦免の船を待つ歌があります。「衛士《えじ》のたく火か筑紫の船か」という文句があります。西山村さんは「大和の方から筑紫へ赦免の船が来るのを待つ歌ではないか」とおっしゃられたのです。しかしわたしは何度か繰り返し言っていただいてよく聞いてみますと、衛士（番兵）が罪人を見張っているのです。「船の火が見えるけれど、あの火はいつもの番兵の火だろうか、それとも筑紫の船だろうか」ということですね。「筑紫の船」というのは〝筑紫から来る船〟のことだと思うのです。逆に大和から筑紫に来る船なら、大和の船か難波の船かと言わなければおかしいのです。これは筑紫が赦免の原点です。言ってみれば〝筑紫から〟流されて来ているのです。その筑紫からの待ちに待った赦免の船ではないだろうか、という意味です。このように歌詞にも興味深いものがあります。今すべては申せませんけれど、興味深いものが数々あるということを報告させていただきます。

もう一言付け加えさせていただきますと、先ほどの「十三人立」のことです。最初、西山村さんにお聞きした時、「十三人立」が最高の「翁の舞」ではなかろうかと思ったのです。皆さまもそうお考えになると思うのです。それはどのようなのですかとお聞きしたのですが、西山村さんは洞窟でご覧になったのですが、詳しくは覚えていらっしゃらない。習ったのは「七人立」までなのです。残念ですね、と言いましたら、西山村さんも残念です、と悪いことをしたみたいにしょげておられたのです。

ただ、思い出された中に「おと（乙か？）」というのがありまして、これが女役で非常にエロティックな舞をして、他の翁の膝の上にもたれかかって誘惑するみたいなのがあったということです。これをお聞きした晩、姫路の旅館で考えておりましてフッと思いついたのです。検校が別れる時に「わたしの教えるべきことは、もう教えつくしました。これでお別れします」と言ったという話。

もう一つ、昭和十七、八年近い頃だと思うのですが、食糧がだんだん不自由になってきた頃、新聞に〝虫を食べたり雑草を食べたりする人が出てきた〟と出ていたのです。十九、二十年には日本列島いたるところで日常茶飯事になったことでしょうが、十七、八年頃は新聞記事になる段階だったようです。新聞にそういうことが出ていたので食卓で話題になった。その時、十代後半と思いますが、西山村さんが「お師匠はんかて虫や草まで食べて生き延びたいと思わはりますか」と、検校に聞かれたそうです。すると菊邑検校が答えられたのは「どうしても私が生きていたいと思いましたら、虫でも草でも食べて生きていたいと思います。しかし今の私は教えることは全部教えました。今の私は抜け殻です。だから虫や草まで食べて生きていたいとは思いません」という返答だったわけです。

尋ねる方はお茶目たっぷりなのに、聞かれた方は本格的な本質的な答をしておられるのです。あの『歎異抄』の唯円がかなりいい加減なことを聞いているのに、答える親鸞はいつも根本問題として答を返しています。これが親鸞の特徴ですね。菊邑検校もどうもそういう人柄みたいですね。

この話を寝ていてフッと思い出したのです。するとこれはどうもおかしいぞと思ったのです。もし「十三人立」が最高形態であるのに、西山村さんにこれを教えていないなら、〝すべて教え尽くした私は抜け殻です。だからそんな物まで食べるつもりはありません〟という話と矛盾しますね。するとどうやら「七人立」が最高形態ではないかということです。

姫路で「七人立」があった時、わたしも拝見したのですが、非常に荘厳な舞でした。この方面には無知なのですが、わたしの頭で思っている舞や踊りの概念とは全然違っていました。能のような趣に終始する荘厳な宮廷舞楽、奉納舞楽というスタイルなんです。これと、先ほどの「十三人立」の「おと」のエロティックな舞とは全然イメージが合わないわけです。

だから「七人立」が最高であった。菊邑検校がどうしても教えなければと思ったのは「七人立」までだった。「十三人立」は最高ではなくて、プラス・アルファの大衆芸能じゃないか、と思いついて、朝になるのを待って西山村さんに電話してこのことを申しますと、電話の向うで「ハッ」と息をのまれて、「そうかもしれません」と言われたのです。

洞窟でエロティックな「十三人立」が展開されて一段落して、これで千秋万歳の結びの言葉があって、そのあと「七人立」を舞って終ったということと（これはこの時、電話で言われたのですが）、「十三人立」の準備をしている時、伝令の方が女学生の西山村さんが退屈しているだろうと話し相手になって下さって、この時、「この『十三人立』は宰領《さいりょう》さんをおなぐさめするためにやるものです」というのがあったことを思い出された。ですからわたしが想像しましたように「十三人立」はなぐさめの慰労のためのくだけた大衆芸能である。いわば前座である。そして本番は「七人立」である、そういうことのようなんです。と考えると、「七人立」まで教えて、「これで私はすべてをお教えしました。だから失礼します」と九州へ去られたということとも話が合ってくるように思われます。これを大事な話として付け加えさせていただきました。

司会　絵馬について少し話していただけたらと思いますので、お願いします。

〝同根異系〟の筑紫舞

では裏づけの探求を二十分くらいで話させていただきます。わたしは非常に不思議な話をお聞きしたわけです。しかしわたしの場合は歴史学ですから、歴史学の立場でこれをどう確認できるか、できないか、ということがキーポイントですね。これにとりかかったわけでございます。その中で幾多の点において裏づけというべきものが、かなり現われてきたわけでございます。菊邑検校、ケイさんの個人的な身元については、残念ながらまだほとんど分っていないと言っていいのですが、筑紫舞自身については裏づけというものがかなり現われてきたという状況です。

朝闇神社の絵馬に見る“ルソン足”の舞（部分）

まず、第一は絵馬です。福岡県の神社の絵馬の中に、筑紫舞と深い関係をもっていると思われる舞が現われてきているのを見つけることができたわけでございます。最初に西山村さんが見つけられたのが一つあるんです。福岡県の朝闇《あさくら》神社にあるお堂の絵馬に、山伏とも木樵りともつかない人物が舞をまっていて、囲りに何人か人がいて、それを殿様らしい人が大きな盃で酒を飲みながら見ているわけです。それに女官みたいなのが十何人とりまいています。そしてどうもそこは洞窟らしいところなのです。

向って左の奥の方は山地になっていて、明らかに山伏の姿をした人物が何人か出てきている。何を意味するのか分りませんが、女がそれを迎えている。もう一つ興味深いのは、向って右端の手前のところに坊さんが二、三人おりまして、舞をしたりいろいろしている人たち皆に対して〝フン〟という顔をして、嫌だというふうにそっぽをむいているのが画いてあることです。これは一体何を意味しているか分りませんけれど、非常に複雑な図柄の絵馬がかかっております。

これは天保二年（一八三二）に奉納されているものです。年代がはっきりしているのは非常に有難いのですが、重要なのは舞を舞っている人物の足です。非常に変った足をしておりまして、西山村さんが菊邑検校から習われた秘伝の足と同じなんです。中・近世風にルソン足と名づけられた、その足で舞っているのです。だから筑紫舞自身かどうか分らないが、筑紫舞と共通の技術にたった舞が舞われていることは事実なのです。

もう一つ。これはわたしが見つけたのですが、すぐ隣りの宮野神社（宮野村）の絵馬です。これは嘉永三年（一八五〇）に奉納されております。これも似たような図柄ですが、違っているところは山伏がご馳走をたくさんつくって農民にご馳走をしているところです。農民がされているのです。向って左の方に、農民が帰ろうとすると、山伏が裾をつかまえて食べていって下さいというような図柄もあるのです。そして殿様がいて女官がいて、はっきりと洞窟がありまして山伏が舞っているわけです。こちらははっきり山伏の格好をしています。先ほどの朝闇神社の絵馬の方は山伏とは断言できません。もう一つの特徴は、殿様の服装は立派なのですが、髪が蓬髪《ほうはつ》、ぼうぼうとした髪をしているのです。朝闇神社の方ははっきり分るのですが、宮野神社の方はすり切れて見えません。なぜ立派な着物を着て髪だけぼうぼうとしているのか、ちょっと謎でございます。九州の講演を聞いた人の中には、彦山の別当大権現ではないかというご意見の方もいらっしゃいました。

西日本新聞の学芸部等で何度も聞いたのですが、現地に筑紫舞なんてありませんということだったのです。博多で筑紫舞というのを教えている方がありますが、これはご自身が戦後独創されたものを筑紫舞といっておられるだけだそうです。ご本人もよくご承知です、ということです。何回聞いても「筑紫舞」はないということだったので、わたしも駄目だなあと思っておりました。ところが現地で神社に非常に詳しい百嶋《ももしま》由一郎さん（西日本鉄道の「歴史の旅」の講師）の運転で、博多から糸島郡をまわってご案内いただいたのです。

わたしが今まで行った神社ばかりなのですが、かなりの絵馬があるんです。絵馬なんてどうせ近世のものだから古代史には役立たないと思い込んでいたんですね。ところが舞の絵馬は随分あるんですよ。有名な三雲・井原遺跡の裏にある細石《さざれいし》神社。細石神社の裏に三雲・井原遺跡があるといってもいいのですが、ここにも面をつけた翁が舞を舞っているんです。翁が一人で不思議な足をして舞っております。ルソン足か、あるいは波足というものか、わたしには判定できませんが、とにかく変った足の格好で舞っております。

こういう絵馬と同時に思いがけない収穫がありました。博多から糸島に入る入口の、今宿の側に横浜というところがございまして、この横浜に熊野神社というのがあります。かなり小高い山の上にありまして、ドン・ドコと太鼓の音がしていましたので登ってみました。

今日神楽があり、何十年ぶりにやるんですというのです。〝それでは見せてもらいましょう、どんな神楽ですか〟と聞くと、下の公民館に世話役がいるからそこで聞いてくれといわれたんです。それで横浜公民館に行きまして、世話役の方に聞きますと、台本集のコピーされたのを持っておられるのです。それを見せてもらったら、そこに「筑紫舞覚書」とちゃんと大きな字で書いてあるんですよ。ビックリしました。それを写真に撮らせてもらい、十二時から始まった神楽を見たわけです。

この神楽は、西山村さんの筑紫舞とは結論的に言いますと、同根異系、根は一緒だが現在の姿はかなり変っている。片方は神楽として表で、片方はくぐつの舞として、裏で伝えられているという、表裏の違いはありますけれど、根は明らかに一緒であるというものでした。

たとえば菊邑検校の話に「私達の舞の一番もとは天宇受売《あめのうずめ》の舞でございます」というような話があったらしいのです。この神楽の最後のところで天細女《あめのうずめ》が活躍するのです。天細女がエロティックな舞をするわけです。エロティックといっても現地ではいい年のおっさんが面をつけてするんです。猿田彦が出てきまして天孫降臨に反対するんです。来ては困ると反対するのです。それを思兼《おもいかね》命が……智謀の神様ですが、天細女に命じて猿田彦を説得させるわけです。猿田彦は嫌だ嫌だと拒否する。それを延々と神楽でするわけです。そのエロティックな格好は、「十三人立」の「おと」についてお聞きしたことをまざまざと思い出しました。また楽器のひき手と舞い手がありまして、舞い手が多くなったと思ったら楽器のひき手が減っていて、舞い手がえらい減ったと思ったら、楽器の人が増えているんですね。同一人物が交替でしているのです。しかし中に全然交替しない楽器一本の人がいる。

以上のようなことも、西山村さんにお聞きした「十三人立」と同じなのです。そういう、技法の面もまた同じです。このように数々の共通点がございます。わたしが一番嬉しかったのは、この神楽の身元が明らかになったことです。博多市内に田島八幡という神社がございまして、この田島八幡の社中の人達が頼まれて来ているのです。六十年ぶりかで来たところへ偶然わたしが会ったわけです。

あとで田島八幡の社中の中で中心的な方の一人、船越国雄さんのお宅へうかがいました。その応接室に表装された立派な文書がかかっていました。筑紫舞の由来の文書でございます。これによりますと、筑紫の神主達が寄り集って、この神楽を江戸時代の終りまでしていた。ところが明治維新で、そのあとできなくなった、というのです。

明治のはじめに廃仏毀釈で仏教を排撃したのはよく知られていますね。そこで神社の方は非常に得をしたように思っていますね。教科書などにもそう書いてありましたね。これは半ば合って半ば合っていないのです。といいますのは、明治政府の教部省などを占めたのは、平田篤胤の弟子達、平田神道を古神道と称し、それを純粋な神道と考える人達だったんです。この神道以外は〝偽もの〟だ、と考えた人達だったんです。ところが日本中の大抵は平田神道以外の神道だったんですよ。だから日本のほとんどの神道がえらい圧迫をうけているんですよ。神仏習合はもちろん、山伏も駄目だといって弾圧を受けるんです。それに対して江戸時代の黒田藩のほうはそうではなくて、神楽などをいわば保護育成していたわけです。

明治政府はあんなのはインチキだといって、平田神道以外の神道に対しては保護をやめにしてしまうのです。だから神主さん達は食べられなくなってしまったのです。結果、神楽もできなくなって、別の職を見つけないといけなくなってしまったのです。わたしもすでにこんな話を聞いたことがあったのですが、もう一つピンと来ていなかったのです。ということで神楽が断絶になるというのを聞いて田島の社中の人達、農民などが、「私達がお習いしましょう」と、一番詳しく知っている神主さんのところで逐一伝授してもらったのが、今に残っているのです。文書に〝これは「筑紫舞」というべし〟と出てきております。これで現地に同根異系の筑紫舞があるということが判り、大きな収穫でございました。

肥後の国「山の能」の伝え

もう一つ、見逃すことができないのは『肥後国誌』というものでございます。熊本市の平野雅曠さんからのお手紙で、九州年号が『失われた九州王朝』で論ぜられているが、江戸時代に作られた『肥後国誌』には、その九州年号がたくさん出てきます、とお教えいただいたのです。その後『季刊邪馬台国』4号に論文を載せられましたので、ご覧になった方も多いと思います。この方に一度お会いしたいと思っておたずねしたわけです。

お持ちの『肥後国誌』を貸して下さいと強引にお願いしたら、快く貸して下さったのです。平野さんは「九州年号は私が論文に書いたのが全部ですよ」とおっしゃられたのですが、私はもしかしたら「筑紫舞」のことがあるかなあと思ってお借りしたのです。そしたら意外なことに、あったのです。「筑紫舞」に直接か間接に関係があるらしいと思われるものが見つかったわけです。

北宮村について書いてある資料がございます（『肥後国誌』巻之六、菊池郡・深川手水）。ここでは昔から「山の能」というのを伝えていた。「翁」がその能の中心であったと書かれているのです。ところが現地で室町の頃戦争が起こります。龍造寺とか赤星とかが、天正六、七年頃に戦争をして、これに薩摩の島津が応援をたのまれて侵入をしてくるのです。そして現在の菊池市隈府《わいふ》にあった〝能面〟を戦利品として奪って帰って行った。戦争が終った後、菊池家の能大夫の藤吉雅楽が「〝能面〟を返して欲しい」と薩摩に行くわけです。するとなぜだか「もう返した」。「どこに返したのか？」「八代に返した」ということなのです。この八代は現代もそうですが、音曲が盛んなところで、代々名人を輩出しているのです。これと何か関係があるのでしょう。とにかく「八代に返した」。それで雅楽が八代に行きまして、首尾よく〝能面〟を返してもらってくるのです。ところがこれで一件落着かというとそうではなくて、本当の騒動はここから始まったのです。

「山の能」を伝える社中がありまして、「自分達が昔から伝えているものだ」と言いますし、能大夫は「私が苦労して持って帰ったものだ」と三代にわたって争いが続いたらしいのです。雅楽の孫の外記の時にやっと和解ができて、金を出す人がいて、片方は金、片方は能面をとって、やっと落着したと書いてある。ところが落着して間もなく、菊池家は滅亡した。これによって能楽も断絶したと書かれている。さて、私のような素人から見ますと、能面くらい、また作ればいいではないかと思うのです。しかし考えてみれば、単に骨董品の能面が欲しいというだけだろうか。つまり能面を付けて舞う「権利」の争奪戦だったから、三代にわたって、もめたのではないか、と思ったのです。

西山村さんが昭和十年代に神戸で舞を習った。お父さんは一人娘が極意の「翁の舞」を習うことになるのを喜んで、「翁の面がいりますね。一つ京都の方に頼んでやりましょう。一カ月もあればできるでしょう」と言われた。ところが菊邑検校は「いえ、面はいりません。私共のほうでは故《ゆえ》あって、面は用いないことになっております。だから面はいりません」と、言ったそうです。

どうも菊邑検校はごちゃごちゃ理由を言わないのですね。しかし結論は実にはっきり言って、相手がスポンサーであっても譲らない、という方のようですね。

だからお父さんも「そうですか」とあきらめられたという、そういういきさつがあるのです。今も西山村さんは全然「面」を使われないわけです。

ここからはわたしの想像ですよ。先ほどの『肥後国誌』では「山の能」は断絶したと書いてあります。しかしわたしが思いますのに、二派で争っているのですから、断絶したのは菊池家の〝公的な能の儀式〟が断絶した、ということではないか。田島八幡の例もありますように、「山の能」も菊池家が発明したものではなく、在地の農民の方が継承してきているものです。だから、農民の方も菊池家と一緒に「山の能」を忘れてしまう、ということがあるだろうか。公的なものは断絶したけれど、それ以外のもの、農民などの中で続けられたものがあるのではないだろうか。これがわたしの想像なのです。すると先ほどの菊邑検校が「故あって私の方では、面は用いないことになっております」という話と何か関係があるのではなかろうか。そういう感触をもったわけでございます。

少なくともはっきりしているのは、肥後の国において、「翁」をメインとする能楽が、古い伝承を基に行われていたということです。「翁の舞」とは言っておりますが、舞というより能と言った方がいい印象をうけました。直接か間接か知りませんが、『肥後国誌』に伝える「山の能」と何らかの関連があるのではなかろうか、という感じをもったわけでございます。

3　西山村光寿斉さんの証言

何か目に見えないものでこうなった

司会　これから懇親会を始めたいと思います。最初に質問というかたちで皆さまに出していただき、それについて西山村さん、古田さんにお聞きしたいと思います。

質問　「肥後の翁」は西山村光寿斉、「加賀の翁」は西山村光寿、「都の翁」は西山村筑紫で演じられましたが（一九八〇年十月五日、姫路文化センター大ホール）、「肥後の翁」は代々光寿斉さんが、「加賀の翁」は代々光寿さんが伝承するということですか。

西山村　そうではありません。「肥後の翁」は踊りを教える者の最高の者がつとめる。次にくるのが

「加賀の翁」、その次が「都の翁」であると（菊邑検校から）聞いております。

私は西山村流の宗家《そうけ》で、長女は二代目光寿、家元でございまして、次女筑紫は分家家元で、三人が流派の長ということです。ですから、西山村Ａ子が宗家であれば、「肥後の翁」は西山村Ａ子がつとめるということでございます。

質問　先ほどの古田先生の講演で、筑紫が都の地であるということを聞きました。「都の翁」を演じた人が、筑紫という名前なのはどうしてですか。

西山村　偶然なのです。本当に偶然なのです。次女は本名が河西美夜子《みや》といいます。もともと私が西山村光寿、二代目が若翠《みどり》、分家は美寿世《みすよ》と名乗っていたのです。ところが武智鉄二さんが、七、八年前に筑紫舞を見られまして、「これは大変なものだ。普通の舞ではない」と、わざわざうちの家まで聞きにみえました。私は「実は九州の……」と返事したのです。それから東京で、出てくれ、出てくれと話があり、度々上演したのです。そのうちに文化庁や芸能評論家という人達が見にこられるようになりました。

ある時、文化庁の無形文化財の調査官の田中英機《ひでき》さんが、ある文学博士に見てやってくれと、東横劇場に見にきてくれたのです。その時私は光寿で、娘も若翠と美寿世だったのです。その文学博士は「なんだ。弟子の踊りごときを見せるのに、俺をわざわざ呼んだのか」と言われたらしいのです。名前はどうであろうとも、と思ったのですが、武智先生に「名前が悪いよ。（光寿を）隠居しなさい」と言われまして名前を変えたのです。光寿斉は斉明天皇の斉なんです。二代目は光寿に譲って、分家家元はどうしようとなかなか決まらなかったのですが、武智鉄二さんに、「筑紫振りだから、筑紫にしたら」と言われて西山村筑紫になったのです。

一年半ほどして古田先生が、「都（といわれている土地）は筑紫（の地）と違いますか」と言われたので、「ええそうです。〝みやこ〟（美夜子）は筑紫です」。「都の翁は筑紫と違いますか」「ええそうです。都の翁は筑紫がつとめます」と全然話が合わないことがありました（笑）。偶然の積み重ねでして、何か目に見えないものでこうなったと思っています。

質問　光寿という名も、山村ひさという山村流の師匠から貰った名前が父の気に入らず、父が付けたのです。この際ですから、筑紫を代々名乗られたらどうでしょう。

西山村　分家はまだ独身で、筑紫の名前をやれる跡つぎがおりません。どなたかよろしくお願いいたします。

質問　「翁の舞」の内容、話の筋を教えていただきたいのです。

司会　言葉で言うより、ビデオに撮られたものがありますので見られた方がいいと思います。複製しますので機会を作りまして皆さまに見ていただきたいと思います。

古田　内容は何というものではないのです。台詞《せりふ》としては、おのおの翁が出てきて名乗りをあげるのです。多少ニュアンスは違うのですが、「自分は肥後の翁である」「加賀の翁である」と名乗りをあげ、その間に複雑な舞が展開していくわけです。舞ですから（「七人立」）二十五分間、肥後の翁を中心に舞われ、その間名乗り（正しくは「国問い」といいます）が入っていくというスタイルのものです。いわゆる掛け合いをしたりという類のものでは全然ないのです。

〝死語〟を習い伝える

質問　舞を拝見すれば、一番よく分るでしょうが、テーマがあると思うのですが、それは何でしょうか。

西山村　能の「国土安穏《こくどあんのん》」と同じタッチでございますので、寄り集って懇親会を開いているという感じです。

質問　宮廷舞楽となりますと、隼人舞、韓国舞も服属儀礼になるわけですね。そういうものとのからみはないのですか。

古田　わたしの解釈ですが、各国の翁が出てきて自分の〝国振り〟の舞をそこで奉納するというスタイルになっているわけです。だから今のご質問と共通の要素があるわけです。

　自分の好きな舞とか、気に入っている舞を舞うというのではなく、それぞれの国の舞をもって、都へ出てきて舞う、というスタイルの舞になっているのです。

質問　宮廷でする舞楽なのでしょうか。

古田　宮廷でする舞楽のムードをもっています。様式化された舞になっています。これは想像ですが、本来は一つ一つの舞が出雲なら出雲独自の舞、尾張なら尾張独自の舞というものであった可能性があります。今は目立って別々というふうではありませんが、それぞれの翁の所作、台詞に特徴をもたしているようです。

質問　「ルソン足」とは、具体的にどんな足をいうのですか。

西山村　やってみなければ……口ではいえません。

古田　こういう舞は、理屈を習って理屈に合わせて踊るのではありませんから、実物そのままを伝承しておられるのです。口で上手に説明するのは、むつかしいと思います。実物をご覧になるか、ビデオで見ていただかないと。

西山村　一言、足どりについてご説明申しあげます。私はこれしか知らないので、たいして珍しいもの

西山村光寿斉さんの舞姿

と思っていなかったんです。普通だったら、足を二つそろえて一足にして、ポーンと飛ぶのです。古い歌舞伎に一足にしたまま跳躍して前や後に進むのは残っているらしいのです。

私共の筑紫振りの足では、送り足というのですが、パッパッと速く前に進んでいくのです。そして、足をぐっと引いといてパーンと飛んで跳ねて座るのを一遍にするというので、筑紫振り全体にあります。

ルソン足というのは、つま先をはね上げて、カカトを常に下につけているのをいうのです。話はちがいますが、私の言う言葉は死語になっていてずーっと昔の文献にあったと、文化庁の人が言うのです。八百屋で買い物するみたいに次々、今は使われない言葉を使うのでびっくりしたと言われました。

たとえばおじぎの仕方ですね。翁のビデオを見ていただくと分るのですが、横に手をやってピッとはね、額のところにもってきて、卍《まんじ》を書いて、胸前から下になで下ろしておじぎをする。これを権帥礼《ごんのそち》というのです。「早船」などの時は、手を横にして、前にしておじぎをする。これは帥礼なのです。権帥礼が上等で、帥礼が上等でないというのが非常に面白いと文化庁の人が言うのです。どんなものでしょうか。

子供の頃から、これは権帥礼である。これは翁に限ると教えられ、七人の翁がズラリと並んで、一糸乱れず権帥礼をすることが、神様に喜ばれると聞いております。それから柱つき、舟つきという言葉があります。これも私だけが言っている言葉らしいです。「(皆が使っている) 板つきなんて知りません。柱つきと言っています」と文化庁の人に言いましたら、その時は「そうですか」と帰られたのです。三日ほどして会った時 (東京で)、「古い文献に載っていた。家元 (現宗家)、誰に聞いたのですか」と言われました。「子供の頃から、そう聞いていたのよ」。家元になってから舞台をつとめねばならない時、リハーサルで狂言方が「これは板つきだっか、どこから出はります？」と聞かれて、板つきて何だろう？とあたふたしまして、そんなことも知らん家元はもぐりと思われたらいかんと、「そうです」と言うたんです。

幕が上がった時、舞台に控えているのが板つきと分って、「なあんだ、これだったら柱つきのこと」と言った覚えがあるのです。ですから、筑紫振りと他の踊りと各名称が違っていますね。変に古めかしい言葉で言われているのが特色だと思います。

古田　今のお話は死語になっていると芸能界で思われている言葉を、西山村さんは菊邑検校さんから習われたということです。

ルソン足など所作を、今実際にしていただくわけにまいりませんのでビデオで拝見するというのが一つの方法ですね。それから東京で今年の秋十一月二日に、芸術祭に上演なさるそうです。これは翁ではない可能性が強いようですが、その際、場所を借りているから、「五人立」などを見せてあげてもいいとおっしゃって下さっていますので、東京の会の方達で計画して下さっているようです。

司会　ビデオは二種類共あり、会として保存いたします。見たいと希望されます方にはご覧いただきたいと思います。

また西山村さんは姫路にお住まいですから、関西で公演なさる時は、わたしどもから呼びかけますので、その時はぜひご覧になって下さい（後記——現在は福岡市東区香椎在住）。

他に伝承者はいない……

質問　現在、西山村さん以外に筑紫舞を伝えておられる方はいらっしゃいますか。

西山村　私はないと思うのですが、ひょっとしたら、私のような人がどこかに居るかも知れませんね。九州の方には残っていないと思うのですよ。これは私の想像ですが、九州に習ってくれる人がいたら、わざわざ神戸まで来て、私をつかまえて教えなかったと思うのです。だから九州にはいないと思うのです。それでも、その人達の仲間が、誰かにこっそり教えていたかも分りませんですね。

私のことがクローズアップされれば、「私も知っている」という人が現われるかも知れません。私は今まで、みにくいアヒルの子でございまして、山村流の中にいて、山村流でない地唄舞をもっているということで随分いじめられて参りました。だから他にいらっしゃるかどうかは知りません。

質問　筑紫舞を現在している人は、いないのですか。

古田　プロの舞の世界で、西山村さん以外に筑紫舞を教えている方は、どうもいないようでございます。東京では高田かつ子さんが、一所懸命手紙や電話で問い合せて下さり、大阪でもわたしが問い合せてみたのですが、どうもいないようでございます。

筑紫舞と名乗るのは、講演で申しましたように、田島八幡にございます。これは神楽でして、神社の祭礼の時に行う、表芸というべきものであります。

また〝鼻欠け〟の人が、神社で踊っていたという話でしたが、これは翁ではないと思います。むしろ田島八幡に相似た神楽だと思うのです（後記――くぐつの人達が祭礼で行っていたのは、あるいは神楽以外のもの、見せ物・売り物の類かもしれません）。

だから神楽とは別に、くぐつの世界に秘伝として、「翁」を中心とする筑紫舞を伝承しておられたのです。この秘伝としての「翁」を知っている人はいないか、ということになりますと「論理的想像」になります。それは昭和十一年に十三人集って、舞われたわけです。

その方々が生きておられる、あるいはその方々の子孫というか、後継者が生きておられる可能性があるわけです。ついこの間のことですからね。その方々が「十三人立」を演じうるとか、見たことがあるという人が現存する可能性があるわけです。しかしわたし自身も調べたし、博多にお住まいの方にも調べてもらったのですが、今のところ判っておりません（後記――宮地嶽神社の洞窟の舞のときに来合せた方が地元などにおられることが判りました）。

恐らく表《おもて》をさがしても、見つからないでしょうね。わたしはくぐつですなんて、電話帳に載っていないでしょうし、看板も掛けていないですから。芸能差別ということがありますから、裏側で隠されているのではないかと思うので、そう簡単には見つからないでしょう。わたしが博多に行き、博多の人が一所懸命聞きまわっても判らない。博多のそういうお師匠さんに、わたしも随分聞いてまわったのですが判らない。

しかしわたしが思いますに、表から行っているから分らないのです。分らないことと、存在しないこととは同じではありません。これに関連して、「太宰府の御《おん》使者」と言った伝令の方が、洞窟の「十三人立」の時、女学生の西山村さんが退屈してはと話をしてくれたそうです。「あの人は京都から来た方です。くじがあるので、これ（十三人立）が終ったらすぐ帰らなければいけないのです」というのがあったそうです。その人はきれいな着物を着ていたそうです。

西山村さんが「くじってなに、くじびきのこと?」とお父さんにお聞きになったら、「いや違う。おそらく訴訟のことだろう。訴訟しやはるんやから、だいぶ身分のいい方やな」と感想をもらされたそうです。「公事」と書いて「くじ」と読みますね。今でもそうですが、当時は特に訴訟をするのは、貧乏な人はあまりしませんわね。これから思いますと、京都でちゃんと市民生活をしておられて、伝令がくると洞窟にくるんですね。その方はいい着物を、悪い（というと変ですが）木樵りみたいな粗末な着物に着替えて洞窟で舞われた、というのです。

ここから先はわたしの想像ですが、この京都から来た人などは確実に子供さんかお孫さんがいると思うのです。その子供さんやお孫さんも知っているのではないか? 〝お父さん、お祖父さんがくぐつだ〟ということを知っているんではないでしょうか。場合によったら、今でも伝令が来ているかも知れませんね。しかし恐らく人に触れ歩くことではなくて、秘密のことではないだろうか。だからこちらから探すのは、大変なことなのです。ですからわたしとしては、本などに書いて出しますね、それを見て「実は私は知っている」「私も聞いたことがある」と言って下さる方が現われるのを期待しているわけです。

もう一つ、推測に推測を重ねてですが、筑紫舞の「翁」としての伝承は、くぐつの方々以外にむつかしいなあと思いますが、菊邑検校さんに、西山村さんの友人が長崎でお会いになった時、「何をしていらっしゃいますか?」「いや、他にすることがありませんので音曲を教えております」ということですので、長崎に菊邑検校さんのお弟子さんはいるわけです。但し「翁」などを伝承されたかどうかは、全く分らないのです。以上のようなところです。

菊邑検校に抱いた疑問

質問　服装ですが、翁それぞれに決っているでしょうか。また絵馬の人物の扇に日の丸がありますが、持ちものに特徴があるのですか。

西山村　絵馬にある翁は日の丸を持っていますが、私達は持たないのです。絵馬は絵馬なんです。「七人立」を私が洞窟で見ました時は、日の丸ではなかったように思います。すごく傷《いた》んでいたけれど、扇が金だったような気がするのです。

一般に日本舞踊の扇は（今）普通寸法が九寸五分なんです。山村舞だったら八寸五分なんです。祝儀物の場合は尺ものといいまして一尺あるのです。

その時、私が見ましたのは、尺ものの感じがしました。大きく見えました。仕舞の扇ではないけれど、大きいなあと心に残ったような感じがするのです。別にそんなに深い関心ももってませんし、「ひょっとしたら、あれが尺ものかなあ」と思ったように思います。

服装ですが、衣みたいなのを着ている人だとか、昆布みたいになってぶらさがっているのを着た人がいました。

菊邑検校も琴を弾じてではなくて、ただ最後になるかも分らないから行きましょうと言って、連れて行って下さったのです。だから本当言えば、私達と同じお客さんとして行っているのにもかかわらず（こんなふうにいろいろ細部にわたって研究されてきますと、ふっと疑問に思うのですが）、昆布みたいななんともかんとも言えない、出し昆布の色みたいのに着替えられたのです。

宰領さんなる人が全部の衣裳を預かっているのです、きたない衣裳を。そこへ来る時は、お百姓さんの格好をしたりで、普通の格好をしているわけです。そこへ宰領さんが風呂敷包みを沢山沢山持ってきて、「これあんたの」「これあんたの」というふうに分けるわけです。「おやかた様もどうぞ」と、検校さんのところへ持ってきたのを着替えられたのです。

私の父や母は、私がどこかで踊る時は検校に地方《じかた》（というのでしょうか）をしてもらわないといけないので、気をつけていて真っ白な羽二重で着物を作ってさしあげたり、鼠小紋の着物や紋付の羽織や袴を、こしらえてあげたりしたんです。

九州に行く時も、父と同じくらいの体だったから、ひょっとして父のおさがりかもわかりませんが、結城紬みたいな着物を、わざわざ着ていっているのに、そこでお昆布みたいな着物に、見るだけなのにわざわざ着替えたのです。

だから私、おかしいなあと思ったんです。今でも私、おかしいと思うのです。

古田　そこで一つ面白い問題があるのです。「十三人立」の舞の準備をしている時、十三人の一人が「おやかた様の前で、これを舞うのもこれが最後でしょうな」という意味のことを言われた。

おやかた様というのは、どうも菊邑検校だと思うのです。講演の時に言いましたように、伝令の方が神戸に来られて、検校と同じ室の隅に床をとろうとしたら、「おやかた様と枕を共にするのは死ぬ時だけでございます」と言って寝なかった。これは明らかにおやかた様、菊邑検校ですね。

洞窟で「おやかた様の前で……」のおやかた様は、考えようによって、古墳に祭られた神様の前でと、とれないことはないのですが、同じおやかた様ですから、これはやはり菊邑検校をおやかた様と言っていると、私は判断したわけです。

東京で鋭い質問があったわけです。水戸から出てこられた高校三年生の千歳《ちとせ》さんがされた、「なぜ、菊邑検校はおやかた様と言われるのか」ということだったのです。わたしが「筑紫舞を完全に、〝鼻欠け〃の人から教えきられた。だからおやかた様と言われるのではないですか」と答えたわけです。すると千歳さん曰く、「じゃあ現在は、西山村さんがおやかた様ですね」。これで私はガクンときたわけです。若い方のストレートな質問で、問題の真相に近づけるわけですが、どうみても、西山村さんがくぐつの方からおやかた様とされているような感じはしないわけです。どうもおやかた様ではないようです。ということは、私が示した一つの解釈、筑紫舞を完全に教えきられたおやかた様というのであれば、西山村さんはおやかた様であり、くぐつはおやかた様を逃がしては駄目なわけです。ところが、くぐつの残党が西山村さんのところへ寄ってきている様子が全然ないわけです。結局、おやかた様は、筑紫舞を教えきられていることもあるかもしれないが、それだけではないのではないか。他の条件がいる。

ズバリ言いまして、くぐつ集団がいまして、その頭領といいますか、統率者というか、そういう力量、実質を持っていなければ、おやかた様という名前は与えられないのではないか。その意味でおやかた様は、両要素を兼ねているのが理想ではないかと思うわけです。

わたしの想像ですが、菊邑検校が西山村さんに伝えられたのは、(言葉は悪いですが)〃非常手段〃だと思うのです。戦争が近づいてくるという状況下と、自分がいつ死ぬか判らないということで、絶えてはいけないということで、西山村さんに教えられたと思うのです。

お弟子さんに教えていて、お弟子さんが上手《うま》く間合いが合わない。それを小学生時代の西山村さんが、子供がよくするように真似して、「ここはこうするのじゃないの」と舞ってみた。それが非常に勘どりがいい、間どりがいいので、それを見込まれたのでしょう。絶やしてはいけない、伝えなくてはいけないというので、〃非常手段〃といいますか、例外的に教えられたのでしょう。女の方に教えるというのは、本来は〃ない〃のでしょう。あの「十三人立」も全部、男でしょう。それを女に教えること自身も異例なわけです。

例外的な、異例のケースである。わたしの想像ですが、本来のケースは、筑紫舞を伝授していると同時に、くぐつ世界の頭領ということで、初めておやかた様と呼ばれるのではないか。菊邑検校は単に、〝鼻欠け〟の人から舞を習っただけでなく、そういう実質の位置についておられた。だから伝令がしょっちゅう来ていたのではないかというふうに、想像の領域がありますので（実際は間違っているかも知れませんが）、こういう問題があるわけでございます。

「宰領」と「おやかた様」

質問　「翁」の時、どういう楽器を使われますか。

西山村　三味線とお琴を使います。

質問　鼓類はどうですか。

西山村　私が洞窟で見ました時は、入っておりました。鼓というより大鼓《おおかわ》でした。

質問　「翁」はどういう名乗りをあげるのですか。

西山村　肥後の翁は「われは肥後の翁」と名乗って、「加賀の翁」は「われ」って言わないで「かーがの翁」、都の翁は「都の翁」と言いまして、「われ」は入らないのです。難波津より上りし翁は「われは難波津より上りし翁」と、水をかきあげるふうな中腰になって、チョンチョンと出てきて名乗るんです。

尾張は「われこそは尾張の翁」。出雲の翁は大国主みたいな格好をするのです。初めからなのか、どこかで変ったのか、菊邑検校の好みなのか判らないのですが、「われは出雲の翁にておじゃる」と言って、袋をかける格好をするんです。私は子供の頃に、大国主のことかなと思っていたのです。今こんなこと言ったら、古田先生に叱られるので言いません。何か判りません。
　夷《えびす》はチョンチョンと千鳥に飛んで出まして、「夷の地より参りし翁」と言うのです。夷の地ですから、（都から）一番遠いかも判りませんですね。
質問　宰領とおやかた様の関係はどうなるのですか。
西山村　宰領さんは私の想像ですけれど、その年々の集りというのですか、それをお世話する方ではないのかと思うのです。
質問　道具方ですか。
西山村　そうじゃなくて、世話人みたいでした。宰領さんは「朝倉」の翁だったのです。「十三人立」の時に。「朝倉」か「高倉」だったか、はっきりしないのです。はっきりしないのに言うと、叱られますので（後記──のちに「高倉」のようである、とお話あり）。
古田　先ほどから西山村さんがおっしゃられている「叱られる」云々は、明確な事実と想像の部分を、はっきり分けて下さいということです。菊邑検校からはっきりこうだと聞かれた点と、西山村さんのご想像の部分を、はっきり分けて下さいと、何回も神経質なくらい申しております。そのことだと思います。
質問　「七人立」の時、宰領さんは何をしましたか。
西山村　「十三人立」も「七人立」も、同じ日でしたので、宰領さんの「七人立」の時、お世話だけだったのとちがいますか。前年の時はどなたが宰領になられたのか知らないのですが、どなたが宰領でも、肥後の翁が一番えらいのです。私が（する肥後の翁が）一番えらいんです。
古田　だから「七人立」の時、宰領さんは舞っていないのですね。この回のといいますか、その年（何年に一回か、年に何回か知りませんが）の世話役が宰領さんということらしいですね。

質問　筑紫舞と『肥後国誌』の「山の能」の関係を、もう一度教えて下さい。

古田　西山村さんの筑紫舞の「翁」ですね、これを筑紫舞と言っておりますが、わたしなどが言ってる踊りや舞とは全然ムードが違うわけです。端的に言えば能といえる。荘厳なものということが第一にあるのです。『肥後国誌』には「山の能」がある。京都などとは違った、伝承された能があり、翁の舞が能のメインになっているのです。

もう一つ、西山村さんの翁は「肥後の翁」が中心で舞われます。ということは（後で言いますが）肥後で伝承されたものではなかろうか、ということです。肥後は装飾古墳の中心になりますね。それらの反映ではないかと、わたしは考えたのですが、それだけではなく、肥後で伝承されたので肥後の翁を中心に舞うのではないかと考えたわけです。肥後で能のような様式をもって、「翁」を中心に舞うものが伝承されていた。一方、「山の能」も能といわれているから、当然能の様式をもって、「翁」がメインである。肥後の中で伝承されている。

両者は非常に関係が深い。しかし最後の一点では、結びつく論証がないわけですが、どうも直接か間接か分らないが、無関係なものとは思えないと思うわけです。先ほどの翁の面の話も、何となく『肥後国誌』と相対応する感じがあるわけです。

断定はできないですが、次のようなことは言ってもいいのじゃないでしょうか。

西山村さんの筑紫舞は、どうも肥後で伝承してきた可能性が強いということ。また肥後の地で、「山の能」にみられるような「翁」をメインにした能が、古くからの伝承として存在していたということ。能を演ずる地域的な伝統があったということだけは言えるのではないかということです。

間のとり方が異なる「ルソン足」

質問　「ルソン」というとフィリピンを連想するのですが、筑紫がルソン、フィリピンと歴史の上で、どのような関係にあったのでしょうか。「ルソン足」がどのようにして舞の世界に入ったのでしょうか。

西山村　「ルソン足」というのは、ルソンから入ってきたというのではなくて、一つの名称だと思うのです。たとえば権師礼というように。足のあげ方の一つの名称だと思うのです。

それからこれは私の発想なのですが、鎌倉室町時代に、くぐつの集団、遊芸人のくぐつの集団がいたと思うのです。九州でも遊芸をしながら廻っていたのが、長崎かどこかでルソン人の踊りを見て、足のあげ方が非常に面白いので、筑紫振りに取り入れたとも、私には考えられるのです。

文化庁にも言いましたのですが、地唄舞の中にオランダ万歳というのがございます。私もあまり知らないのですが、これもルソン足をするのです。それを当時生きていた山村ひさ（山村流の師匠）が、「（筑紫舞の）そんな足どりやったら、オランダ万歳なんか面白いのと違いまっか。それで万歳を、オランダ万歳で教えてもらいなはれ」と、菊邑検校に言うたことがあるのです。その時、菊邑検校は「駄目です。似て非なるものだから」と言うたんです。間のとり方が、オランダ万歳の「ルソン足」と、私の伝えている「ルソン足」とは違いますということで、「なまじ似て非なるものだから、習わないでくれ」ということで習わなかったのです。オランダ万歳が三テンポでとるところを、筑紫振りでは五テンポでとるという違いがあります。だからオランダ万歳を習ってしまうと五テンポでいけてたものが三テンポになってしまうということだろうと思うのですが、頑として教えてくれませんでした。

もう一つ不思議なことがありました。数知れないほどたくさん、地唄の踊りを教えてもらったのですが、「曽我物語」だけは、曽我に関係したものだけは、なぜか教えてくれませんでした。タブーみたいに避けてましたね。オランダ万歳のかわりに琉球組《ぐみ》を教えてあげましょうというて、琴の古曲の琉球組を教えてもらいました。

古田　西山村さんの話で、わたしがちょっと注釈させていただきたいのです。「ルソン足」の件です。武智鉄二さんが早くからこれに注目されて、筑紫舞全体が室町か、そのへんに、スペインから来たものではないかという解釈を言われたわけです。これはご意見ですから、ご自由に言われていいと思うのです。

しかしわたしは慎重でなければいけないという気持でいるわけです。菊邑検校が「これはスペイン舞踊です」と教えたなら、それでいいわけです。しかし菊邑検校はそういうことは全然おっしゃっていない。ただ「ルソン足」という形で、足を的確に教えられたということです。

なぜそれを「ルソン足」と呼ぶかという、解釈の問題ですね。仮説はいくら立ててもいいのですが、あまり断定しないほうがいいだろうと思うのです。

西山村さんが、ルソン人か何かが来ていてその足を真似たのではないかと、おっしゃったのはあくまでも仮説なのです。そうであるかないかは、疑問にしていいのではないかと思うのです。それは「翁」の名前が、「越の翁」が「加賀の翁」というふうに、中・近世風に置きかえられていますね。だからルソンも近世風な呼び替えであるかもしれないわけです。

つまりその「足」自身はずーっと古くからあって、近世風に、「ルソン足」と呼ばれるものに似ているから、「ルソン足」という通称を使うようになったという場合もありうるわけです。もちろん、それまで全くなかったのが、ルソン人のしている「足」をとり入れた、という解釈もありうるのです。

このへんのところは解釈ですので、何とも言えない。何とも言えないものは、何とも言わないほうがよろしい。「言わんで下さい」とぼくが西山村さんに言うわけなんです。

なぜ、「ルソン足」と言うのかというのは、今後の課題であるというふうに思っております。あえて、もう一言、余計なことを言わせてもらえば、「ルソン足」というものが、筑紫舞にとって枝葉末節の、たいしたことのないものであれば、ちょいと真似してやろうということもあるかもしれませんが、大事な要素であれば、ちょいと真似したというのはどうかなと思うのです。

もう一言申しますと、現代の舞などは、大体室町以後のものであるというのが、芸能史の定説というか、通説なんですね。武智さんなどは、その通説の上に立って、「ルソン足」は室町かその辺の時代に、スペインかどこかから入ってきたと理解されたと思うのです。

しかしわたしの理解では、この舞には、弥生期や古墳期にさかのぼれるものがある。わたしはそう思っております。この問題につきまして、申しあげたいことがあります。先日用がありまして、京都の国立博物館に参りました。館長が林屋辰三郎さんで、〝中世芸能史の権威〟ということになっております。博物館でコピーをお願いしている間に、館長室で林屋さんと少しお話ししたのです。筑紫舞についての話ではなくて、「芸能史に関する常識として、現代に残っている（芸能は）中世か近世、古くて室町、大抵は江戸時代の半ばくらいに始まったもの、という考えがありますが、やっぱりそうですか」ということをお聞きしたのです。林屋さんは「文献の人は、そういうことを言うて困るのですよ」と言われたのです。つまり文献の人は、文献に出ているものを大事にするわけですね。一つの芸能を文献でたどれるのは室町までだった。じゃあ、これは室町から始まった、こうやるわけです。また文献でたどれば、江戸時代までしかたどれない。じゃあ江戸時代に始まった、とするわけです。

しかしこれは非常に困るのですよ。これは文字に記録された段階の話でして、芸能というのは文字に基づいてするものではないですよ。だから当然、芸能はもっと古くから、ずーっと伝わってきているものだ、という考え方をとらないといけないのに、文字からいく人は、自分がみつけた一番古い文献を、芸能自身のしょっぱなのものと考えて困るんです、ということを言われました。私もそういうふうに考えておりましたので、奇しくも林屋さんと考えが一致したわけです。

ということで、神楽なら神楽をとりましても、江戸時代や室町時代の人が発明して、それ以後やりだした、というものではないですね。歴史をさぐれば、かなり古くから行われていても、文字に現われてくるのは、室町か江戸のものが多いわけです。

もう一つ大事なことは、それ自身古い要素をもっていても、途中でいろいろ変化が加えられるわけです。名前がわかりやすく変えられたりして、古い要素と新しい要素が混在しているのが普通なんです。「ルソン足」は弥生や古墳時代にはないから、筑紫舞は全部もっと後世のものであり、室町以後のものだというのは、ちょっと短絡です。やはり、古い要素と新しい要素という形で、分析していくほうが実態に近いのではないか、ということであります。

質問　この絵馬の写真が西山村さんの筑紫舞となぜ言えるのか、ということをお聞きしたいのです。

古田　講演でも申しましたように、この絵馬が西山村さんの筑紫舞と同じかどうかは判らないわけです。しかしわたしの理解では西山村さんの筑紫舞では重要な技法と思う「ルソン足」がここにも現われている。これが一つ。

もう一つ。西山村さんがご覧になった時、洞窟で「十三人立」、「七人立」をしたこと。二つの絵馬にも洞窟らしきものが見えるということも、動かせない共通点である。ということで両者は、無関係のものではなさそうである。筑紫舞そのものであるかどうか判らないけれど、無関係ではなさそうであるとわたしは判断しているのですが、どうでしょうか。

日本最大の宮地嶽古墳に至る

質問　洞窟でなぜしたのでしょうか。

古田　洞窟の意味そのものは、西山村さんは聞いておられないわけです。

その洞窟についてですが、西山村さんが女学生の時ご覧になった洞窟は、現在のどの洞窟かという興味深い問題があるわけです。五、六年前、博多の西日本新聞（当時の文化部長の坂井さん）をたずねられたことがありました。その席に西山村さんが出ておられ、武智鉄二さんもおられたようです。この座談会のあと、「昭和十一年に太宰府に来て十二人立を洞窟で見た」という話をされたそうです。その時、西日本新聞の論説委員で学芸部関係の森山さんが、「それならありますよ。乗って行かれたのは馬車鉄道というものです。馬車鉄道は朝倉から太宰府までついていました。私は少年時代、朝倉におりましたので知っています。朝倉には私がよく遊びに行った洞窟がありますよ。じゃ、明日行ってみましょう」という話になって、翌朝一同で行かれたらしいのです。

そしたら現在の甘木《あまぎ》市の東の郊外にあたる柿原古墳に連れて行かれました。そこに高木神社というのがありまして、横穴石室が開きっぱなしになっており、その上に小さな社が建っていて、それを本殿にした神社なのです。

「ここじゃないですか」と言われて、西山村さんも「こういう感じだった」と思われたのです。ただ行く過程で少し疑問がおありになったらしいのです。これは後で申します。「この辺は宅地開発みたいなことで、昔とはすっかり変りましたよ」と言われたので、「そうかな」ということだったのです。最初、わたしがお聞きした時も、そのようにうかがっていたのです。しかしわたしとしましては柿原古墳では小さい。十三人も入ったら満員になるのじゃないか、という感じがありまして疑問がございました。ところが今年の四月の終りに大逆転があったわけです。わたしは歴史学の方ですので、確認できることは確認しておかないといけないと思いまして、馬車鉄道なるものは福岡県で、いつ始まりいつ終ったのかを、博多の読者の方の永井彰子さんにお調べねがったのです。熱心に調べて下さって、西日本鉄道の社史室のようなところで担当職員の方にお聞きになって、ズバリわかったわけです。それを四月の終りに知らせて下さったのです。

これを見てわたしはビックリしました。福岡県には三つ馬車鉄道があった。一つは北九州市の北方線、小倉の方です。一つは太宰府朝倉線。もう一つは博多の福間（箱崎のちょっと東側）から出発しまして宮地嶽神社を通って津屋崎までの津屋崎馬車鉄道。

北方線は明治にできて、大正の頃に廃止になっている。太宰府馬車鉄道は明治にできまして、大正初めに蒸気機関車、SL化して馬がいなくなった。昭和の初めに電化しているのです。結局、残った津屋崎線が昭和十四年まで存続していたわけです。西山村さんが行かれた、昭和十一年秋、柿のなっている頃、太宰府馬車鉄道はなかったということが分ったわけです。

人間の記憶というのは、確かなようで危ないところがありますね。「私は知っています。馬車鉄道が走っていました」とおっしゃったのですが、恐らく人から聞いて、お父さんか誰かから聞いておられたのでしょう。わたしより若い四十代くらいの方ですから、少年時代に走っていたというわけにいかんのです。

ビックリしましたが、答は一つしかないわけです。つまり西山村さんが乗られた馬車鉄道は、津屋崎馬車鉄道しかない、ということになってきたわけでございます。

それから馬車鉄道に乗る前に、非常にのろい汽車に乗ったということです。というのはお父さんがトイレに行くのを忘れて乗った。「しもた、便所に行くのを忘れた」とか何とか言われたら、「してきて、走らはったら間にあいますわ」と誰かが言った。それくらいのろい汽車だったそうです。

また私は馬車鉄道というものを全然知らないので、永井さんにお頼みして写真を送っていただいたのです。この馬車鉄道の説明が、西山村さんのおっしゃったとおりなのです。両側の腰のところに棚みたいなのがついておりまして、五、六人くらいしか座れない。屋根があって窓がついていた。

西山村さんのご記憶で、絣の着物を着た少年が二人、飛びついてぶらさがった。二人のうち、小さい方だと思うのだが、落ちちゃった。年上の方が自分も降りて、転んだ子を助け起こして、一緒に歩いて来た。それを窓から見ていた西山村さんが、似た年ですからかわいそうに思って、「おじさん、かわいそうやからとめて、乗せてあげたら」と御者に叫んだが、御者の人は九州弁でよく分らなかったけれど、〝かまへん、放っとけ〟という感じで、知らん顔してスピードを緩めず行かはった。九州の人は冷たいな、と思った、という話があるのです。

この土地の小冊子で馬車鉄道の説明にも、似たような話が出てくるのです。子供が飛びついて遊んで困った、それが風物誌だというのが出てくるのです。

初めは単なる馬車ではないか、と思ったこともあるのですが、そうではない馬車鉄道だと分りました。四月に九州に参りまして、講演後、読者の方が車を運転して下さって、現地をまわったのです。結局、二つしか可能性のある洞窟はないと分りました。

一つは有名な宮地嶽古墳。奥行二十二メートルないし二十三メートルという、開口している現存の古墳としては、日本最大の横穴式古墳です。高さもわたしの背よりずーっと高い天井です。もう一つは波切不動と呼ばれる横穴石室です。先ほど出ました朝倉の柿原古墳と、非常によく似ています。

わたしは朝倉のことが頭にありましたので、波切不動の方かなと思ったのです。結局、キーポイントは古墳に行く道です。宮地嶽古墳へは小山になっていて登り道になるわけです。波切不動へはなだらかで平地になっているのです。

わたしの東京講演の時に、西山村さんが芸術祭参加の会の打ち合せで東京に行っておられまして、京王プラザホテルでお会いして古墳への道をお聞きしたのです。

「山道で木の根っこなどいろいろ出ていて、気持の悪い思いをしながら登って行きました」とおっしゃられました。朝倉で、西日本新聞の森山さんにも言ったのですが、「昔はこの辺に山もありました。今はなくなってしまったのです」という話だったのです。

これで大きい方の宮地嶽古墳だという結論を得たのです。日本最大の開口現存の横穴式石室ですから、十三人入ってもビクともしないわけでございます。

それから当時の御者の方にお会いしました。初め十一人だったのがバスが出てきて、競争に負けて四人に減らされることになった。皆やめるのがいやで、文字どおりくじをひいて四人残った。その中の二人はお亡くなりになっているが、二人はご存命でした。最初、八十の方にお会いしたけれど、あまり覚えておられなかった。最後にお訪ねした方は七十二歳で、当時は二十五歳前後で記憶を鮮明にもっておられたのです。

筑紫《ちくし》というと、われわれは福岡県全体を思いますが、宗像郡ですと、筑紫郡、太宰府のほうを言うわけです。その「筑紫から再々神楽を奉納しに来ていました」と最後の方は証言されたのです。「日向から来られた時もありました」というお話でございました。

もう一つ、北九州市の講演の後、山口さんとおっしゃる方が残られて「私は宗像に家がありました。宗像中学に入った年が、講演にありました十一年です。そして母方の実家が宮地嶽神社の前の家でございました。そこへしょっちゅう遊びに行きました。その時はいつも馬鉄に乗って行きました。母親の実家に行った時、宮地嶽神社で舞を見ました。それは洞窟の前だったように記憶しています」とおっしゃったのです。

地理的な条件と御者の人の証言と山口さんの証言を合せまして、まず宮地嶽神社の洞窟（横穴式石室）と考えるのが、少なくとも一番状況に合っているという結論になっているわけでございます。

最後に一番重要な問題にふれます。

現在、洞窟の前に拝殿を造っていますが、四、五年前にわたしが筑紫舞に関係なく行った時は、開けっぱなしでした。子供の遊び場だったらしいので、誰でも自由に使えたようです。端的に言いますと、くぐつの人達は無料の舞台だから、仮に使ったという仮説。もう一つは、そうではなくて、〝この洞窟ですること〟に意義があるという解釈・仮説です。どちらとも断定はできませんけれど、今のわたしの感じから言いますと、最初の方の仮説はあまりにも現代風の仮説ではないかという気がします。後の、そこで行うことに意義があったとするほうが、よりいいのではないかという感触をもっております。

これから先は大変な問題になってくるのです。宮地嶽古墳は開口しているものでは日本最大である。ということは九州最大であるということですね。そして森浩一さんは六世紀終りといわれ、小田富士男さんあたりは七世紀終りといわれています。まあ六世紀終りから七世紀終りの間ということになります。だからこの時期でも最大であるということでもあります。

わたしは九州王朝という概念を出しましたが、この古墳は九州王朝の主のものか、家来のものかということになります。家来のものであれば、主人が小さくて家来が大きいとなり、おかしいですので、やはり九州王朝代々の主で六世紀終りから、七世紀終りの間の誰かではないか、ということになってきます。

ご存じのように、ここからは国宝に指定されたものが続々出てきております。黄金製品とか、金の龍の冠、有名な三重の骨壺などです。外側が土器、次が銅器、一番内側が瑠璃（ガラス）で火葬した骨が入っているのです。ということで出色の古墳なんですね。

このような出色の古墳の事実と「ここですることに意義がある」という仮説とにたった場合、この両者に何か関係があるのか、ということです。もちろんウーンと長い時代のへだたりがありますから、あまり直結さして、短絡させて議論することは危険ですけれど、今後の課題として面白い問題があるということでございます。

心眼による舞の伝授

質問　他の地域、尾張と加賀などで筑紫舞の伝承はどうでしょうか、という点と、何でも九州王朝の真似をする近畿天皇家が、筑紫舞を真似た伝承があれば教えて欲しいという二点をお願いします。

西山村　「尾張の翁」が尾張で、「加賀の翁」が加賀で伝えていたとかいうのを考えたことはございません。ただそこ（昭和十一年）に集ってきた人達は、現在住んでいるところか、その土地を代表する名前だと思うのですが、七つも地名が出てくるのに、「私のところにあります」と今まで聞いていないですので、残ってないのじゃないかと思うのですけれど。

古田　それは全くこれからの問題だと思います。現在は全く不明であるというのが、結論でございます。参考に二、三申しますと、『常陸国風土記』に杵島舞《きじま》（佐賀県）が常陸で行われているという話が出てまいります。

ただ写本に疑問がありますので、本当に杵島かどうか確言できませんけれど、普通には九州の杵島と考えられております。もう一つ、東北の方に一部似たのがあると西山村さんに聞いています。

西山村　山形で歌謡学会といいまして、学者の方々の会合がありました。それで山形に行った時、その土地の伝承で足の運びの一部に似たのがありました。

古田　山形で見てこられた稚子の舞の中で、筑紫舞と共通の要素をみて驚かれたとお聞きしたことがあります。

とにかく、各地に舞や踊りがありますが、その歴史的由来というものが全くわかっていないのです。それを取りあげてゆくと、そこに何か面白いつながりが出てくる可能性があるかもしれないという感じはもっていますが、現在のところは全く分りません。近畿天皇家が真似をしたというのは、面白いご発想だと思います。講演で近畿天皇家は中国の真似をしたと申しましたが、案外、九州王朝の真似をしたのかもしれませんですね。宮廷舞楽をね。これは今後の非常に面白いテーマでございます。

質問　菊邑検校と唖者のお姫様、それにケイさんとの関係。それに盲人の菊邑検校と唖者のケイさんとで、どのようにして西山村さんにお教えになったのでしょうか。

西山村　その点は皆さん不審に思われるのです。片方は目が見えないで物が言え、片方は見えるが口がきけない、それで舞を伝えられたのかと皆さんに聞かれるのです。目が見えない人は目が見える人以上に判ることがあるのです。たとえば、名古屋の土居崎検校が私達の地《じ》をしてくれているのですが、「すみませんが、そこのところ速すぎるので、しずめてくれませんか」と申しましたら、「ああ、お姉ちゃん（西山村光寿）が下手《しもて》から出てきて、上手《かみて》まで行って、一回ずーっとまわって、中央から前へ四歩進むとこね」と、検校がおっしゃったのです。そこでこの人（光寿）が「え?」と言って、先生（検校）の前に行って、手を上げたり下げたりして、ひょっとしたら見えるのと違うかと顔を見に行ったことがあるのです。

私は菊邑検校が目が見えなくても、手さぐりしたのを見たことがないのです。机の物を取るのも、手をすべらしていって取ったのを見たことがないのです。初めからそこに置いてある時は知りませんが、誰かが「ここに置きますよ」「そうですか、ご苦労様です」と言って、サッと取るわけです。踊りもそうですね。絹ずれの音で四歩退がった五歩出たなどが、みな判るのですね。菊邑検校だけの特技かと思っていましたが、現在でも目の見えない人で地唄をする方は、私達より勘は発達していますね。土居崎検校もどこに何を隠しても知っていましたね。「窓の外のを取ってきて下さい」と言われました。

菊邑検校は口がきけますので「サッサッサ、フンフン舞って、トトントトン飛んだら三つ出て」と口で言われるのです。それをケイさんがそのとおりにするのです。そして菊邑検校は耳で聞いていて、「ちがう」と言われたら、ケイさんは初めから、やり直されるのです。

私に教える時は、口のきけないケイさんが私に見ておきなさいというふうにそばに置いておいて、自分で舞うわけです。それを私がしてるのを、見えるケイさんが見ていて、違っていると私のところまで来て、手などをパーンと叩くわけです。

ケイさんが後ろなどを向いている時、私が頭まで上げる手を肩ぐらいでやめると、菊邑検校が「これ、どうして上まで上げてくれないのですか」と言うのです。私が「見えるんですか」と聞きますと、検校は「それが見えないようで、心眼が見えないようであなたにこんなものを伝えません」と言われたのです。おかしいなあ、見えへんと言うて、ひょっとしてほんまは見えるのと違うかと思って、歩いている検校の前にヒョイと足を横から出したら、本当にひっくり返ったので、本当に見えなかったんですね。（笑）

それにこんなこともありました。夜中の二時頃、私の寝入った頃に、「昼教えたところの間が違ったので、気になって寝られない。今からすぐ起きてくれ」と言われまして、起きました。冬でして、昔のことですからネルのお腰をして寝ていたので、その上に着物を着て「ハイハイ」と検校のところへ行きましたら、「あなたは私を困らすんですか。夜中に起こしたからそんな意地悪するんですか」と言うんです。「どうしてですか」と聞きましたら、「ネルのお腰しているでしょう。そんなことでは私は困ります。羽二重を着て来て下さい」とおこるんです。絹ずれの音で分るんですね。

現在の土居崎検校も同じことを言うてます。普通の人は見えるから、音は聞きませんね。見えないから音だけを聞いているわけです。着物を着て先生の前を行ったり来たりしますね。「ああ今日はいいお召物で縮緬ですね」と言われるのですよ。

肩まで上げる腕と、胸くらいまででやめる腕でしたら、音はそんなに違わないですよ。上げた音ではなくて、それを降ろした音、風のきれ、空気の動きで、上げた腕の高さをみていたらしいのです。そういうふうに習いましたので、私にとりまして少しも不思議なことないんです。

古田　西山村さんのお話に関連してですが、福岡県に盲僧琵琶というのがあるのです。これについて書いてあるのを読みますと、同じ問題が出てくるのです。門付《かどづけ》をするので外を歩く練習をするのですが、家の格好で風の通りが違ってくるらしいのを覚えるのです。電柱がありますと、風が電柱で切れるらしいですね。それでここに電柱があると判るらしいですね。それが判らなければ商売にならないので、そういう勘が鍛え込まれていくらしいですね。

もう一つケイさんの問題で、伝令の方が「ケイさんは小さい頃美しくて、それを妬《ねた》まれて水銀を飲まされて唖者になった」と言っておられたと、西山村さんからお聞きしました。水銀云々は伝令の人の風聞ですから、本当かどうか知りませんが、後天的に口がきけなくなったということははっきりしています。先天的に口のきけない方は、耳も聞こえないですが、ケイさんは耳は聞こえたのですから、後天的に口がきけなくなったのは確かのようです。

それから一つ付け加えさせていただきます。宮地嶽神社といいますのは、ものすごく大きな、普通の神社を五つ六つ合せた社殿の敷地をもっているのですが、村の郷土史などを研究されている方々にお聞きしましたら、「宮地嶽神社は昔はもっと小さな祠だった。裏にある金比羅さん参りのついでに参ろうかというふうだった」といわれるのです。それが明治維新のあと、いわば〝商売の神様〟のような形で繁盛しているのです。毎月、月末になると商売の人が皆集って、ものすごい人です。ものすごい雑踏になって、一日《ついたち》の鐘が鳴ると同時にお祓いを受けるんです。それをしないとその月の商売が駄目になるという感じで、宮地嶽神社は大きくなってきたのです。とすると本来の〝古墳を祀る祭り〟はどこに行ったのか、その祭りと筑紫舞とは関係があるのか、ないのか、というような問題が今後あるわけでございます。

筑紫の国に「高木信仰」あり

質問　レジメにあります高木神社の説明をお願いいたします。

古田　これも面白い問題があります。田島八幡の筑紫舞を見ております時、天孫降臨とかいろいろするのですが、不思議な人物が登場いたします。中富《なかとみ》親王というのが、天孫降臨の真只中に出てきまして、重要な活躍をするわけです。天細女《あめのうずめ》に命令を下したりして、思兼命などと一緒に活躍するわけです。われわれの知っている天孫降臨には、中富親王なんて出てきませんし、名前も「〜命」とは違う感じですので、非常に異様な感じがするわけです。

舞っている長老の人にお聞きしますと、「神官の祖先やという話です」というお答えでございました。百嶋さんとおっしゃる、神社に詳しい方は、中臣神道、中臣鎌足の神道と関係あるのではないか、というお話でございました。これも一つの正当的な解釈かもしれません。

わたしの友人が太宰府の後ろにいるのです。少年時代の親友で、彼に中富親王のことを話しましたら、面白いことを教えてくれました。博多の電話帳に中富姓がかなりあるそうでして、そのコピーを送ってくれました。持つべきものは友達ですね。

それを見ますと、博多には博多区を中心に九十軒くらいあるのです。また北九州市の博多寄りの方にゴソッと、博多よりは少ないですがあります。その他は激減するわけです。筑後の方にも若干あります。そういう分布があります。

つまり福岡県には、中富姓が博多を中心に分布している、という事実があるのです。これは今後の面白い課題だと思います。今のわたしにとってはっきりしているのは次の点です。その神楽を作った人、見ている人にとって、「中富親王」はよく知った人物であったに違いない。つまり中富親王はこうこういう人物です、という解説がないわけです。台本の「筑紫舞覚書」（田島八幡蔵）を読みますとね。

ということは、そのような解説ぬきにでも「中富親王」といえば分ったのですね、作った当時は。また見ている方も、「あの中富親王だ」と分ったから、説明していないのです。言い換えますと、この神楽を作った側は、年一回中富親王をＰＲする場であり、見ている側は、あの有名な「中富親王」は、天孫降臨の時こんなふうに活躍されたのか、と満足するわけですね。そういう意味でのＰＲの劇ではなかったか、と考えるわけです。

わたしは外から来た人間ですから、「中富親王」を不思議に思うだけです。現在の博多の人も不思議に思うかもしれませんが、本来は「中富親王」は演ずる側にも、見る側にも著名の人物であった、と考えるべきではないか、こう考えてみたのです。

そう考えると、わたしの年来の疑問の一つが解けてきたわけです。

『古事記』、『日本書紀』にも同じ問題があるのです。非常に重要な役割で出てきながら、全く解説ぬきの神がいるわけです。たとえば高木神ですね。ニニギノミコトの、片方は高木神系列から、片方は天照系列から、その両方の孫だという話になっていますね。そして一方の天照の方は、かなりの解説――どこで生れたとか、拗《す》ねて天岩戸に入ったとか、天照のイメージを形成するに足る神話がかなりあるわけです。一方の高木神は、どこで生れたとか、拗ねる男だったか素直な男だったか、など何の説明もないですね。

ということは、「中富親王」の例から考えますと、天孫降臨という神話を語った人達、語られた人達にとっては、説明はいらなかった。つまりその人達にとって、「高木神」という神のことを大変よく知っていて、説明すること自体がばかばかしいような、それほど著名の神であった。だからことさらには説明していないのだという理解が成立するのではないか、とこう考えたわけです。

さて、高木神はどこの神かと言いますと、安本美典さんも統計をあげておられましたが、福岡県の神社名鑑で高木神社というのを抜いてみますと、朝倉郡を中心に福岡県一帯に分布をもっているわけでございます。

ということは筑紫に高木信仰が土着の信仰として存在していた、ということです。一つ一つの神社が昔からそこにあったかという確定はなかなかむつかしいのですが、全体としてみると〝筑紫の国に高木信仰あり〟ということを言っても、まずさしつかえがないのではないか、といえると思います。

すると、本来は高木信仰の存在する場で語られたのが『古事記』、『日本書紀』にある天孫降臨の神話である。だから語る方は高木神のＰＲのチャンスであり、聞いている方は自分達の信仰している高木神が大変重要なところで頑張っているなあと満足する仕掛けであった、というふうに理解していいのではないか。そう考えますと、筑紫舞で肥後で伝承されたから、肥後の翁が中心になったのではないかとわたしは理解したのです。いかにも安直な勝手な考えをするものだと、お思いになったかもしれません。

しかし中富親王や記・紀の高木神の場合と同じスタイル、演劇的な領域が共通の性格をもっているのではないか。われわれはそれが作られた本来の場における効能を忘れて記・紀で読んで覚えているから、そう思わないだけであり、生きて演じられている姿というものはそういうものではないか、ということです。そうすると筑紫舞が肥後で伝承されて、「肥後の翁」が中心だということは何ら不思議な話ではないんではないか、というのがわたしの得た結論でございます。

（後記――この後一九八二年十二月、西山村さんから〝「三人立」は都の翁が中心であった〟旨のご連絡があった。この新事実に立つと、「三人立」の弥生期成立、「五人立」「七人立」の装飾古墳期成立という問題が改めて浮び上ってこよう。この点、改めて詳述したい。）

司会　長時間、古代のロマンを具体的な舞というもので感じられたと思います。九州王朝がたんに一般的な可能性ということだけでなく、非常に具体性をもっているということを今日学ぶことができました。本日の講演と懇親会の話はテープにとってありますので、『市民の古代』五集にできるだけ反映したいと思います。西山村さんよろしいでしょうか。

西山村　えらい俗っぽい言い方で皆さんお笑いになったと思いますが、息抜きにこんな人もいてもいいのじゃないかと思います。また判らないところ、疑問に思われるところがございましたら、私の判りますかぎり古田先生にお答えいたしますので、どうぞご質問下さい。

質問　先程、まだ無形文化財として指定をうけておられないとうかがいましたが、そのへんはどうなっていますか。

西山村　県会議員の清元功章さんのお力ぞえで昭和五十五年、兵庫県と、兵庫県教育委員会主催で「筑紫振りを見る会」というタイトルで開きました。実はその前年に清本さんがご覧になりまして、「これは大変なものじゃないか」といろいろ聞かれました。「いえ、これはアウトロー的な筑紫振りというものので、私しかもってないものです。地獄に落ちるのがいやだから、娘達に教えています」と言ったことがあります。

また文化庁の先生方は「せっかくお美しい（文化庁の先生が言ったのですよ）お嬢様方に、どうしてそんなきたない踊りを習わせるのですか」と言われたのですけれど、元気な間に私が習ったものは全部伝えたいから、「きたなくなって頂戴」と子供達に教えたのできたなくなりました（笑）。

兵庫県教育委員会の方も、「困ったなあ。いいものだということは判っているが、福岡県が無形文化財の指定をするのなら、話はわかるが――。福岡県のものを兵庫県がどう認定すればいいのか。でもこれは大変なものだから、大事にして下さい。そのうちなんとか花が咲きますから」と言われました。

「ええ、いいですよ」と私も申しました。

文化庁の方も、国立文化財研究所の三隈治雄先生とか皆様は、個人的にものすごく好意を持って下さるのですが、無形文化財とかなりますと、役人としての立場上徒労に終るのが恐いんですね。

古田先生のように私の話を基にして、コツコツ一つずつ調べて下さる、あるいは皆様方のようにいろいろおっしゃって下さるお暇がないのですね。もし何年間も調査して何も出て来なければ困るので、誰かが手をつけて調査なさるのではないかと見守っているのが現状ではないでしょうか。

また皆様が筑紫振りを絶やさないよう、年に一回でも見てやろうではないかという会を作って下されば、張り切って出席したいと思います。どうも有難うございました。

司会　本日は長時間、有難うございました。

第五章　最新の諸問題について

1　近江宮と韓伝

人麿の「過近江荒都歌」への異論

わたしはある夕、一つの扉に辿りつく。今まで思いもしなかった光景が眼前に開ける。「なぜ、これほどの世界を、今まで見ずに来たのだろう」。わたしはいぶかる。そしてつぶやく。「もう、これほどの経験は、やって来ないだろう」と。

しかし、またある朝、気づく。「昨日までのわたしは、このような斬新な世界があろうとは、夢にも思いはしなかった」と。「もう、これが最後だろう」。そうつぶやく。

このような経験の幾重もの集積、それが本書で〝語られた〟ことだった。

今、もっとも新しい探究経験、それをここにしるし、「結びの章」としたい。

昨年（一九八四）、わたしが取り組んだテーマの一つ、それは柿本人麿の歌であった。十月下旬、万葉学会（愛媛県松山市、子規記念講堂）ではじめて研究発表を行った。その要旨は次のようだった。

(一)『万葉集』巻一(29)の「過近江荒都歌」は、従来、天智天皇の近江京遷都及び壬申の乱による荒廃を歌ったものとされてきた。

玉たすき　畝火《うねび》の山の　橿原《かしはら》の　日知《ひじり》の御代《みよ》ゆ　あれまし　神のことごと　樛《つが》の木の　いやつぎつぎに　天《あめ》の下　知らしめししを　天《そら》にみつ　大和をおきて　あをによし　奈良山を越え　いかさまに　思ほしめせか　天離《あまざか》る　ひなにはあれど　石走《いはばし》る　淡海《あふみ》の国の　ささなみの　大津《おほつ》の宮に　天の下　知らしめしけむ　天皇《すめろき》の　神の尊《みこと》の　大宮は　ここと聞けども　大殿《おほとの》は　ここと言へども　春草の　繁く生ひたる　霞立ち　春日の霧《き》れる　ももしきの　大宮処《おほみやどころ》　見れば悲しも　(「或は云ふ」は省略)

(二)しかし、これは全く不当。わたしにはそう思われた。なぜなら、右の歌詞のしめすところ、それは次のようだからである。「神武以来、代々、大和に都してきた。だのに、何を思われたか、この天皇(X天皇)は、近江へ都を移された」と。ところが、天智以前、大和以外に都した天皇は、あまりにも数多いのである(たとえば樟葉・筒城・弟国〈継体〉・難波〈仁徳・孝徳〉等)。第二次近江京たる天智の都の場合、全く右の歌詞の内実と相応していない。

(三)これに対し、第一次近江京たる景行(以下、成務・仲哀〈九州遠征出発前の都〉等)の場合、右の歌詞の内実と一致する。第一代の神武から、第十一代の垂仁まで、都はすべて大和。第十二代の景行も、はじめは大和。晩年(三年間)、近江へ移り、子供の成務がこれをうけ継いでここに都したものだからである。

(四)この第一次近江京の繁栄は、仲哀の子、忍熊王の敗死によって終結した。仲哀が橿日宮で死んだあと、「天皇位」を継いだ香坂王とその弟、忍熊王は、反乱軍と化した遠征帰還軍(神功皇后と武内宿禰たち）と闘い、敗走した。不慮の死をとげた香坂王に代って指揮をとっていた忍熊王は、琵琶湖の瀬田で舟に浮かび、空しく湖底に沈んだ。湖上の悲劇だ。右の人麿の歌の反歌と、よく対応している。

㈤これに対し、第二次近江京は、大友皇子の敗死をもって終結した。壬申の乱だ。皇子は山前《やまざき》（京都府大山崎か）で、自ら縊《くびっ》て死んだ。山中の悲劇だ。右の反歌の舞台ではない。

㈥第一次近江京は、高穴穂宮を中心としていた。この「穴太《あなほ》」の湖岸部こそ、人麿の歌（巻一の30）に歌われた辛崎だ。忍熊王の舟が「瀬田↓辛崎（穴太）」のコースを目指して湖上に浮かび、そのまま目的地（辛崎）に着かなかった点から見ると、人麿の反歌と忍熊王の悲劇との間には、寸分の狂いもない。

㈦人麿は、この近江から上る途次、宇治川に至り、左の歌を作った。

　柿本朝臣人麿、近江国より上り来る時、宇治河の辺《へ》に至りて作る歌一首

　もののふの八十氏河の網代木にいさよふ波の行く方《へ》知らずも　（『万葉集』巻三、264）

この宇治川こそ、琵琶湖底にいったん沈んだ忍熊王の遺骸が、浮かんで、武内宿禰の軍の手兵に〝捕獲〟された、とされているところ（『日本書紀』神功紀）。従来はこの歌を単なる観念（無常感）や叙景の歌の類として理解するにとどまっていたようである。

㈧人麿の時代は、壬申の乱の反乱軍のリーダー（天武や持統）が、勝利者として君臨していた。その下で、壬申の乱の敗者に対し、直接に、愛惜を吐露した歌を作りうる時代ではなかったのではあるまいか。

㈨けれども、この歌を聞いた、当時のすべての読者は、現代の悲劇たる、あの大友皇子の敗死を思い浮かべたのではあるまいか。わたしには、そのように信ぜられる。

(十)要するに、人麿苦心の「歴史的詠歌」すなわち、歴史を歌って現代を思わしめる、この二重構造に対し、契沖・真淵以来、現代のすべての大家まで、これを単なる「現代詠歌」として矮小化《わいしょう》して理解してきたのではあるまいか。

(土)では、なぜ従来、そのような誤解が疑われずに来たのか、これが新しい問いだ。それは、思うに、長歌中の「大津の宮に　天の下　知らしめしけむ　天皇」の一句にあったのではあるまいか。

(土)『万葉集』の巻一・二等では、天皇の代別に歌が配列されている。その中で、

近江大津宮に天の下知らしめしし天皇

といえば、天智天皇のことだ。従ってこのような「定式」に立てば、先の人麿の長歌を〝天智天皇に関するもの〟と速断したのも、あるいは無理からぬところ、といえよう。

(吉)しかしながら、目を『日本書紀』の天智紀に転ずれば、問題は一変する。

①（天智六年）三月の辛酉の朔己卯に、都を近江に遷す。

②（天智十年）丁巳に、近江宮に災あり。大蔵省の第三倉より出づ。

③（天智十年）十二月の癸亥の朔乙丑に、天皇、近江宮に崩ず。癸酉に、新宮に殯《もがり》す。

というように、三回とも、「近江」「近江宮」であって、「大津京」の表記は出ていない。すなわち、『日本書紀』の完成時（七二〇）においては、いまだ、後の『万葉集』の編成時のような、

近江大津宮に天の下知らしめしし天皇＝天智天皇

という定式は成立していなかった、と見るべきである。すなわち、不定だ。

〈『日本書紀』中では、持統紀に次の記事がある。

〈持統六年五月〉己酉に、筑紫太宰率河内王等に詔して曰く「……復《また》、大唐の大使、郭務悰が、近江の大津宮に御

する天皇《すめらみこと》の為に造れる阿弥陀像を上送せよ」と。

これは明白に天智天皇のことだ。このように詔中の表記があるにもかかわらず、『日本書紀』は、その成立時において、天智紀では、この定式（大津宮→天智）に立つ呼称を採用していない。この一点に注目すべきであろう）。

㈣すなわち、右の㈡㈢の論定は確実であり、一定したものだ。これに対し、㈢の示すように、宮殿呼称は、七二〇年以前においては、不定だ。従って〝一定なものの上に立って、不定なものに対して判断を下す〟これが方法論上、正当だ。逆に、〝不定なものを、一方に（天智に）決めておいて、一定なものへの判断を動かす〟これは不当だ。しかるに、従来は、契沖以来、すべての論者が、この不当な方法論によって、人麿の歌を解してきたのである。

以上が、万葉学会における、研究発表の要旨だった（『古代は輝いていた』第二巻参照）。当日の質問において、大野晋氏が、「このような見地は、今まで考えたこともなかった」と冒頭に述べられたのが印象的だった。

（他に、〝反歌に対する、わたしの解釈〟〝『万葉集』成立過程に対する、わたしの視点〟などについて、質問された。前者は、右の㈥の通り〈舟遊び、と解する従来の解は、大友皇子と忍熊王との両者に妥当しうる。しかし、悲劇の緊迫性は、大友皇子にはない〉。次に後者。巻一・二等が早く編成されたことは当然ながら、その成立時限は判然とはしない。これに対し、先述㈢のように、七二〇年以前には、天智天皇の称呼（近江京を都とする）は不定であった。そのことは、『日本書紀』の示すところ疑いえない。――以上、お答えした）。

発掘が裏づける「大津の宮」

その後、問題はさらに進展した。

(十五)新たな問い、それは次のようだ。「天智紀は、なぜ『都を近江に遷す』『近江宮に崩ず』とのみ定記して、『大津京』という形に特定しなかったのか」と。また「天智が崩じた『近江宮』〈旧宮〉と、殯《もがり》の行われた『新宮』との関係は、いかに」。これだ。

(十六)右の問いに対する回答、そのマスター・キイは次の一点にある。わたしにはそう思われた。「まず、天智紀から読みはじめる読者、それはない。あるいは（編者にとって）予定されていない」と。すなわち、「神代の巻↓神武紀↓景行紀……天智紀」こういう順序だ。それが、本来の読み方ではなかろうか。

ということは、まず、景行紀で、

（近江国、志賀）高穴穂宮

という表現に出会う。それ以後はない。そして、天智紀。そこで、

都を近江に遷す。

とあれば、当然、その「近江」とは、〝高穴穂宮のある、近江の地〟を指すのではなかろうか。なぜなら、〝近江なる、荒地の無人地帯〟などへ遷都するはずはないからである。

いいかえれば、〝景行紀の叙述を前提として、天智紀を読む〟これが『日本書紀』に対する、もっとも正常な、解読法ではなかろうか。

(十七)以上のような解読法に従えば、天智が遷都したのは、「高穴穂（穴太）の旧宮」の地であり、そこで崩じたのである。

これに対して、天智が新たに企画した新宮、それが、いわゆる「大津の宮」ではあるまいか。その、天智の意欲の表現だった新宮、そこで「殯」が行われた。亡き天智の生前の志を全うするためであろう。

(十八)地図で見れば、判然としているように、「高穴穂（穴太）」の地は、大津の港を入口として、その北

東へ参道のつづいた奥に当る。これを「大津の宮」と称して、何の過不足もないのである。

これに対して、いわゆる「大津の宮」（新宮。大津市錦織《にしこり》の地であることが最近確認されてきた）は、大津の港の、すぐそばだ。むしろ、王者の都の地としては、〝港のそば〟にすぎよう。ただ、天智は、この交通至便の地に「新宮」の建設を志し、その企図達成直前に、逝ったのであろう。

このような地形の巨視的俯瞰《ふかん》からすれば、この「旧宮」と「新宮」とは、別域ではなかった。同一都域の中の、A地とB地、そういった感じなのである。

『日本書紀』の編者たちは、この間の事情を知悉していた。だからこそ、天智の遷した宮殿、崩じた宮殿を「近江」「近江宮」とのみ表現したのである。

これに対して持統の場合、〝景行でなく、天智〟を指すために、

近江の大津宮

の称呼を用いたのであったけれど、持統自身も、当然ながら、右の近江京における「旧宮と新宮」の地理関係は知悉していたであろう。従って『日本書紀』の編者は、天智紀を書くにさいし、あえて実体に則した描写を守ったのではあるまいか。けだし、『日本書紀』の読者の中の老いた人々は、皆当時（天智朝）の実情を知悉していたであろうからである。

(九)これと異なった世代に属したのが、『万葉集』の巻一・二等の編者だ。彼の世代の人々にとっては、すでに〝第二次近江京の実況〟は、遠くなっていた。今の問題は、安定した「天皇の称呼」だった。このさい、

(A)高穴穂宮に天下治《し》らしめしし天皇＝景行天皇に対し、

(B)大津宮に天下治らしめしし天皇＝天智天皇という、〝明瞭に異なった称呼〟が採用されるに至った

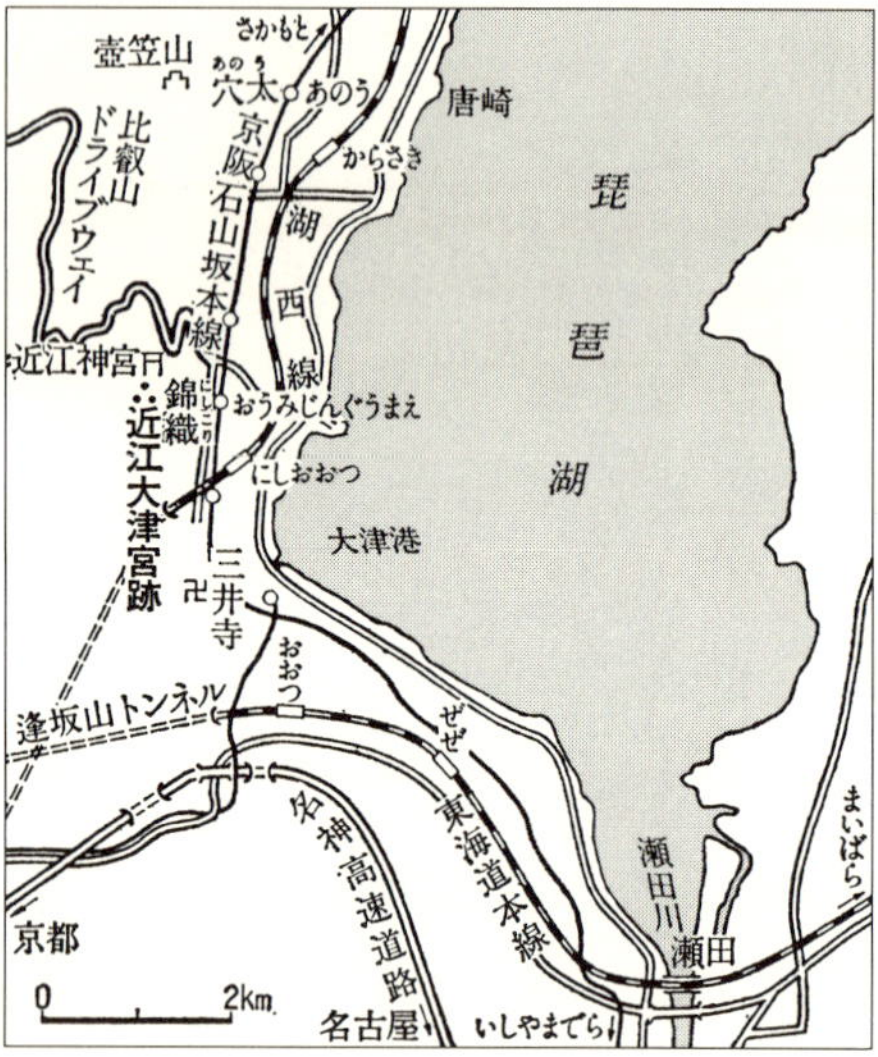

「近江京」関係図

のではあるまいか。このような新称呼が採用されるに至った根拠、それは、あの持統六年の詔だった。そう考えても、大過ないように、わたしには思われる。

＊

はからずも、昨年七月、滋賀県穴太の地で、めざましい発掘と発見が行われた。

大津市穴太二丁目の西大津バイパス建設予定地。大津宮跡の北東三・一キロ。国鉄湖西線唐崎駅から北西へ三百メートル。いわゆる「穴太廃寺」の地である。

東西二十八・六メートル、南北十五・六メートル（講堂跡か）。そこから北約二十メートル、西側に東西二十二・四メートル、南北十九メートル（金堂跡か）。これに並び東側に十二メートル四方（東堂跡か）。法起寺様式であるという。

時期は、白鳳時代（七世紀ごろから八世紀初め）とされる。

このような報道のあと、これほどの寺院跡、法隆寺級の大寺院跡が出土したにもかかわらず、その存在事実を示す文献記載のないことに不審がもたれている、という（朝日新聞〈大阪〉、一九八四・七・六）。

ここでは「寺院跡」と解されているようだけれど、これこそ天智紀にいう「近江宮」、天智が統治し、そこで崩じた宮殿、すなわち、先述来の「旧宮」ではなかったであろうか（「旧宮」といっても、それが

〝景行時点に建造された宮殿〟の意でないことは、いうまでもあるまい）。

これがもし、真に「寺院」であったとしたら、『日本書紀』にその記載のないのは、不可解だ。その、いわゆる「寺院」は、書紀の編者たちが知悉していたはずだ。そしてその存在や寺名を〝消し去る〟べき必要が、彼等にあったとは、全く信じえないのである。

わたしは、自己の辿り至った仮説、その帰結を、早くも発掘事実によって裏づけられる、その幸せに遭逢したのではないか。そのように思われるのである。

「韓伝」は史料の宝庫

次は、『三国志』の魏志韓伝だ。ここにも倭人伝に劣らぬ、同時代史料の宝庫が蔵されているのを、わたしは知らずにいた。
それに気づいたのは、昨年の四月以降、大阪の朝日カルチャーセンターで行われた講座「倭人伝を徹底して読む」の中でだった。この点、第一章中の論旨を詳記させていただく。
倭人伝内の固有名詞表記、その実態を求めるため、烏丸・鮮卑・東夷伝全体の固有名詞表記、『三国志』帝紀の夷蛮固有名詞表記と、捜索の手をひろげていった。その中で、一つの、はなはだ〝目立った〟現象に気づいて、ハタと立ち止ったのである。それは韓伝内の小国名記載だ。
馬韓——五十余国
辰韓——十二国
弁韓——十二国
この内実分析については、別の機会にゆずる。

倭人伝に目馴れてきた者には、ここにも、同様の記載のあったことを直ちに想起しよう。

(A)魏使行路の途上国――九国

①直線行路――七国

狗邪韓国・対海国・一大国・末盧国・伊都国・不弥国・邪馬一国

②傍線行路――二国

奴国・投馬国

(B)国名のみ表記された国――二十一国

両者、総計して三十国だ。この数は、倭人伝の冒頭に、

今、使訳通ずる所、三十国。

とある数字と、ピタリ一致している。この点は、すでに『「邪馬台国」はなかった』などで論じたところだ。

さて、今肝心の焦点。それは、次の一点である。「烏丸・鮮卑・東夷伝という、『三国志』の全夷蛮伝中、内実をなす小国名が記載されているのは、韓伝と倭人伝だけだ。これはなぜか」。この問いである。

『三国志』の夷蛮伝で扱われているのは、左の九国だ。

烏丸・鮮卑・夫余・高句麗・東沃沮・挹婁・濊・韓・倭

この中で小国列名が記されているのは、最後の二国だけなのである。これはなぜか。

このように「問い」を立てるとき、その答は、わたしには一つしかないように思われる。そのヒントは、倭人伝にある。

郡より倭に至るに、海岸に循《したが》ひて水行し、韓国を歴《ふ》るに、乍《たちま》ち南し、乍ち東し、其の北岸、狗

邪韓国に到る、七千余里。

つまり、魏使（帯方郡の官吏、梯儁《ていしゅん》が天子の命をうけて出発）が、帯方郡を出発して倭国に至ったことが記せられている。すでに述べた（たとえば『古代は輝いていた』第二巻）ごとく、これは魏朝の誇る、一大盛事であった。東夷伝序文に明記されているように、魏朝が、漢朝（前漢の武帝）による張騫の西域派遣に比した、一大東方遣使だったのである。

このように巨視的な比較史書の視点に立つとき、ことの真相はおよそ疑いがたいところであろう。なぜなら、『史記』の大宛列伝や『漢書』の西域伝に列記された西方諸国の国名群、それは張騫の一大西方遣使によって判明したところ、その行路をなす国々及びその周辺の国々だったからである。

これに比すれば、『三国志』の韓伝・倭人伝のみに各内実国名が列記されている史料事実、それを梯儁等の踏破と報告の成果、そのように見なすことがいかに自然であるか、それがうなずかれよう。

まさか、中国側が、「烏丸〜濊」の七国については、その内実をなす諸国名を知らずにいた、などと考える人はいまい。なぜなら、それらの国々、ことに烏丸・鮮卑・高句麗・濊などは、その記事内容の示すとおり、古くより、中国側と濃密な関係（和戦ともに）を結んできた民族と国々だからである。

ことは逆だ。今回、新しく遣使された、到達目的国たる倭国、その径路途次の国々としての韓国内部の諸国（周辺国を含む）の各国名が、ここに報告され、記載されているのであった。

なぜ「韓国陸行説」が必然なのか

以上のように論じきたるとき、〝なぜ、従来、この問題が真剣に問われ、的確に答えられなかったのか〟その真相が明らかとなってこよう。

わたしが第一書、『「邪馬台国」はなかった』で、邪馬一国への行路解読を行ったとき、一つの重要な鍵《キイ》、それは「韓国陸行」問題だった。不弥国をもって邪馬一国への玄関と見なし、その地点への到着をもって「行路の終り」と判断した、わたしの解読方法にとって、「水行十日・陸行一月」を「帯方郡治→邪馬一国」の行路の総日程と見なすこと、それは必然だった。

その際、「韓国陸行」という内実なしに、この「陸行一月」を解すべき道はなかったのである。

一見、従来説の論者の意表外に出た、この解読法も、右の倭人伝の文章を、文章それ自体に即して精細に解すれば、何の不思議でもなかった。なぜなら、「歴韓国（韓国を歴るに）」という「韓国」とは、当然〝陸地〟だ。そこを「歴る」というのであるから、「韓国陸行」と見なすべきが、本来の筋だ。もし、そうでなく、〝韓国の西海岸及び南海岸を巡行する〟の意なら、当然、「韓国の西岸と南岸を歴るに」といった表現とならねばならぬ（ただし、韓地の南岸には倭地があるから、この表現も、にわかにはとりがたい）。

さらに、もう一つの難問がある。韓伝の冒頭に「方、四千里なる可し」とある。もし韓地の西岸・南岸を全水行したとすれば、それだけで、ほぼ「八千里」近くになろう（狗邪韓国から東南端までの距離をさしひいたもの。少なくとも七千里強となろう）。ところが、これではまだ、「帯方郡治→韓地西北端」までの、文字通りの水行部分は加えられていない（「循海岸水行」〈海岸に循《したが》って水行す〉とは、この部分に関することだ）。だから、韓国周辺全水行という従来説では、「帯方郡治→狗邪韓国」を「七千余里」とする、史料事実を満足させることはできないのである。

わたしがたびたびこの点を指摘したにもかかわらず、多くの論者は、これに〝頬かむり〟をしたまま、従来の全水行説を〝維持〟しつづけてきたのである。一部の論者（たとえば白崎昭一郎氏）は、これに反論を試みたけれども、ついに成功しなかったようである（白崎氏とわたしの論争については、『東アジアの古代文化』5・6・8・12・13号参照）。

これに対して、「韓国陸行」の場合は、この難点がない。なぜなら、左図のように、「韓国内の陸行部分」をほぼ「五千五百里」くらいと見なし、帯方郡海辺水行部分を「千五百里」くらいと見なし、その計は「七千里」くらいとなる。全く自然な理解がえられるのである。

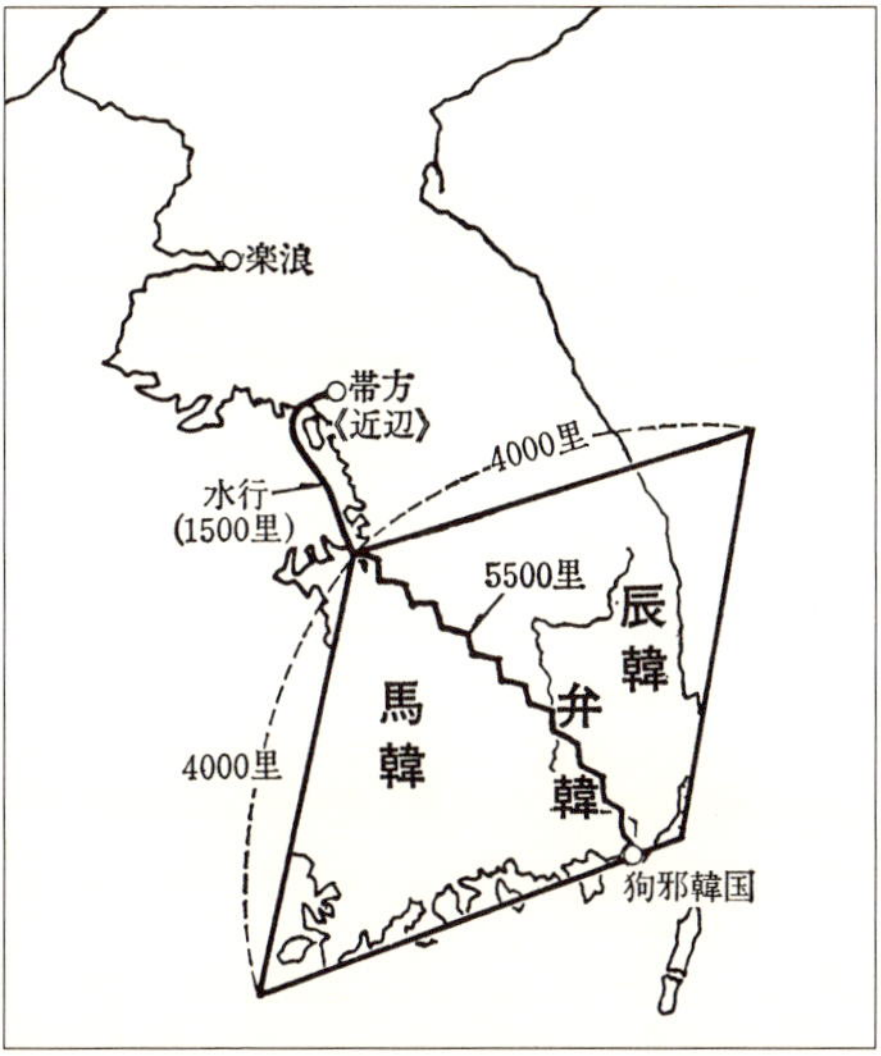

韓国陸行図

（なお、付言する。この問題の急所は、次の二点にあろう。

第一、「方四千里」とは、朝鮮半島の東西幅が「四千里（弱）」であり、同じく南北端〈韓地西北端〜韓地西南端〉が「四千里（弱）」である、という認識である。

これは、高句麗・夫余等についても、皆、ほぼ同様な、「方二千里」といった面積表記があることから見て、今回〈魏代〉の梯儁派遣とはかかわりなく、従来からすでに獲得されていた、大約の面積認識をここに記したものであろう。

第二、これに対し、今回新たに報告された行路里程、それが「七千余里」だ。つまり、実地の新行路経験に立った詳密な記載なのである。

この際注意すべき問題がある。もし、韓地が、文字通り、〝ほぼ正方形〟に近かったならば、問題は異なる。なぜなら、〝たちまち南に、たちまち東に〟進む、いわゆる「階段型行路」を辿った場合、その合計は、「西岸と南岸の和」つまり約八千里（弱）となるからだ。しかし、実地は異なる。地図がしめすように、西岸は「斜行」している。ということは、実際に「韓地内、階段式陸行」をした場合、先にしめした図のように、「五千五百里」くらいとなる、わけだ。
このような、微妙な問題のずれ、ここにも、従来よりも、一段と〝精密に〟実地型を認識することとなった。
――それが魏使の倭地訪問の、貴重な副産物の一つだったのである。）

以上の問題は、韓伝の内実と対比するとき、にわかに新たな局面に立つこととなったようである。なぜなら、もし従来説論者のように、韓国内部に立ち入ることなく、ただ周辺の海上を浮行しただけであったとしたら、この韓伝内の国名列記に対して〝解すべき〟道はない。もし、あえてそれをなしたとしても、きわめたる〝迂遠〟の解説、あるいは〝強引〟の説明と化する他ないであろう。

これに対し、わたしの到達した「韓国陸行」説に立つ場合、全く何の他奇なき自然の解明を与えうる。それは〝張騫の西域陸行〟に基づく、その途上及び周辺国の記載と同軌に出でるものだからである。

ここにも、わたしの解読法を無視してきた従来説論者、彼等が受けねばならぬ〝十字架〟があった、そのように評することは、果して過言であろうか（この問題は、韓伝内の「列国名」の数え方という、興味深いテーマとも、深く関連する。別の機会に詳述したい）。

「王の所在」に関する不思議

『三国志』の魏志韓伝に見出したもの、それは右に尽きはしない。韓伝の内実を精視するとき、そこには〝ただならぬ〟様相が現われている。それは「王の所在」問題だ。

右によってみると、

A（馬韓）――王の記載なし。

B①（辰韓）――辰王〈その中心国たる「月支国」は、右のA中に属す。〉

②（弁韓）――「亦王有り」と記す。

右の記述の不思議、それはそれぞれ十二国とされる、辰韓にも弁韓（弁辰）にも「王」の存在が記されているのに対し、「五十余国」もある、馬韓の方に「王」の存在の記載がないことだ。

この不思議は、韓伝全体の文面を静視すれば、判明する。それは、左の文だ。

㈠、侯準、既に僭号して王を称す。燕の亡人、衛満の為に攻奪せらる。其の左右の宮人を将《ひき》いて走りて海に入り、韓地に居す。自ら韓王と号す。其の後、絶滅す。今、韓人、猶其の祭祀を奉ずる者有り。漢の時、楽浪郡に属し、四時朝謁しき。

㈡、部従事、呉林、楽浪、本、韓国を統ずるを以て、辰韓の八国を分割して以て楽浪に与う。吏訳、転じて異同有り。臣幘沾韓、忿《いか》りて帯方郡の崎離営を攻む。時に、太守弓遵《きゅうじゅん》・楽浪太守劉茂、兵を興して之を伐《う》つ。遵、戦死す。二郡遂に韓を滅す。

右の㈠の「侯準」とは、箕子朝鮮の四十余世の王者（朝鮮侯）であるという（濊伝）。その後、燕の亡命者、衛満を保護したところ、逆にその都（平壌付近か）を奪われ、追われて海上（朝鮮半島西岸）を南下し、韓地（朝鮮半島南半）に遷り、ここで「韓王」を称したというのである（一方の「衛氏朝鮮」は、前漢の武帝に滅ぼされ、「漢の四郡」が建設されたことがのべられている）。

ところが、その四郡の南辺にあって、〝漢の時には、楽浪郡に四時朝謁していた〟という韓王が、その後、絶滅したという（㈠）。それはなぜか。

その原因及び経過をのべたのが、㈡だ。ことは、中国の地方行政官、部従事・呉林の武断にはじまる。

「楽浪郡は本来、韓国を統制する権限をもつ」という理由によって、「辰韓の八国を分割して、楽浪郡に編入した」というのである。これは暴挙だ。なぜなら、もし、前者が（中国の目から見て）正当だったとしても、その前提から、後者の帰結に至るべき必然性はない。

従って、これに忿って挙兵した臣幘沾韓の行為は、中国側から見れば「反乱」かもしれないが、その実質は〝民族自主〟の義挙だったのではあるまいか（この直前に、韓人について「其の俗、衣幘を好む」とあるから、「臣幘とは〝中国の天子の「臣」であり、その衣幘を重んずる〟意の称呼ではあるまいか。「沾韓」は、その名。韓王、もしくはその軍の最高統率者であろう）。

この挙兵は、当初、韓軍の優勢裏に推移したようである。帯方郡の太守、弓遵が戦死した、というのであるから、その当時の韓軍の勢がしのばれよう。しかし、やがて（楽浪郡の応援下に）形勢は逆転した。「二郡、遂に韓を滅す」とあるように、〝韓王は除去された〟のである。すなわち、「今」（三世紀後半、西晋朝）、韓地は「亡主亡国」の悲運の中にあったのだ。これが、先に「（韓王）其の後、絶滅す」と記せられていた背景である。そして韓伝に、「五十余国」のA（馬韓）について、「王」の記せられていない理由なのだ。

いわば、「魏、晋朝」当時、韓地（馬韓）に王朝絶え、中国側（帯方郡）の直接軍事統治、ともいうべき状況下にあったのではあるまいか。その真只中の韓地を、魏使は、示威しつつ、倭国へ、倭国へ、と向ったのであった。

一方、興味深いのは、その「無主」の馬韓五十余国の中に「伯済国」の国名があることだ。これこそ、後（四世紀）に著名となる「百済国」の前身であろう。また、辰韓十二国の中に「斯盧国」がある。これこそ後（四世紀）に名門として屹立するに至る「新羅国」の前身であろう。

このように、後代の朝鮮半島の史書『三国史記』の描くところ、新羅・百済・高句麗の三国対立の姿は、その実、右の〝三世紀、無主時代のあと〟顕在化してきたところ、両者の間の実質には、実は矛盾はなかったのであった。

最後のテーマに目を向けよう。右のような「韓国滅亡」の真の原因は何か。中国側が「辰韓の八国奪取」というような暴挙に奔ったのはなぜか。わたしの仮説を立ててみよう。

国に鉄を出す。韓・濊・倭。皆従ひて之を取る。諸市買、皆鉄を用う。中国に銭を用うるが如し。又以て二郡に供給す。（韓伝）

問題は、最後の一句だ。韓地、それも、ここは辰韓についてのべている個所であるから、その辰韓の地に鉄を出し、その鉄が楽浪・帯方の二郡に供給されている、というのである。

一見、平静に書かれているけれど、これこそ肝心の一句だ。なぜなら、先の「辰韓八国奪取」は、単に〝些々たる土地拡張〟ではなく、この「鉄の産地の確保」こそ、その真の目的だったのではないであろうか。――これがわたしの仮説だ。

中国は当時、すでに鉄器中心の時代に入っていた。鉄の産地の確保こそ、軍事情勢の優劣を決する。この事実を十二分に、的確に、理解していたであろう。とすれば、周辺諸国が、鉄の産出地として渇望していたという、この一大産地に無関心だったはずはない。とすれば、右のわたしの仮説も、あながち無稽《むけい》（無根拠）ならぬところ、そう言いうるのであるまいか。

この朝鮮半島南部における、「鉄の大争乱」――これこそ、中国側がその地の彼方、倭国と親交を結ばんと欲した背景であった。そしてまた卑弥呼の使者は、この戦乱平定直後、その韓地の彼方、帯方郡へと向っていたのであった。

「韓伝・倭人伝の背景、それは鉄にあった」――これが、わたしの仮説の言わんと欲するところ。将来、朝鮮半島側の出土事実によって裏づけられる日があるだろうか。

同時代史料が真実を拓く

以上、二つの分析について述べた。

一は、『万葉集』の中の人麿の歌に対する、従来と全く異なった理解。はじめは、歌という名の直接史料、それに対するわたしの分析にとどまっていた。それは、やがて、天智天皇の都した、また崩じた「近江宮」なるものに対する、新たな判断を生むこととなった。そして、幸いにも、最近の発掘結果と興味深い対応をしめすこととなった。

二は、『三国志』の魏志韓伝に対する、新たな分析。それはまず、わたしの年来の主張、「韓国陸行」問題に対する、屈強の裏づけとなったようである。そのことはとりもなおさず、わたしの倭人伝に対する分析、すなわち邪馬一国の行程分析の正当性、それを裏づけているものではあるまいか。

次に現われた問題、これはもっとも重要だ。従来は、この韓伝の描出する三世紀韓国史と、『三国史記』、『三国遺事』の語る三世紀の朝鮮半島の歴史記述と、両者相和しがたき矛盾、もしくは飛躍をもつもの、そのように、各論者に見えていたのではあるまいか。

しかし、今回の分析によって、〝さにあらず〟という事実関係がしめされることとなった。両者は実は、深く、相契合し合っていたのである。

これに反し、『三国史記』の語るところのみを真とし、『三国志』の魏志韓伝の伝えるところを、〝散漫なる佚文《いつ》〟のごとく見なす論者ありとすれば、それは、あの『日本書紀』を真とし、『三国志』の魏志倭人伝を〝あやまり多し〟と称してきた、戦前以来の日本の論者と、まさに同軌を奔っていたものではあるまいか。同時代史料を重んぜず、後代史料を真とする、この一点において、両論者共通なのである。

あくまで〝中国側の視点〟に立ち、楽浪・帯方郡側から見たもの、という、この点は、もちろん『三国志』の視点の基本だ。しかし、その限度において、三世紀の史実を正確に伝えるもの、それが韓伝だった。

そしてその韓伝に対する、正確な理解なしに、倭人伝にも、必要にして十分な理解を与ええないこと、それはむしろ、ことの必然ではあるまいか。

ながらく、わたしの倭人伝の提議に対して「無視」ないし「軽視」してきた人々、彼等は実はわたしに対して、この〝未知の真実〟という名の沃野を確保しておいてくれたのではあるまいか。

わたしは、測らざりしその恩恵に対して深く感謝しつつ、明日の新たな探究へと、ひとり旅立ちたいと思う。

2　高句麗好太王碑再論

百聞は一見にしかず

次には、高句麗好太王碑の問題だ。今年（一九八五）は、わたしにとって、第二の碑文問題直面期だった。その「第一」は、もちろん一九七二年。李進熙氏が、あの「改竄《かいざん》」説を発表されたときである。

わたしは各地に、あるいは双鉤本、拓本・写真類をたずね、あるいは酒匂景信《かげのぶ》（「かげあき」と読むのは、あやまり）の遺族をたずねあて、そしてその十一月、史学会大会で李氏と対決した。爾来、十余年、ようやくその原碑に、文字通り、直面できたのである。しかも、冬（三月下旬）と夏（八月上旬）の二回。わたしも、その二回の同行者の方々（冬は、東方史学会、夏は、朝日トラベルとサン・ツアーズの「古代史の旅」）も、共に原字を確認できた。碑面には、問題の「倭」の字が点々と各所に存在した。それらは、まぎれもない「石の文字」なのであった。かくして「百聞は一見にしかず」のたとえ通り、「改竄」説は、その立論の根本の根拠を失ったのである。

かくして旧論争（「改竄」論争）は終った。「改竄」説はすでに「名存実亡」の説となった。

今や新しい論争、それは「倭の正体」問題を中心とする、史上の実体をさぐる諸問題、それが核心として改めて浮上してきたのである。わたしはすでに、二回の現地訪問、及び再度にわたる王健群氏との討論（冬と夏）、さらに朝鮮民主主義人民共和国の学者、孫永鐘氏との討論等を通じて、一層新しい論証、未知のテーマを手にすることとなった。その詳細については、機を改めて報告せねばならないけれど、今はまず、そのポイントをなす論点について、述べておきたい。

新しい課題、それは「倭＝海賊」説の問題だ。

一九六六年に刊行された、朴時亨氏の『広開土王陵碑』がすでにこの立場をとられた（今年八月、金浩天氏による全訳刊行。そしえて社）。そして昨年刊行された、王健群氏の『好太王碑』（一九八四年、吉林人民出版社。日本語版は、京都・雄渾社刊）もまた、この立場を〝継承〟された。その点、共和国側と中国側との「共同の立場」ともいいえよう。これに対して日本側の学者が〝等閑視〟してよいはずはない。

しかし、わたしの立場は、明白にこれを否とするものだ。その主要な反証を左にあげよう。

その一つは、「其の国境」問題だ。碑文第二面第七行に次の一文がある。

王（＝好太王）、平穰に巡下す。而して新羅、使を遣わして王に白《もう》して云う。「倭人、其の国境に満ち、城池を潰破し、奴客を以て民と為す。王に帰し、命を請わん」と。

右の文中の焦点、それは「其の」の一語だ。原文は、

「倭人満其国境……」

であるから、「其の」という〝代名の辞〟が指すべき対象、それは「倭人」という名詞しかない。「〜の国境」とつづく内容から見れば、「其の」の指すべきもの、それは「倭」しかないであろう。「国境」とは、いうまでもなく、〝二つの国の境〟だ。「国一つ」だけでは、「国境」など、成立しない。では、「倭」と、どこの国との国境か。この問いに対する答は明白だ。「新羅」だ。なぜなら、この「……」という、直接法の文体は、新羅の使者の言葉だ。好太王の前で「言上」した言葉なのである。従って彼が「国境」を言うとき、それが「自分の国（新羅）の国境」であることは、自明だ。

好太王碑の近況（'85・3，著者撮影）

右のような、平明な理路の意味するところ、それは、次の二つだ。

A　この碑面に現われる「倭」とは、「倭国」である。なぜなら「『国』でなければ、『国境』などない」これは自明だ。たとえば、「石で作られていなければ、石碑ではない」とか、「人間でなければ、人面などもっていない」などといった命題と同じく、およそ疑いようもない帰結である。

右の帰結がすなわち、「倭＝海賊」説に対する明確な否定となること、疑うべくもないであろう。なぜなら、「国境をもった海賊」などという概念は、およそ成立不可能であるから。

B　右の文はまた、当然ながら、次の一事を意味する。「朝鮮半島内に倭地あり」ということ、これだ。

わたしはすでに論証した。『三国志』の韓伝・倭人伝を通じて、不可欠の基本概念の一つ、それは「朝鮮半島に倭地あり」の命題であることを（『「邪馬台国」はなかった』、『古代は輝いていた』第一巻等）。それは次のような史料に基づく。

㋑韓は帯方の南に在り、東西海を以て限りと為し、南、倭と接す。（韓伝）

㋺（弁辰）其の瀆盧国、倭と界を接す。（同右）

㋩（郡より倭に至るに）……其の北岸、狗邪韓国に到る。（倭人伝）

㋥倭地を参問するに、……周旋五千余里なる可し。（同右）

帯方郡治――女王国（一万二千余里）
帯方郡治――狗邪韓国（七千余里）

右の各文の指示する、平明な概念、それが右の命題だ。これに対し、晦冥の論法をもって〝否認〟しようとする論者も存在する。しかし、見るべし、四世紀末～五世紀初頭の金石文（好太王碑）もまた、同一の命題をしめしていたのである。

右の帰結は、次の一点を意味する。〝好太王碑の行文は、右の命題の上に立って、解読せられねばならぬ〟と。

すなわち、好太王碑の扱っている史実は「倭人の海賊の侵犯事件」ではなく、「倭国の国境侵犯（と新羅が主張する）事件」を、重要な一要因としているのである。

「倭＝海賊」という誤った先入観

以上の視点から、朴・王両氏の所論を検討しよう。

「今回の新羅王の手紙によれば、倭人は新羅国境地方の数城で一定の損害を受けていた」（朴氏、二二四ページ）

「『白王云』以下の句は、新羅の使者の話した内容を記述したもので、新羅の使者の言葉をそのまま記録したものではない。さもなければ、『倭人満其国境』の『其』（第三人称）は説明がつかない」（王氏、一九六ページ）

まず、朴氏。氏はここで「新羅国境地方」（傍点、原文のまま）という表現を使っておられる。「新羅とX国との国境」だ。だが、氏がこの「X国」を「倭国」と見なされたもの、そのように判断する根拠はない。

むしろ、この「X国」に対し、これを「百済」とも、「加羅諸国」とも、明示しないままで、「倭＝海賊」説をくりかえし強調されたもの、わたしにはそのように見える。しかし、この文面に対する、的確な文法的理解は、「倭＝海賊」説を拒否しているのである。

朴氏が〝あいまい〟なままに放置し、分析の手をさしひかえられたかに見える、「其の国境」問題。これに対して進一歩しようと試みられたのが、王氏だった。

王氏の手法は次のようだった。「王に白《もう》して云う」以下の句を、「直接法」と見なさない、というのである。つまり、「倭人、其の国境に満ち……」は、新羅の使者の言葉を要約して述べた「地の文」だ。

王氏は、そのように主張されるのである。
なぜか。なぜ、そんな、まわりくどい「解説」が必要なのか。その理由は明白だ。「 」を突破するためだ。「其の」の指すところを、「倭人」や「倭」を〝飛び越え〟させて、その前の「新羅」とする。――これが目的だ。そうすれば、その「新羅」の〝国境相手〟は、自由に選びうる。「百済」や「加羅諸国」など。あの、いやな「倭国」にしなくていい。こういう仕組みだ。だが、こんな、「文脈の読み変え」は、果して可能だろうか。

まず、碑文のしめす〝引用文の文体〟を見よう。

①王（＝鄒牟王）、津に臨みて曰く「我は是れ、皇天の子、母は河伯女郎、……」（第1面、第2行）

②王（＝好太王）、平穣に巡下す。而《しか》して新羅、使を遣わして王に白して云う「倭人、其の国境に満ち、……」（前出）（第2面、第7行）

③国岡上広開土境好太王、存する時、教えて言う。「祖王・先王、但《ただ》遠近の旧民を取りて守墓・洒掃せしむ。吾、旧民の転《うた》た当《まさ》に羸《るい》劣なるべきを慮り、……」（第4面、第5行）

右が、碑文中の引用文のすべてだ（ほかに百残王の「自誓」の句がある。第2面、第4行）。
①と③が「直接法」の引用であることは、疑いない。文中に「我」「吾」といった、第一人称が用いられていることからも、それは明らかだ。「曰く」と「言う」と、別形が用いられているのは、文形に変化をもたせるためであろう。この点、引用文中にも「我」と「吾」と、用字を変えているのと同じだ。
これに対し、今問題の②。ここに使われている「云う」は、どのような文形か。

云う――他人の言葉を引用していふ。

牢《ろう》曰く、子云う。吾試ならず、故に芸あり。　（『論語』子罕）

右の牢は、孔子の門人、子張。その子張の言葉を「曰く」と表現している。『論語』、通有の表現だ。その子張が、「他人」すなわち、師たる孔子の言葉を引用するとき、「云う」の表現が使われている。諸橋の大漢和が「他人の言葉を引用していふ」の事例としたゆえんだ。

さて、以上の事例から見ると、好太王碑では、高句麗の王（鄒牟王と好太王）の言葉は、「曰く――我」「言う――吾」という形で表現したのに対し、第三者たる、新羅の使者の言葉、これを「他人の言葉」と見なして「云う」と表現したのである。『論語』の表記形式と一致し、対応した文形といえよう。

以上の考察の意味するところは何か。他ではない。「王に白して言う」以下の文は、第三者の、まぎれもない引用文。「直接法」なのである。王氏の屈折した論法、それは王氏の国の古典『論語』によって反証されているのだ。

王氏は、なぜ、平明な文体の指示すべき帰結を拒否されるのであろうか。それは「倭＝海賊」説という、先入観に立って、この一文にとり組まれたからではあるまいか。

海からの侵入者

その二つは、「海賊」の用語問題だ。

好太王碑に先行する文献、『三国志』によって、その用例を見よう。

①「……今日より漢（＝蜀）・呉、既盟の後、力を戮《あわ》せ心を一にし、同じく魏賊を討つ。……」

（『呉志』呉主伝第二）

②（永安七年、二六四）秋七月、海賊、海塩（地名）を破り、司塩校尉、駱秀（人名）を殺す。

（『呉志』三嗣主伝、第三、孫休伝）

右で注目すべきところ、それは左の点だ。

(A)右の①のしめす「魏賊」とは、蜀・呉と対抗した「魏朝」のことを「魏賊」と呼んでいるのだ。もちろん、呉の側の大義名分論の立場からの〝賊称〟だ。

(B)これに対し、②で「海賊」と呼ばれているもの、これは文字通り〝海からの侵入者〟だ。その〝身元〟は判然としていない。もちろん、その背後から魏朝が〝糸を引いている〟可能性はあろうけれど、その当否は分らない、そういった形だ。

(C)右の二例を対比してみよう。「魏賊」は「魏国」という〝国家〟〝国家の正規軍〟を表現する語法だ。いわば、オフィシャル（公的）な存在に対する呼び名である。これに対して「海賊」の方は、いわば、プライベート（私的）な存在に対する呼び名。両者を混同するのは、いわば〝ミソとクソをごっちゃにする〟手法といわざるをえないのである。

このような目から見れば、「倭賊」は〝倭国〟〝倭国の正規軍〟の意だ。オフィシャルな表現だ。これを「海賊」といった、プライベートな意義と解することの不当なことが知られよう。

（「蜀寇」「呉寇」もまた、〝蜀国や呉国の正規軍の謂《いい》である。碑文中の「倭寇」も、同じだ。〝倭国の正規軍〟である。これを後世〈明代〉の「倭寇」と同類視することは不当だ。なぜなら、明代には「倭国」という国家名は存在せず、「倭」は〝俗称〟に化しているからである。）

その三つは、『宋書』夷蛮伝との比較だ。この好太王碑にクローズアップされている「国名」、それは四個だ。

高句麗・百済・（倭）・新羅

これに対して『宋書』夷蛮伝。

高句麗伝・百済伝・倭国伝――新羅（倭国伝の中）

ここにも、その四国は出現し、よく対応している。

それだけではない。問題は、四国間の「格差」だ。その証拠は、「王名」に現われている。好太王碑中、

ⓐ高句麗――王（太王）

ⓑ百残――王（あるいは「主」）――王氏

ⓒ新羅――寐錦（「王」の民族風名称）

ⓓ倭――ナシ

まずⓓについて考えてみよう。この「倭」について、「王名」もしくは、その「民族風名称」のないこと、それはなぜだろうか。

その答は、わたしには、一つしかない、と思われる。

「高句麗に対して、倭は、一度も〝交渉相手〟として出現していないからだ。なぜなら、百残（百済）も、新羅も、その『王名』ないし『民族風名称』が出現するのは、高句麗との〝交渉相手〟として現われるときだからである。

これに対して倭の場合、すべて〝戦闘相手〟としてしか出現しない。それゆえ、その『王名』ないし『民族風名称』の類が一切出現しないのである」。

これだ。これに対し、〝倭は、他の三国より格下（たとえば、「国」以下の〝政治勢力〟あるいは〝海賊〟の類）だから、それが現われないのだ〟といったたぐいの解説を加える論者ありとすれば、きわめたる

背理だ。

なぜなら、いかなる「政治勢力」であれ、「海賊」であれ、統率者なく、その「民族風名称」すらない、そんな集団など、ありうるはずがないではないか。また、これだけ「倭」を宿敵とした高句麗側が、敵のリーダーの「民族風名称」すら知らない、そんなことが一体ありうるだろうか。

このように考えるとき、やはり、先にあげた答、それしかないように、わたしには思われる。

さて、このような吟味を終えたのち、他の三国について目を向けてみよう。

㈠高句麗と百残の場合、いずれも「王」もしくは「主」といった、中国風名称が中国文字で表記されている。

㈡これに対し、新羅の場合、「寐錦」という「民族風名称」で表記されている。

㈢好太王碑を建立した高句麗側が、自国の王者の「民族風名称」を知らないはずはない。百残についても、同じだ。従ってそれらを記さず、アジアの普遍語というべき「王」もしくは「主」と記しているのは、彼等がアジアの普遍的基準において、「王」もしくは「主」に当る。——そのように判断しているもの、そのように考えられる。

これに対して新羅の場合、同じ基準において、「王」もしくは「主」の水準に達していない。だから、「民族風名称」で記されている。そのように考える他はない。

以上の分析のしめすところ、「高句麗・百残」と「新羅」とは、〝国の格〟が違う。——これが好太王碑のしめすところだ。

次に、『宋書』夷蛮伝の場合。先にのべたように、「高句麗伝」「百済伝」があるのに対して「新羅伝」はない。「新羅」の国名は、倭国伝の中に現われるだけだ。例の、使持節・都督、倭・百済・新羅・任那・秦韓・慕韓六国諸軍事、安東将軍・倭国王の形だ（中国側は、右の中の「百済」については、終始、否認）。

すなわち、『宋書』夷蛮伝において、「王」が現われてくるのは、右の三国中、「高句麗」と「百済」のみであって、「新羅」にはない。

以上によって、好太王碑と『宋書』夷蛮伝と、平面的な国名分布が対応するのみならず、立体的に、それらの国々の「格差」まで一致し、対応している。すなわち、両史料は、いわば、構造的に一致と対応を見せているのである。

とすれば、その両構造の中に出現する、

倭（好太王碑）＝倭国（『宋書』夷蛮伝）

という等式関係の成立、それは必然である。

隘路の中をさまよう日本の学界

その四つは、この「倭国」の性格問題だ。

『宋書』夷蛮伝の「倭国」といえば、「倭の五王」の倭国だ。〝「倭の五王」は近畿天皇家の王者〟これが、わが国の古代史学界の「定説」だった。教科書も、〝頑〟と、その立場を守っている。

しかし、わたしはすでに、この「定説」が全くの非道理の上に立っている、その事実を論証した（『失われた九州王朝』、『古代は輝いていた』第三巻、参照）。今、その主点を列記しよう。

(A)「讃―珍―済―興―武」の五名と「応神―雄略」の七名との間には、名称上の一致はない。松下見林以来の「比定」手法は、あまりにも恣意的である。

(B)同じく、右の両系列間には、〝父子・兄弟関係〟と〝治世年数関係〟と、いずれかに矛盾が生じ、一致・対応が、結局得がたい。

(C)「倭王武の上表文」中の「渡りて海北を平ぐること九十五国」の表現は、「近畿原点」の表記「海西」(『日本書紀』)と異なっている。これに対し、「筑紫原点」の表記とすれば、何の他奇もない(『日本書紀』中の唯一例、「海北道中」は、やはり「筑紫原点」の表記。――『盗まれた神話』参照)。

以上だ。これに対する批判として、東大の武田幸男氏の「平西将軍・倭隋の解釈――五世紀の倭国政権にふれて――」(『朝鮮学報』第七十七輯、宋輯、一九七五年十月)があった。倭国伝中の「平西将軍」の称号は、「近畿原点」でなければ解しがたい、とされたのである。

これに対し、わたしは『宋書』中の「平西将軍」の全用例とその分布図をしめし、建康(南朝劉宋の都。今の南京)の西隣(揚子江の対岸)ともいうべき南予州すら、「平西将軍」の存する事実をしめした。すなわち、たとえば、太宰府(都)に対する前原、といった関係だ。すなわち、武田氏の立論はあまりにも〝常識論〟にすぎず、史料事実に合致していなかったのであった(『邪馬一国への道標』講談社、角川文庫、参照)。

これに対して、武田氏からの再反論はない。

以後、わが国の学界は、わたしの批判に対する応答を〝怠った〟まま、漫然と従来の「定説」を繰り返すのを常としてきた。たとえば、今回の好太王碑問題のシンポジウム(今年一月、東京にて。読売シンポジウム)でも、一切、右のような、わたしの批判(「倭の五王」を筑紫の王者とする立場)を論議の中で扱わず、論争という「土俵の外」におこうという、姑息《こそく》な姿勢が貫かれたのであった。

ために、中華人民共和国や朝鮮民主主義人民共和国といった、海外の学者は、右のようなわたしの批判の存在することを知らず、いたずらに〝好太王碑の倭は、大和朝廷（もしくは大和を中心とする連合政権）か、海賊か〟といった、短絡した（実在する諸学説を視野に入れざる）論法のみが繰り返される、そういった現況を呈しているのである。悲しむべき「隘路の中をさまよう学界状況」、「自信を失った日本古代史学界の現況」というべきではあるまいか。

この点、海外の諸学者の前に、率直に実情を訴えたい。

（なお、この問題については、『多元的古代の成立』上・下、駸々堂刊、参照）

その五つは、『三国史記』、『三国遺事』との比較だ。

有名な朴堤上（『三国史記』。遺事では「金堤上」）説話が、今の焦点だ。その内容は、大略、次の通りである。

㈠時期は、新羅の奈勿王（三五六〜四〇二）から訥祇王（四一七〜四五六）の時代。高句麗では、好太王（三九二〜四一二）から長寿王（四一三〜四九一）の時代に当る（好太王は碑文によれば、三九一〜四一二）。

㈡訥祇王は、四一七年、即位直後、二人の弟への憂いを語った。彼等は前王のとき以来、高句麗と倭国へそれぞれ人質に送られていたのである。

㈢王の要請によって、朴堤上は倭国の都に向った。倭王に対し、母国（新羅）への〝裏切り者〟であるように見せかけ、倭王はこれを信じた。

㈣一夜、堤上は人質の王子（未斯欣）を舟で脱出させた。翌朝、倭兵はようやく気づき、これを追うたけれども、未斯欣の舟はすでに煙霧晦冥（まっくら）の中に逃れ、これに追い着くことができなかった。

㈤倭王は怒って、薪の火で堤上を焼き、斬殺した。

4～5世紀の朝鮮半島

以上だ。この「倭国」の「都」はどこか。これは、右の㈣の状況が巧まずに物語っている。深夜から夜明けまでの間、このわずかな時間帯に、倭兵の追っ手の舟脚から逃れ、新羅側の領海へと辿り着く。このことから見れば、この倭都が「大和」や「大阪湾」ではないことは自明だ。

　これに反し、この倭都を〝九州北岸〟と見れば、状況はピタリと適合する。対馬海流は対馬の東で二方向に分流する。一は、出雲へ。他は、朝鮮半島の東岸沿いに慶州（新羅の都）へと向う。東鮮暖流だ。このような、海流という名の「海の論理」の上に、右の説話は見事に〝乗って〟いるのである。古代説話のもつ真実性《リアリティ》だ。

　以上の分析によってみれば、この倭国の都、倭王の居するところ、それは九州北岸、すなわち博多湾岸以外にありえないのであるまいか。

　ここで問題を整理してみよう。

『宋書』夷蛮伝の「倭国」と「倭の五王」、それは五世紀の時間帯（四二一～四七八）だ。これに対する、この朴堤上説話の「倭国」と「倭王」、これも四世紀から五世紀にかけての存在だ。

同じ時間帯において、〝二つの倭国〟〝二つの倭王〟などというものが存在するであろうか。——否。

これは〝二つの高句麗、二つの高句麗王〟や〝二つの百済、二つの百済王〟〝二つの新羅王（寐錦）〟などというものが、同時にありうるかどうか、考えてみれば分ることだ。それと同じである。

すなわち、讃―珍―済―興―武という、倭の五王、それは「筑紫の王者」、「博多湾岸の王者」であった。――これが帰結だ。

なお、二つの留意点をあげよう。

〈その一〉右の朴堤上説話における「倭王」は、「讃」である可能性が高い。なぜなら、

晋の安帝（三九六～四一八）の時、倭王賛（＝讃）有り。（『梁書』倭伝）

朴堤上の「事件」が、訥祇王の即位（四一七）直後に起ったことから見れば、右の『梁書』のしめす、東晋の安帝末年の事件、そのように見なさざるをえない。すなわち、讃の時代である（『宋書』倭国伝における、讃の貢献（四二一）は、南朝劉宋の創建に基づくものであろう）。

〈その二〉『三国史記』の「年代」は、時に〝あやまっている〟ことがある。たとえば、

（阿達羅尼師今）二十年夏五月、倭女王の卑弥乎（＝呼）、使を遣わして来聘す。（新羅本紀、第二）

右は「阿達羅王二十年（一七三）」の事項として記されている。しかし、実は「同じ干支」の「二三三」（癸丑）の事項であった可能性が高い。わたしはかつて、そのように論じた（『邪馬一国の証明』「倭国紀行」参照）。

では、右の朴堤上説話の「年代」は信用できるか。――「イエス」。これがわたしの答だ。なぜなら、卑弥呼記事の場合、具体的な「説話内容」はない。ただ「阿達羅尼師今、二十年」の項に〝挿入〟され、

太王陵から出土した甎の銘文

〝定置〟されているにすぎないからである。

これに反し、朴堤上説話の場合、該当の新羅王名（訥祇王）は明白だ。否、彼の兄弟愛こそ、すべての発端なのである。他の新羅王に結びつけるわけにはいかない。

その上、『三国史記』と『三国遺事』、この両史書に共通する説話、それはそれほど多くはない。その点、卓抜した信憑性をもつ。先の卑弥呼記事と同日に論ずることはできない。

また、この両史書は、〝架空の説話〟を虚構するような性格の史書ではない。——欠如部分はしばしば存在するものの、存在するものについては、容易に疑惑しがたい。——そういう性格の史料なのである（この点、『失われた九州王朝』、『古代は輝いていた』第二巻、参照）。

このような性格をもつ史料に対し、自己の依拠する史観（近畿天皇家一元主義など）にとって不都合だからといって、「この史料は信用できるかどうか」などと言うとしたら、それは、恣意の言い草にすぎず、真摯な学問研究者のとりうる道ではないであろう。

わが国の古代史学者にも、海外の学者にも、右の論証のしめすところ、それを正視していただきたいと思う。

太王陵が語る「如山信仰」

次に、太王陵出土の甎《かわら》の問題だ。太王陵は好太王碑の西隣二百メートル、南面している（集安県博物館、耿副館長による）。

この太王陵から、次の銘文をもつ甎が出土した（「太王陵」の名はこの銘文による）。

　願太王陵安如山固如岳

通例、次のように読まれている。

「太王陵の安きこと山の如く、固きこと岳の如からんことを願う」

この読解は、従来、日本側も、中国側（現地解説）も、変ることはなかったようである。

これに対し、今年三月、わたしは東方史学会の団長として現地に入った。四月はじめ、帰国してから研究調査資料、スライド等を整理するうち、疑問が生じた。この貴重な疑問をわたしに呈示されたのは、渡辺（好庸）夫妻だった（右の一行のメンバー）。また、一行の事務局長として苦労された、藤田友治氏も、期せずして同一の問題点を呈示された。

その第一のポイントは、次のようだ。

はじめ、わたしは位置関係を次ページの(A)のように誤解した。これなら、P地点に拝祀者（長寿王やその臣下たち）が立つとき、太王陵と好太王に対する位置関係は適正である。

しかし事実は、次ページの(B)のようだった。

これでは、先のようなP地点（拝祀者側）を原点とした、整合性はない。この疑問だ。

第二のポイント、それは「如山《うさん》」問題だ。好太王碑の現地を訪れて、もっとも人々に鮮烈な印象を残す山、それは「如山」だ。第一面（南面）からのみ写真撮影の許された今回（三月）の場合、どの写真

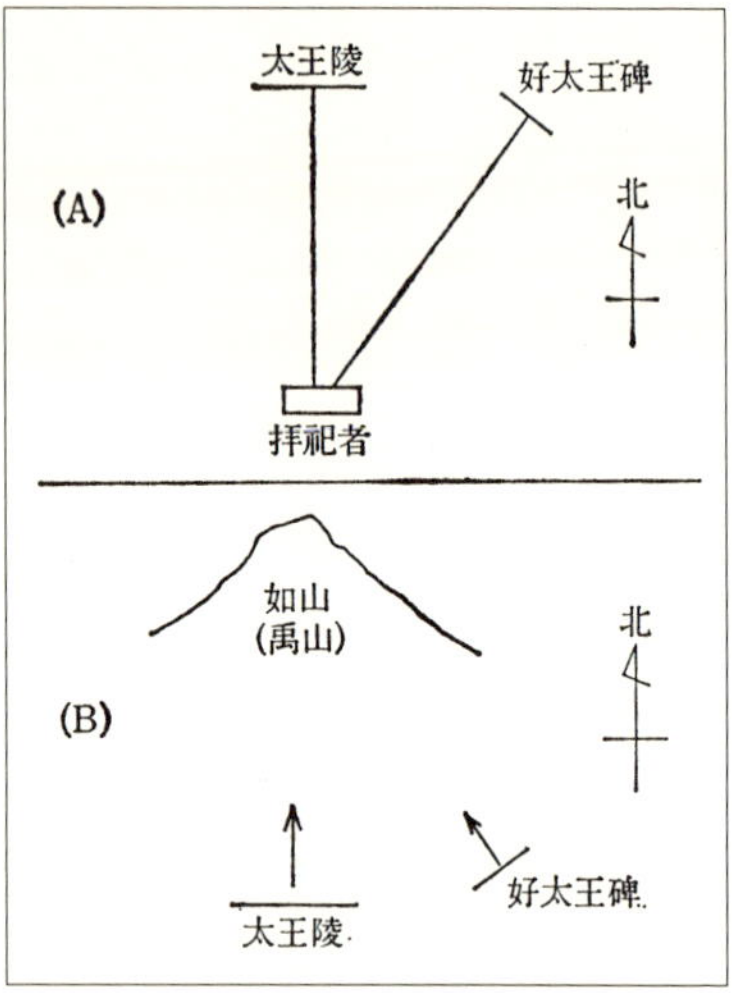

好太王碑をめぐる位置関係

にも、その背後に「如山」が入っている。むしろ、「如山」抜きで第一面を写すことは、不可能に近いのである。

すなわち、好太王碑は〃如山の前面に〃据えられている。これがありていな姿なのである（好太王碑は、ほぼ正確に「東南」方向に向っている。——第一面）。

また、ほぼ正確に「南面」している（耿副館長による）とされる、太王陵もまた、同じく〃如山の前面に〃鎮座している。この点、如山と太王陵の間に存在する、舞踊塚の頂上に立って精視した（八月）印象からも、全く疑うことができない。すなわち、太王陵の前（南）に立つとき、その太王陵の背景には、ここでも、大きく「如山」が屹立しているのである。

右のような実状況に立つとき、瓢の銘文中の、

願太王陵安如山固如岳

の「如山」を固有名詞と考える方法はないか。これが渡辺夫人から提起されたテーマであった。

わたしは、この疑問を抱いて、再び現地に向った（八月。朝日トラベル及びサン・ツアーズによる）。

その結果、現地等に「如岳」という山の存在しないことを確認し、「如山＝如岳」と考えざるをえないことを知った。

中国でも、著名の名山、「泰山」を「泰嶽」とも表記している。従って〝同一名の重複〟を避けたのである（従来の読みの場合も、「山」と「岳」は、〝同一名詞の重複〟を避けたものであり、この点、変りはない）。

その上、如山は、まことに「如岳」の名にふさわしい、巍々《ぎぎ》たる風貌の名山である。

以上のような、疑問・問題提起・実地再検証から、わたしは次のような解読に到達した。

　太王陵の如山《うさん》を安んじ、如岳《うがく》を固うせんことを願う。

漢文の読みとしては、従来説と新説と、文法上、いずれも成立しうる。問題は〝内容〟だ。

従来説の場合、ストレートに〝太王陵の安泰を願う〟にとどまる。「太王陵中心」読法だ。

新説の場合、〝この太王陵の存在によって、神聖なる「如山」の領域が永遠に安泰ならんことを願う〟という、〝如山信仰〟の表明となろう。「如山中心」読法だ。

これは、右のような、好太王碑と太王陵の配置、それによく合致する〝祈願内容〟ではあるまいか。

さらにこの新説は、次の諸問題と関連する。

(一)好太王碑と太王陵の存在する、国岡の西隅に位置する「東台子遺跡」、ここでは「土地神」が中央に祀られ、高句麗の瓦をもつ壁によって囲まれている。高句麗時代の土地神信仰をしめしている。

(二)好太王碑中、はじめ（好太王生存時）、新征服民たる「韓・穢の民」を使役して「守墓」のための労役を行わせたが、彼等は「守墓」のための「法則」を知らないため、うまくゆかず、ために今回（四一四年、長寿王）は旧民三分の一と新征服民三分の二の折衷形としたことがのべられている（第四面）。

このこともまた、当時の王墓儀礼が、土地神や現地信仰の上に立って行われていた、その事実を証言しているものではあるまいか。

この点、詳述すべき重要な問題がなお存するけれど、それを他の機会にゆずり、今はいったん、筆をおかせていただくこととしたい。

最後に、この新しい仮説提起が、渡辺夫妻や藤田氏のような若い研究者の先導によるものであることを明記し、そのことを喜びとしたいと思う。

おわりに

わたしは大和へ向った。天武十年（辛巳年）の木簡が出たという飛鳥の地を目指したのである。板蓋《いたぶき》宮跡伝承地として知られたところ。何回もおとずれ、いわば〝顔なじみ〟の場所だった。

その案内板のあるところから、東側。藤本加工という「作業場」の車庫に当っている。もはやコンクリートにおおわれていたけれど、その場所の〝土地鑑〟をつかむ。これが不可欠のことだった。歴史学の基本である。

もちろん、わたしが関西在住の頃なら、発掘中に来ていたかもしれないが、四日前、各新聞の一面を飾ったのにふれ、駆けつけたのだった。地中から出た文字、第一史料たる、同時代史料となれば、心がうずいた。自然に足が向っていたのである。

そのあと、奈良市の県文化会館で、岸俊男さんの講演を聞いた。最前列の席だった。最後に昨夜作ったという、木簡のスライド。半分以上は〝暗すぎて〟見えなかった。岸さんが〝当惑〟されている様子が、ほほえましかった。かえってホットな〝臨場感〟さえ感じられたのである。

一語、一語、慎重に言葉をえらんで話される岸さんの話には、説得力があった。『日本書紀』が構想されていた現場、同時代の直接史料である、その強味がひしひしと伝わってきた。来てよかった、と思った。

これと異なった感触を、わたしはかつてもったことがある。あの稲荷山の鉄剣銘文の読解のときだった。岸さんの読解と解説、次々出るたびにうなずけない。わたしには全く説得力をもたなかったのである。

たとえば、「斯鬼宮」。稲荷山古墳の東北、二十キロに「磯城宮」の地がある大前神社。この式内社が、「延喜式の古段階」以前に、すでにこの名で呼ばれていた。現地伝承はそのように伝え、明治十二年にその旨を記した石碑が建てられていた。現在も、小字は、その「磯城宮」のままである。

しかし岸さんは、何回論文を書かれても、この、近くの「磯城宮」に一回もふれようとはされなかった。少なくとも、わたしはそのような論文（反論）をいただいていない。

「この木簡の出た位置から見て、『浄御原宮』がここに近いことは疑えません」。岸さんが出土の〝位置の近さ〟のもつ意義を強調されるのを聞きつつ、わたしには複雑な感慨があった。関東の稲荷山の場合は、なぜ岸さんは、遠い大和の地名にのみ、目を向けられたままなのであろうか。

しかも、その講演の冒頭に、「倭の五王」が近畿天皇家のことであり、「倭王武」が雄略天皇であることを自明とする、橿原《かしわら》考古学研究所の若い所員の方の「所説」の講演が行われていたようであった。日本の学界における「潮流」は、戦前と同じように、このような手法で反論を無視したまま、形成されてゆくのであろうか。

ふりかえると、考古学の碩学、末永雅雄さんが来ておられた。その温厚篤実の学風は、わたしもまた久しく敬服するところ。お元気な姿を見て、うれしかった。だが、――わたしの胸に、にがいものがよぎる。この方にもまた、わたしは力の限り投じた一片の矢に、久しく「応答」を見ずに来ていた。

「黄金塚古墳」それは、いかにも末永さんらしい重厚な報告書だった。一語、一語、言葉をえらび、慎重に「武断」を避けておられた。ちょうど、今日の岸さんのように。それは同じ学風だった。

ところがその中で、わたしはハタと立ちどまった。この古墳出土の、有名な「景□三年」鏡（画文帯神獣鏡）、この第二字を「初」と断定される〝決め手〟、それを『碑別字』中の〝魏〟の文字の書体に求めておられたのであった。

しかし、この〝魏〟は、三世紀の魏ではない。四、五世紀の、いわゆる「後魏」である。従って、この書体をもとに、三世紀の「景初」という年号への読解にむすびつけること、それはやはり重大な「論証の飛躍」をふくんでいたのであった。

わたしはその点を、『失われた九州王朝』で指摘した。三角縁神獣鏡、魏鏡説をめぐる、重要な一論点だったからである。しかしその後、全く反応はなかった。ないまま、否、なかったが故に、国際的な誤解までまねいたように思われる。すなわち、後日、中国の王仲殊氏が「三角縁神獣鏡、日本鏡説」をせっかく提示されながら、この日本鏡を、〝三世紀前半の「景初三年」に、近畿で製作されたもの。〟そのように思惟されてしまったからである（この点、「考古学の方法」参照／『多元的古代の成立』下巻所載）。

わたしは、ふと想念から目覚めた。末永さんが、会場から去ってゆかれるところであった。橿原の研究所の一室で、にこやかにわたしに応対して下さった末永さん。そのお人柄を思い出すにつけ、その長寿を祈らざるをえなかった。そしてわたしの問いに対し、明確にお答え下さる日のあらんことをも、また。

まして岸さん。いつもその、温く温厚なお人柄は、昔から変らなかった。それ故にこそ、すべてをあいまいに流し去るような、日本の古代史学界に、流されず、厳正に棹さしていただきたい。そのように願うこと、それは果して不当だろうか。

わたしは一介の旅人である。古代の森のうすくらがりを、あるいは古代の海の夜の潮流を、手さぐりで求めゆく、つかのまの探究者にすぎない。そのわたしの生涯の中で、たったひとつ、あるいはふたつの、温く誠実な呼び声と答える声がかわされたならば、この世に生れたもの、人間たる者にとって、それこそ無上の至福というべきものではあるまいか。

一九八五年十一月三日

古田武彦

初出一覧

序　章　現行の教科書に問う／（『市民の古代』第二集掲載）
第一章　古代出雲の再発見／一九八五年七月二十七日　島根県仁多郡・横田町コミュニティセンターにて講演
第二章　卑弥呼の宮殿の所在／一九七九年四月二十八日　大阪市・なにわ会館にて講演（『市民の古代』第二集掲載）
第二章　関東と蝦夷／一九八〇年十一月十六日　豊中市・よみうり文化センターにて講演（『市民の古代』第三集掲載）
第三章　画期に立つ好太王碑／一九八一年十一月十五日　豊中市・よみうり文化センターにて講演（『市民の古代』第四集掲載）
第四章　筑紫舞と九州王朝／一九八二年五月二十三日　大阪市森の宮・市立労働会館にて講演（『市民の古代』第五集掲載）
第五章　最新の諸問題について／書き下ろし

日本の生きた歴史（二十二）

日本の生きた歴史（二十二）

第一　「戦中遺使」と「戦後遺使」

第二　徳永誠太郎氏の再批判（インターネット）

第一　「戦中遣使」と「戦後遣使」

一

現代は古代史探究の入口です。眼前に報道される「今」の事件が、古代史上の懸案を解き明かす屈強のデータとなるのです。

これまでも、くりかえし経験してきたこの現象を今回も〝根強く〟示唆してくれたもの、それは韓国のセウォル号沈没の悲報でした。数多くの若い死者と行方不明者の存在が伝えられるこの事件の背景は、「複雑な海流」の存在です。

黒潮の本流から分岐した対馬海流は、済州島の近辺からさらに分岐して北上しています。東シナ海（〝中国海〟古田）から黄海に向う海流です。それは遼東半島近辺で北岸に衝突し、逆流として南下します。その西岸部の中国と東岸部の韓半島の間で「南北の逆流」が衝突し、「複雑な交流状態」を生み出しているのです。とても、太平洋の中の黒潮本流や日本海の対馬海流のケースとは比較できぬ〝荒海〟なのです。もちろん、それは中国・北朝鮮・韓国・日本（倭国）などの「政治国家」成立以前からの現象です。

今回の悲劇も、その一端に生じた「事件」だったのです。

二

三国志の魏志倭人伝にのべられている「景初二年」（〝改定説〟では「景初三年」）の、倭国の「戦中遣使」をめぐる「論争」のキイ・ポイントは、実はこの「自然現象」を背景としていたのでした。その要点は左の通りです。

第一。魏朝は「西安」あるいは「洛陽」を中心とする「大陸国家」ですから、右のような「東シナ海（中国海）」における「複雑な混流状況」に対する「知識」（とその現地のメンバー）に乏しいのです。

第二。魏朝の司馬懿たちは遼東半島の公孫淵が呉朝と〝手を結ぶ〟ことを恐れて、あらかじめ（北方への陸上攻撃以前に）韓半島への「海上侵入」を必要としたのです。

第三。呉朝は、遼東半島の公孫淵と協力して海上の軍事行動を行なうさい、この海上の海流状況に精しい公孫淵の協力を得ていました。

第四。さらに日本列島側の銅鐸圏（近畿中心）と〝手を結び〟、その「海上知識」の応援も得ていました（「三角縁神獣鏡」の分布、その「呉鏡様式」とも、関連するでしょう）。

第五。にもかかわらず、呉の軍船が遼東半島の公孫淵の領域に向うさい、たびたび「難船」して中国（魏朝側）の海岸に〝うち上げられた〟状況が三国志の魏志で報告されています。

第六。以上の「自然現象」の〝こわさ〟を知る魏朝側にとって、この海域の「交流状況」を知悉する「倭人側」すなわち「俾弥呼の女王国側」の〝協力〟は、必須でした。「願ってもない、無二の協力者」だったのです。これが「景初二年の倭国遣使」の背景をなす「歴史事実」なのです。魏朝側の勝利の要因となりました。

第七。けれども、後代の「机上の研究者たち」は『戦中遣使』など〝無理〟だ。おそらく『戦後遣使』の誤記であろう。」と、後世の論者が〝机の上で想像した〟のです。それが『梁書』などの「景初三年」への「改ざん」です。日本書紀引用の、いわゆる「倭人伝」も、その〝流れ〟に立つものです。『梁書』など、北朝系の歴史書の「手法」です。

明治維新以降の、京都大学の内藤湖南たちもまた、右のような「複雑な交流」をもつ海流問題に対する「真実《リアル》な考察」を欠いたまま、今日に至っていたのです。

要するに「戦中遣使など、出来るわけがない。戦後遣使なら可能だ。だからその『誤記』だろう。」と〝推断〟したのです。けれども、その「真実《リアル》な背景」として存在したもの、それが今回のセウォル号沈没事件にも示されました。すなわち、この海域をおおう「複雑な交流」という自然現象の存在だったのです。

第二　徳永誠太郎氏の再批判（インターネット）

一

インターネットのホームページで「精細な論争」が行われています。三国志の魏志倭人伝の「景初二年か景初三年か」のテーマです。

その要点は左のようです。

「2　古田武彦氏の説のウソ」と題されています。

「2—1　景初3年が正しい理由」「2—2　古田氏によるミスリード」「2—3　『戦中遣使』という説のウソ」「2—4　景初2年を支持する『五つの疑い』のウソ」「2—5　少帝の輔佐役、司馬懿と曹爽」「2—6　中国の学者の景初2年説の誤り」がホームページで二一ページにわたり、展開されているのです。有難いことです。

わたしにとって「反論」や「批判」は大歓迎。いつも申してきた通りです。ですから、これだけ微細の論点にわたって御批判いただけたのは、それこそ願ってもない幸せです。

その上、これに対して埼玉県さいたま市の徳永誠太郎さんが「『古田武彦氏の説のウソ』のウソ」と題して「古田説批判に対する反批判——景初二・三年問題」という長文（六二ページ）を、同じくホームページに載せられることとし、先の「古田説批判の論稿」と共に、お送りいただいたのです。インターネットを使用していないわたしにとって、無二の贈物でした。その上、そのページ数がしめすように「古田説批判」のX《エックス》氏の三倍もの分量で、さらに精、さらに密な再批判を加えておられるので、わたしとしては感謝の言葉もないほどです。

二

わたし自身の立場は、すでに前稿（「戦中遣使と戦後遣使」）にのべた通りですが、せっかくですから、若干のポイントのみ、申し述べます。

第一に、「批判者、X氏」は三国志の魏志倭人伝を引用するさいに、その原文（紹熙本もしくは紹興本）ではなく、「今鷹真・小南一郎・井波律子訳『三国志2』世界古典文学全集24B、筑摩書房」に依拠して「反論」を展開しています。もちろん、この筑摩版の現代語訳は、それはそれとして〝読みやすい〟

本だと思いますが、問題はその現代語訳の場合、「一定の立場」すなわち、たとえば「景初二年」か「景初三年」か、あるいは「会稽東治」か「会稽東冶」か、といったテーマに対して「従来説」を〝元《もと》〟とした立場から〝翻訳（現代語訳）〟されているケースも多々あり、と存じます。むしろ、それが〝一般的〟かもしれません。いちいち「従来説ではこれ。しかし古田説では別。」などという形の翻訳（現代語訳）にはなっていないからです。とすれば、そのような「現代語訳」を〝元《もと》本〟としておいて、「そら、『原文』はわたしの古田批判通りだ。」と言ってみても、要は「同語反復」にすぎず、「学問上の論証」には〝なり得ていない〟のではないでしょうか。徳永誠太郎さんの「再批判」も、この点をさらに精密に突いて「再批判」しておられます。その通りです。

第二に、この「景初二年か景初三年か」の問題は、重大です。なぜなら「景初三年鏡」などの「三角縁神獣鏡」等の銅鏡問題、中国（魏朝）から贈られた「銅鏡百枚」問題、「三角縁神獣鏡と呉鏡との関連」問題などへと必然的に〝派及〟すべき問題だからです。ですから、今回の「批判者、X氏」がほとんど〝触れ〟ていない、これらの問題に対しても、是非「古田批判の筆」を及ぼしていただきたい。そう思っています。プロの考古学者、銅鏡問題の研究者、専門家から〝ほとんど〟その「再批判」がないからです（たとえば、今年の四月十二日。大阪大学の福永伸哉教授〈考古学〉の講演など）。

第三に、わたしにとって特記すべき一点があります。それは「罵倒語の氾濫」です。

「しかし、残念ながら、古田氏の説にはウソが多すぎます。その事実を知っていただくために、古田氏がどのようにウソを積み重ねて、読者をミスリードするかを検証してみましょう。」「小松（左京）氏は、まんまと（古田武彦氏に）ごまかされたのです。」「古田氏がこのようにミスリードする意図は」「古田氏のミスリードが巧妙であることは」「古田氏は、まず、この新井白石の指摘を無意味にすることを企みます。」「そして古田氏は、臆面もなく、白石の指摘に対して、この暴論を適用しています。」「このような小細工をした後、古田氏は、次のように焦点のすり替えを開始します。」前半の一〇枚の中で、このような「古田侮辱」の文章が延々と連続し、さらに後半へと向います。このような文章は「これくらい、古田をおとしめれば、読者は同意するだろう。」と思って書かれているのでしょうが、それは「そのレベルの読者」に対してです。心ある読者は、逆に、「この批判者X氏は、ちょっとおかしいぞ。」「自分の立論に自信をもっていないのだな。」そう思うでしょう。わたしも、そう思いました。

学問上の論争は、「相互に敬意をもつ」ことが第一前提です。わたしは恩師村岡典嗣先生からそれを学びました。東北大学の日本思想史科の学生、十八歳の時でした。一般講義で、先生が当時の論敵の津田左右吉説批判をされた時、論点自体に対しては極めて手きびしいのに反し、津田氏に対する敬意は言々句々ににじんでいました。それが学問です。

学問上の結着は、やがて落着するでしょう。そのあとに残るのは、どれだけ「さわやかに」論争したか、である。わたしはそう信じています。

それにしても、これだけ精密な「再批判の論点」を書き尽くして下さった徳永さんに対して、「知己による、珠玉の名稿」の名を厚く献じさせていただきたいと思います（「日本の歴史を楽しもう会さいたま」活動拠点さいたま市北区のプラザノース、電話：〇四八—六六七—一四六〇）。有難う。

二〇一四年五月三日稿了

歴史の道——キイ・ポイント

歴史の道
第一部　序　言
第二部　九州王朝

第一部　序言

一

わたしは八十七歳である。今年（二〇一四）の八月八日には、八十八歳を迎える。決して短命とは言えない。しかもすでにわたしは『日本評伝選　俾弥呼《ひみか》』を書き（二〇一一）、さらに『自伝　真実に悔いなし』（二〇一三）を書いた。それぞれ「畢生の書」「運命の一書」と称した。「これを書き終えたら、いつ死んでも悔いはない。」そのように確信していたのである。

けれども今日（二〇一四年三月一日）の夜明け、いきなり新たな執筆にとりかかった。明日はここ博多で講演をする。「筑紫舞」をめぐる、一時間の講述である。明後日は「君が代」に関する談話会も用意されている。その夜明け、あたかも執筆の「さそい神」におそわれたように、わたしは原稿を取り出し、書きはじめたのである。荷物に入れていた『方法序説』（谷川多佳子訳、岩波文庫、一九九七）を、眠れぬ一刻に読みはじめていたのだ。今まで繰り返し愛読してきた落合太郎訳（岩波文庫、一九五三）に対する新訳だ。フランス語で書かれたデカルトの名著がわたしを三たび動かしたようである。彼のしめした「コギト・エルゴ・スム」〝我れ思う、故に我あり。〟が、ヨーロッパにおける「学問の方法」の出発点となったように、わたしは今〝ヨーロッパを越えた〟新たな学問の、新たな方法へと挑戦しようとしているのかもしれない。「とんでもない、愚作。」という酷評がこの書に加えられようとも、わたしは悔いない。その圧倒的な酷評の中で、明日わたしの生命《いのち》を終えようとも、運命の神に対して異議申し立てをする気は、さらさら無い。

二

わたしが書きたいのは「学問の方法」の適用の一具体例である。この生涯を通じて、わたしを導き通してきたもの、そのキイ・ポイント、そのすじ道をその具体例を通して迷うことなく、この一篇に書ききりたい。そして「後生」の人々の批判を待ちたい。それだけだ。

先ず、第一。それは「邪馬壹国」問題である。三国志の最古の版本である「紹煕本」「紹興本」とも、その魏志倭人伝には「邪馬壹国」と明記されている。それを従来の論者は「邪馬臺（台）国」と〝書き直して〟きた。なぜか。その理由を記したのは『異称日本伝』だ。著者の松下見林は京都の医者、十七世紀から十八世紀初頭の研究者である。いわく、

「わが国の歴史は天皇家を中心とする。その天皇家は大和（奈良県）にいた。だから『ヤマト』と読むことのできぬ『邪馬壹国』は捨て、読むことのできる『邪馬臺国』を採用すればよい。」

と。この論法には、「無理」がある。「筋《すじ》ちがい」なのである。なぜなら、

その一。先ず「結論」を立て、それに従って「版本の取捨」を定《き》める手法。

その二。「邪馬臺国」と書いているのは、三国志ではなく後漢書倭伝である。三国志より百五十年あとの成立だ。

その三。後漢書で「邪馬臺国」と呼ばれているのは、「大倭王の居所」であって、三国志が「戸七万余戸」の首都圏を「邪馬壹国」と呼んでいるのとは「別の表記」である。あたかも現在の東京都と宮城（旧江戸城）とのちがいと類似している。この両国名を〝自在に採り変える〟手法は不当である。

その四。後漢書において「臺」を「ト」の表音として使用している事例は、全く存在しない（「国」の表記は大・中・小各段階において使用されている）。

従来説では、右のような「難点」を無視し、いきなり「邪馬台国は近畿か九州か」といった問題提起から〝議論をはじめ〟てきた。不当である。

まして九州説の場合、〝大和に当てるための『邪馬臺国』への改変〟であったものを、「九州の地にも『ヤマト』という地名があるから」といった理由で、「九州への移転」をはかるのは、「二重の混線」を犯すものだ。いわゆる「九州説」の論者、東大の白鳥庫吉以来の〝混線〟である。

三

今回、博多へ来て知った。博多の東隣りの古賀市の歴史資料館では、従来の「邪馬台国」とあったところに紙を貼って「邪馬壹国」と〝書き直して〟ある、という。出色の「事件」だ。当り前のことが〝当り前〟に明示される。そういう時期がはじまったのである（三月四日、実見）。

わたしの「学問の方法」によって、その具体例をのべよう。

第一のポイント。三国志の魏志倭人伝には、中国（魏朝）側から倭国の女王に贈られた詔書が掲載されている。倭国側への贈り物も、絹・錦・鏡など、詳述されている。三国志の他の個所（夷蛮伝）に例がない、豊富さである。これに対して倭国の女王側も「国書」（上表文）を送った旨、三国志冒頭の帝紀に記されている（正始四年〈二四三〉冬十二月）。

要するに、ここには魏朝側と倭国側との間に「文字外交」が行われているのである。それを眼前に「見る」ことのできる魏・西晋朝の歴史官僚、それが三国志の著者、陳寿だった。

そのさい、倭国の女王側の「国書」には、自国名と自署名が記されていた。それが「邪馬壹国」と「俾弥呼」だったのである。

この自国名と自署名こそ、今回のテーマの最初のキイ・ポイントとなっている。

第二のポイント。古事記には、この肝心の「自国名」と「自署名」がない。もしこれが近畿天皇家内の女王だったとしたら、何をおいても、それを書くべきだ。今さら〝隠して〟みても、はじまらない。〝「夜麻登登母母曽毘売命」(ヤマトトモモソビメ)かもしれない〟などと推測するより、東アジア世界に〝知れわたっている〟「自国名」と「自署名」を書くことが肝心だ。歴史書は〝当て物遊び〟の種ではない。

この点、日本書紀はもっと〝ひどい〟形だ。俾弥呼と次の女王壱与の記事を、神功紀(三十九年・四十年、及び六十六年)に〝はめこんで〟いる。「二人が一人」の〝不体裁〟を犯している。その上、俾弥呼と壱与の実名、例の「自署名」の表記をカットして掲載しているのである。要するに、「この二人の女王は、近畿天皇家では『神功皇后の時代』に当っている」と〝示唆〟しようとしているのだ。だが、「神功皇后の年代」と俾弥呼たちの年代が「同一時期」に当っていないこと、すでに「周知」の通りだ。「二倍年暦」で書かれた魏志倭人伝の記事(数値)を、「二倍年暦」ではない、いわば「一倍年暦」のままで〝当てはめて〟いるのだから、正当に「対応」できるはずがないのだ。

要するに、日本書紀の編纂者たちは、自分の「眼前の史料」を〝誤読〟していたのである。この事実ほど、三世紀の俾弥呼の王朝と近畿天皇家とが「別々の存在である」ことを雄弁に語るものはない。

明治以降、明治政権によってPRされはじめた「万世一系」の〝名言〟は、文字通りの「詐称」と言う他はないのである。

わたしは日本を愛する。真実によって愛するのだ。そのためには「偽装の歴史」をためらわず、捨て去らねばならぬ。

四

第三のポイント。それは「論理の必然」である。すなわち「部分里程の総和は、総里程である。」というルールだ。このルールを無視しての甲論乙駁は、一見「学問に似たもの」であっても、本来の「学問」とは別物なのである。

それを証明したのが、あのキュリー夫人だ。従来は、各部分の放射能含有数値を〝足して〟も、総数値とは一致しなかった。この一点にこだわり抜き、ある日ついに発見した。これまで「ゴミ」として捨て去っていた一部分の中に見出した数値を「加えた」結果、見事に「部分数値の総計が総数値に一致した」のである。青年時代にくりかえし鑑賞したアメリカ映画「キュリー夫人」の中の名シーンは、わたしの一生を決定したのだった。

すなわち、魏志倭人伝の行路記事中で、従来は「里程計算」に入れられていなかった「対海国」と「一大国」の各半周（「八百余里」と「六百里」）を「加算」した結果、見事に右のルールが満足させられたのである。わたしの古代史の第一書『「邪馬台国」はなかった』は、この一瞬に「成立可能」となったのである。昭和四十六年（一九七一）刊行のこの本を読んだ人には「周知のルール」なのだ。

だが、不思議なことがある。爾来四十余年、「近畿説」や「九州説」の〝各専門家〟や〝各アマチュア〟が次々と上梓する論文や単行本を見ても、この「根本のルール」に〝ふれぬ〟まま、〝知らぬふり〟をしつづけていることだ。たとえば、『天皇の歴史』第一巻（講談社、二〇一〇年）の著者であり、また

『岩波講座　日本歴史』第一巻（岩波書店、二〇一三年）の共編者である東京大学教授大津透氏の論述を見ても、〝知らぬ〟〝存ぜぬ〟路線の一筋道だ。これが「学問」なのであろうか。わたしには「否（ノウ）」の一語しかない。大手の出版社であろうと、「東京大学」であろうと、「駄目なものは、駄目。」だ。わたしの知る「学問」ではない、別物の〝something〟に過ぎないのである。やはり、「古田の力説する、基本のルールは、これこれの理由で〝まちがって〟いる。」

この堂々たる反論をこそ、わたしは日夜待ち望んでいる。百年、千年のちの心ある読者もまた同じだ。

第四のポイント。それは「帯方郡から女王国までの所要日数」である。三国志は魏・西晋朝の公的な歴史書であるから、当然ながら当時の「三国対立の軍事状勢」と、深いかかわりをもつ。すなわち、もし「呉朝」のような、魏朝にとっての対立勢力の軍がこの倭国に侵入した場合、魏・西晋朝側の軍勢は、急遽応援に〝馳けつけ〟ねばならぬ。もちろん、この倭国の一角、その首都圏に彼等は「駐屯」しているのである。これは二十一世紀の現在、アメリカ軍の拠点が東京都の一角、その近傍に存在しているのと、〝同様〟だ。だから、他のいかなる記事以上に重要なのは、「帯方郡と女王国との間の、所要日数」なのである。帯方郡から派遣された張政は「塞曹掾史《さいそうえんし》」、すなわち、軍事司令官であることが知られている。

この点を、鋭く指摘されたのは、NHK所属の木佐敬久さんだった。わたしが昭和薬科大学の教授だった当時、長野県の白樺湖の校舎を使って六日間の「邪馬台国」シンポジウムを開いたとき、この重要な一点を明晰に指摘されたのが、木佐さんの発言だった。この時の記録が『「邪馬台国」徹底論争』（新泉社、一九九二年刊）である。また『古代史をひらく――独創の13の扉』（原書房、一九九二年刊）がある。

けれども、その後、二十余年間の「邪馬台国」論の論文や著作で、この一点があえて「無視」されつづけているように見えるのは、なぜだろう。前述の大津透氏による『日本歴史』第一巻はもとより、近畿説を的確に批判された考古学者、森浩一氏もまた、この一点にふれることなく、筑後山門などへと「邪馬台国」を〝導かれた〟まま、その生涯を終えられた。「みんなで無視すれば、こわくない。」これはやはり「学問の方法」ではない。〝学問に似て〟いても、学問に非ざる道だ。敬すべき森氏に対し、否、敬すればこそハッキリと記させていただく他はない。

第二部　九州王朝

一

わたしにとって「学問の方法」適用例の真価を語るところ、そのキイ・ポイントは、「九州王朝」の四文字だった。それは「邪馬壹国」論より〝早かった〟のである。

その史料は『隋書』俀《たい》国伝だ。たとえば、岩波文庫の『魏志倭人伝・後漢書倭伝・宋書倭国伝・隋書倭国伝』にも収録されているから、古代史に関心のある人なら、誰でも身辺にたずさえていよう。

そこには、有名な一句が記されている。

「日出ず《(づ)》る処の天子、書を日没する処の天子に致す、恙《つつが》なきや。」

これは「俀国の天子」である多利思北孤《たりしほこ》が、中国（隋朝）に送った「国書」の一節だ。その隋朝から次の唐朝にかけて歴史官僚だった魏徴は、その「国書」を〝手もと〟において「見る」ことのできる、そういう立場の人物である。その隋朝は使者を相手の俀国に使わし、その会話も記録されている。第一史料中の第一史料と言ってよい。

その「国書」には、当然相手（俀国側）の「国名」と「自署名」が存在した。それが「俀国」と「多利思北孤」である。「雞弥《きみ》」という妻をもっていたと書かれているから、当然男性である（「俀《たい》」は「大《たい》倭《ゐ》」。別に詳述）。

ところが、古事記と日本書紀には、一切そのような「国名」も「自署名」も書かれていない。片鱗すら、姿を見せないのである。奇妙だ。それどころか、古事記や日本書紀では推古天皇の時代だという。もちろん、彼女は女性である。男性と女性が「同一人物」であるはずはない。推古天皇の「摂政」とされている聖徳太子にも、「多利思北孤」などという名前はない。第一、「天子」にもならなかった人物、聖徳太子が「天子」を自称したとすれば、一個の「詐偽漢」にすぎぬ。そのような「詐称」を〝犯す〟ものが、果して世界の人々の「理性」に耐えうる歴史書であろうか。わたしにはハッキリと「否（ノウ）」の一語を呈するより、他の選択はなかった。だが、従来の論者、たとえば自由闊達《かったつ》の立論を恐れなかった、とされている松本清張氏なども、この根本矛盾に対しては「目をふさいだ」まま、その生涯を終えられたのであった。

わたしはいたずらに先人を批判しているのではない。いかなる〝偉大なる名声〟に満ちていようとも、根本の「歴史認識」を失ったまま、真実の歴史学の中に〝生き残る〟ことは許されない。それだけである。

二

これに反し、貴重な反論者がいる。安本美典氏である。

①考古学的出土物（銅矛・銅戈・三種の神器等）において、近畿の出土は九州に甚だ劣る点を指摘された。適切である。

②けれども、九州内部では、氏が三世紀の「邪馬台国」の中心部とした朝倉や筑後川流域は、わたしが「邪馬壹国」の中心と見なす糸島・博多湾岸周辺より、出土物は、はるかに劣っている。

③この点、わたしが氏と論争した〝二〜三十年前〟から現在まで変っていない（氏の「一発逆転」の期待は裏切られたままである）。

右のテーマについては、改めて詳述する機会があろう。

三

今の問題は「九州王朝説」の是非である。氏はこれを全面的に否定する。

（イ）『古代九州王朝はなかった――古田武彦説の虚構』（新人物往来社、昭和六十一年〈一九八六〉六月刊）

（ロ）『虚妄《まぼろし》の九州王朝――独断と歪曲の「古田武彦説」を撃つ』（梓書院、平成七年〈一九九五〉一月刊）

右の副題には、氏の「語気」が赤裸々に表現されている。（ロ）の帯封には、

「古田武彦さん。『偽書』を本物と信じて本を書いたのでは、学者失格ですよ！」

と太い文字が記せられている。氏が「偽書」と〝信じた〟『東日流外三郡誌』への言及であろう。

しかし、わたしにとってはその類の「罵倒」も「語気」も、無意味だ。支葉末節なのである。そこに「一片の真実」でも「半片の事実」でも、存在するならば、九拝して有難く受け入れる。それが学問の道理だ。

だが、幸いにも現在、すでにその結着は付いている。簡潔に要点をのべよう。

第一、「神籠石山城」の確定である。敗戦前から敗戦後にかけて、この存在のもつ性格について「霊域」か「山城」か、論争がつづけられてきた。それが武雄市教育委員会・佐賀県教育委員会・九州大学等による「発掘調査」によって、「山城」であることが判明した。二重の下石が置かれ、城柵に類した遺物の痕跡をもっていたからである（次ページⒶ）。

右の安本氏の二つの著書（（イ）（ロ））以前の時期に当っていたが、氏は未だこのテーマのもつ意義にふれることはなかった。

第二、「神籠石山城」は「特定の石質」と「特定の様式」と「特定の分布領域」をもつ。

（A）「特定の石質」は阿蘇山の凝《ぎょう》灰岩系である。

（B）「特定の様式」は、先述の山城スタイルである。

（C）「特定の分布領域」は筑紫（福岡県）と防府（山口県）に限られている。

（D）太宰府の裏山に阿志岐山城発掘

第三、右の事実から「帰結」すべきところ、それは「この山城の『造成中心』の権力者達は、七世紀において右の分布領域の『内部』にいた」。この一事以外にはありえないのである。――それが九州王朝だ。

四

第四、もう一つの重要なテーマ、それは時間帯だ。「神籠石造成の時期」である。その時期は「白村江の敗戦」（六六二、旧唐書。六六三、日本書紀）以前である。この敗戦後、戦勝国、唐の軍隊は筑紫（福岡県）に来駐した。占領軍である。それ以後にこのような一大軍事要塞を建造できるはずはない。たとえ対新羅の「名」によってにせよ、戦敗国がそのような一大軍事要塞群を建造できる道理はないのである。

　この点、今回の敗戦（昭和二十年〈一九四五〉）のあと、敗戦国の日本側が延々たる一大軍事要塞群の建造を行う、などということがありえないのと同様である。

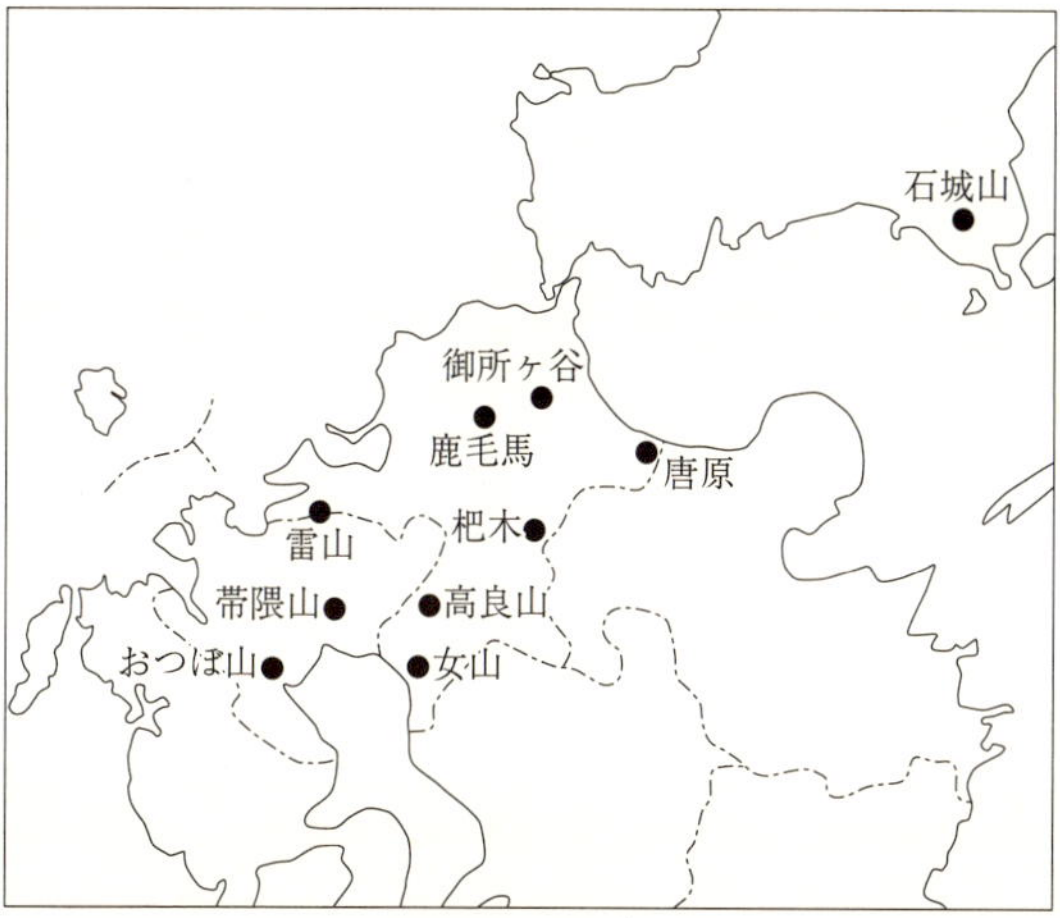

神籠石分布図〈A〉
（森貞次郎『北部九州の古代文化』明文社，1976年，等によって作図）

　それゆえ、この一大軍事要塞群の建造は「隋・唐」や「新羅」に対抗して、白村江の敗戦以前に造成されたもの、そのように解する以外の道はない。

　安本氏のような、後世の歴史研究者が、その主体を「近畿天皇家」とするか、それとも「九州王朝」とするか、紙の上で「書く」ことは容易だ。だが、実在の一大軍事要塞群が〝近畿を取り巻いている〟ものを、〝九州（筑紫）と山口県（防府）を取り巻いている〟ように、「移し変える」ことは不可能である。

　氏はわたしの「九州王朝」論を全面的に否定し、自家の「近畿天皇家一元論」を是とする仮説を力説されたけれども、出土遺物群という客観的存在は、わたしの仮説を断固として支持していたのであった。

氏の提起に感謝したい。

五

第五、右の（ロ）の帯封でふれられた「東日流外三郡誌」問題もまた、ドラマティックな「新事実」に当面した。「寛政原本」の出現である。この用語は、わたしが〝命名〟した概念だ。現存の「明治写本」（和田末吉・長作の書写による）の様態に基づき、その書写原本の存在すべきを〝予想〟し、それに〝命名〟したのである。

松田弘洲氏の『古田史学の大崩壊』（あすなろ舎、一九九一年刊）の跡を受け、安本美典氏が『季刊邪馬台国』や各種単行本、

『東日流外三郡誌「偽書」の証明』（廣済堂出版、一九九四年刊）

『虚妄《まぼろし》の東北王朝——歴史を贋造する人たち』（毎日新聞社、一九九四年三月刊）

で、いわゆる「偽書説」を力説されたこと、「周知」のごとくである。

しかしわたしは、「名誉棄損」類の裁判上の応答を避け、ひたすら「寛政原本」そのものの「発見」に全力を傾注した。そしてその確実な成果をえたのである。その成果を写真化し、

『東日流（内・外）三郡誌——ついに出現、幻の寛政原本！』（古田武彦・竹田侑子）（オンブック、二〇〇八年六月刊）

として刊行した。その経緯は『なかった——真実の歴史学』（ミネルヴァ書房、創刊号二〇〇六年～第六号

二〇〇九年刊）に詳述されている。

もし今後「学問」の一環として「偽書説」を〝唱える〟人士があったとするならば、何よりもその「偽作者、X氏」の筆跡群を提示すべき「義務」がある。それが現代人である限り、必ず各所（著作や書簡等）にその筆跡群が存在するはずであるから。和田喜八郎氏には大量の書類（ノート類のペン書きその他）があり、全く別筆跡（「下手な文字使い」）である（多元の会、西坂久和氏がホームページに収録）。

わたし自身の拙筆は、言うまでもない。各氏との連絡も、わたしはすべて「手書き」の拙筆である。すでに「偽書説」は「学問」として完全に破綻しているのである。

以上の成果は、いずれも安本美典氏の「偽書説」のおかげだ。厚く感謝したい。

六

なお一言すべきテーマがある。「神籠石山城」に〝似て非〟なる「偽似、神籠石の分布図」である（小田富士雄『古代九州と東アジア』Ⅰ・Ⅱ、同成社、平成二十四・五〈二〇一二・一三〉年刊、（次ページ(B)参照）。

この図には、幾多の「弱点」がある。

（その一）先述の「神籠石山城」とは、材質が異なっている（岡山は〝混合型〟）。

（その二）新羅や唐の船団が「近畿」を襲うとき、対馬海流に乗じて舞鶴湾近辺に至り、「大和」（奈良県）などに向うルートが可能、かつ重要だが、そのルートには一切この類の「山城」が存在しない。

（その三）太平洋側から（熊野経由などの）「山城」も存在しない。

（その四）要するに「近畿中心の山城群」とはなっていない。

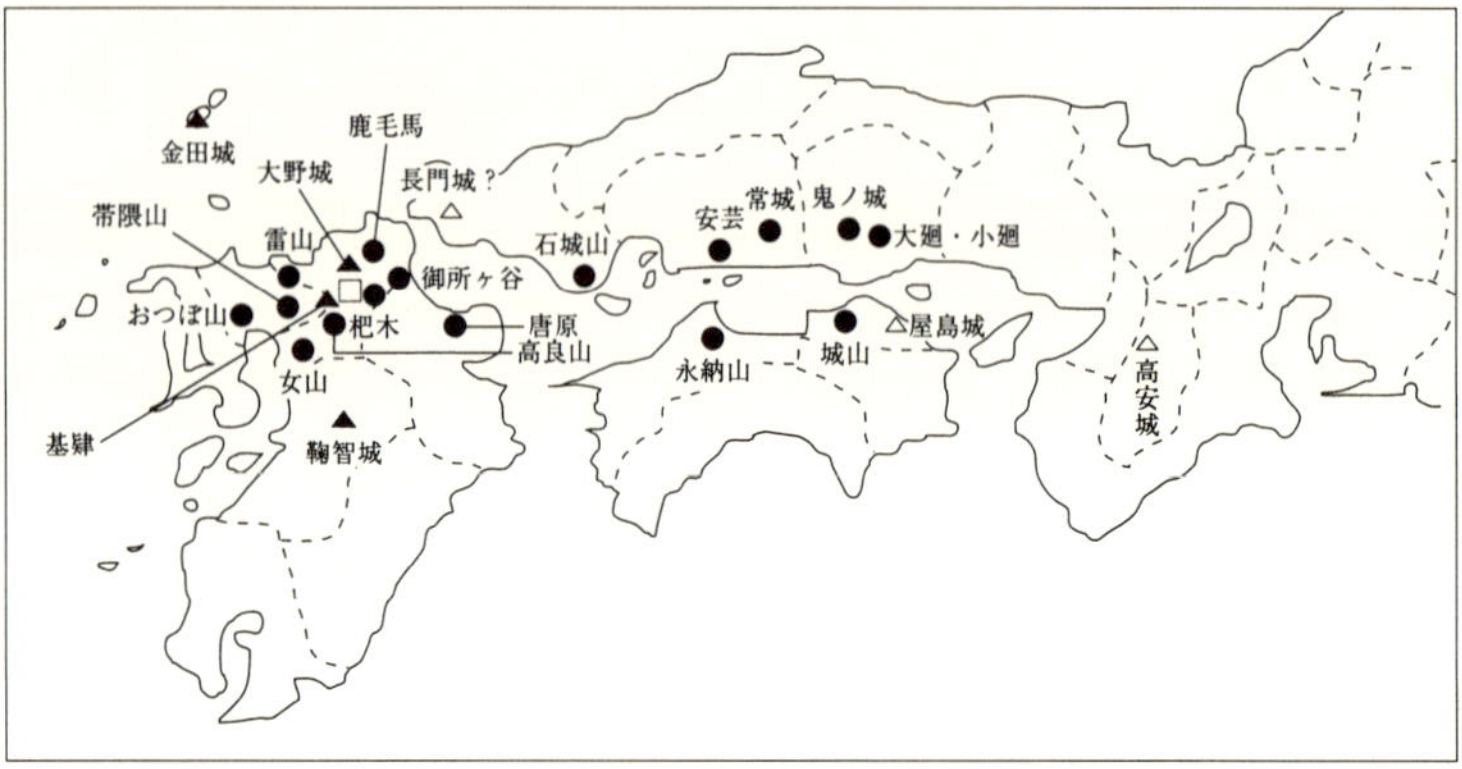

神籠石分布図〈B〉

●は神籠石系，▲は朝鮮式系，△は大和政権築造のもの，□が太宰府。
（内倉武久『太宰府は日本の首都だった』ミネルヴァ書房，2000年，より）

すなわち「近畿中心」という観念によって造成された分布図に過ぎぬ「偽似、分布図」なのである。

七

結論をのべよう。

（A）従来の「近畿天皇家中心」の一元史観は成立しえない。

（B）これに反し、「九州王朝説」のみが歴史学の真実に当っている。

（C）従って「邪馬台国、東遷説」もまた、成立しえない。

以上だ。

これに関連する諸問題（「短里」「二倍年暦」「侏儒国と裸国・黒歯国」「バイブルの史料批判」等）については、冒頭にふれた二書（『俾弥呼』『真実に悔いなし』）参照。

二〇一四年三月十八日

〈補〉

第一、本稿において「偽似、神籠石分布図」と称したものは、(本来の「神籠石山城群」を除けば)「瀬戸内文明圏」に属する。高地性集落の分布地帯だ。その実体は「旧石器時代」と「縄文海進前後」の(海底を含む)「発掘研究」が行なわれなければ、必要にして十分な理解を得ることは困難であろう。今後の興味深い課題である。

第二、「朝鮮式山城」という論者の「命名」は誤謬、もしくは「不十分」である。

以上。

二〇一四年三月二十一日記

古田武彦・古代史コレクション

既刊は本体二八〇〇～三五〇〇円

〈既刊〉

①「邪馬台国」はなかった
②失われた九州王朝
③盗まれた神話
④邪馬壹国の論理
⑤ここに古代王朝ありき
⑥倭人伝を徹底して読む
⑦よみがえる卑弥呼
⑧古代史を疑う
⑨古代は沈黙せず
⑩真実の東北王朝
⑪人麿の運命
⑫古代史の十字路
⑬壬申大乱
⑭多元的古代の成立（上）
⑮多元的古代の成立（下）
⑯九州王朝の歴史学
⑰失われた日本
⑱よみがえる九州王朝
⑲古代は輝いていたⅠ
⑳古代は輝いていたⅡ
㉑古代は輝いていたⅢ
㉒古代の霧の中から

〈続刊予定〉

㉓古代史をひらく
㉔古代史をゆるがす
㉕邪馬一国への道標
㉖邪馬一国の証明
㉗古代通史

卑弥呼――鬼道に事え、見る有る者少なし　古田武彦著　四六判四四八頁　本体二八〇〇円

真実に悔いなし――親鸞から卑弥呼へ　日本史の謎を解読して　古田武彦著　四六判四〇八頁　本体三〇〇〇円

●ミネルヴァ書房

《著者紹介》

古田武彦（ふるた・たけひこ）

1926年　福島県生まれ。

旧制広島高校を経て，東北大学法文学部日本思想史科において村岡典嗣に学ぶ。

長野県松本深志高校教諭，神戸森高校講師，神戸市立湊川高校，京都市立洛陽高校教諭を経て，
1980年　龍谷大学講師。

1984〜96年　昭和薬科大学教授。

著　作『「邪馬台国」はなかった——解読された倭人伝の謎』朝日新聞社，1971年（朝日文庫，1992年）。

『失われた九州王朝——天皇家以前の古代史』朝日新聞社，1973年（朝日文庫，1993年）。

『盗まれた神話——記・紀の秘密』朝日新聞社，1975年（朝日文庫，1993年）。

『古田武彦著作集　親鸞・思想史研究編』全３巻，明石書店，2002年。

『俾弥呼——鬼道に事え，見る有る者少なし』ミネルヴァ書房，2011年。

『真実に悔いなし——親鸞から俾弥呼へ 日本史の謎を解読して』ミネルヴァ書房，2013年。

シリーズ「古田武彦・歴史への探究」ミネルヴァ書房，2013年〜，ほか多数。

古田武彦・古代史コレクション㉒
古代の霧の中から
——出雲王朝から九州王朝へ——

2014年９月10日　初版第１刷発行　〈検印省略〉

定価はカバーに
表示しています

著　者　古　田　武　彦
発行者　杉　田　啓　三
印刷者　江　戸　宏　介

発行所　株式会社　ミネルヴァ書房
607-8494 京都市山科区日ノ岡堤谷町１
電話代表（075)581-5191
振替口座 01020-0-8076

共同印刷工業・兼文堂

ISBN978-4-623-06669-8
Printed in Japan

人名索引

さ　行

た　行

な　行

は　行

ま 行

や 行

ら 行

わ 行

事項索引

た 行

な 行

は 行

ま 行

や　行

ら・わ行

地名索引